Karin Feuerstein-Praßer
Die deutschen Kaiserinnen
1871 – 1918

Zu diesem Buch

Völlig zu Unrecht sind die Gemahlinnen der Hohenzollern-Kaiser fast in Vergessenheit geraten. Augusta von Sachsen-Weimar (1811–1890) und Victoria (1840–1901), Königliche Prinzessin von Großbritannien, waren ausgesprochen interessante Frauen. Mit hochgesteckten politischen Zielen waren sie ins nüchtern-militärische Berlin gekommen. Doch dort bekamen sie es mit einem mächtigen Gegner zu tun: Otto von Bismarck. Während Augustas Ehe mit Wilhelm I. von Anfang an unter keinem glücklichen Stern stand, zerplatzten Victorias persönliche Träume, als ihr Gemahl Friedrich III. nach einer Regierungszeit von nur 99 Tagen starb. Auguste Viktoria von Schleswig-Holstein (1858–1921) schließlich, die ihren exzentrischen Gemahl Wilhelm II. abgöttisch liebte, war die volkstümlichste der drei Kaiserinnen, eine geliebte »Landesmutter«, die bei ihrem Tod 1921 von 200 000 Menschen zu Grabe getragen wurde. Karin Feuerstein-Praßer zeichnet ein wissenschaftlich fundiertes und anschauliches Bild von drei großen Frauen der deutschen Geschichte.

Karin Feuerstein-Praßer, geboren 1956, studierte Geschichte, Philosophie und Politische Wissenschaften an der Universität Köln und war im Schuldienst tätig. Sie lebt heute als freie Historikerin und Autorin in Köln und veröffentlichte zahlreiche Biografienbände. Zuletzt erschienen von ihr »Sophie von Hannover« und »Friedrich der Große und seine Schwestern«.

Karin Feuerstein-Praßer

Die deutschen Kaiserinnen
1871 – 1918

Mit 56 Farb- und Schwarzweißabbildungen

Piper München Zürich

Mehr über unsere Autoren und Bücher:
www.piper.de

Von Karin Feuerstein-Praßer liegen bei Piper im Taschenbuch vor:
Die preußischen Königinnen
Die deutschen Kaiserinnen
Frauen, die aufs Ganze gingen

Taschenbuchsonderausgabe
Piper Verlag GmbH, München
Dezember 2008
© 1997 Verlag Friedrich Pustet, Regensburg
Umschlag: Büro Hamburg. Anja Grimm, Stefanie Levers
Bildredaktion: Büro Hamburg. Alke Bücking, Charlotte Wippermann
Umschlagabbildung: Minna Pfüller (»Friedrich Wilhelm und Viktoria«, Detail, 1848, bpk/Stiftung Preußische Schlösser und Gärten/Wolfgang Pfauder)
Autorenfoto: privat
Papier: Munken Print von Arctic Paper Munkedals AB, Schweden
Gesamtherstellung: CPI – Clausen & Bosse, Leck
Printed in Germany   ISBN 978-3-492-25296-6

Inhalt

Vorwort   9

KAISERIN AUGUSTA

Stammtafel   14

Kindheit und Jugend am Weimarer Musenhof   15
»Eine Prinzessin darf niemals müde sein« 15 · Politik und Poesie 21 · »Ein Mann von Geist« – Karl August und Goethe 22 · Goethe als »Märchenerzähler« 26 · Ein »flatterhafter« blonder Preuße 27 · Im Schatten von Elisa Radziwill 29 · »… daß ich sie Ihnen nach meinem besten Bestreben ersetzen kann!« 30

Jahre im »Fegefeuer«   36
Militär statt Muse 36 · Berlin im Biedermeier 37 · Russischer Hintergrund 39 · »… mehr Weiblichkeit und mehr Geduld!« 41 · Majestät und Mütterlichkeit 46

Sturm über Europa   51
Die politische Situation nach 1815 51 · »Es herrscht gewaltige Aufregung in Deutschland« – Augusta entdeckt die Politik 55 · Revolution! 58

Weit fort vom »Fegefeuer« – die Koblenzer Zeit   63
Enttäuschungen 63 · Eine ungeliebte »Ehe« 64 · Mildes Klima am Rhein 65 · Der Koblenzer Kreis 67 · Zeit für die Familie 69 · Kaspar Hauser und der Großherzog von Baden 70

Königin Augusta   73
Die »Neue Ära« 73 · Das schnelle Ende der »Neuen Ära« 75 · Todfeinde – Augusta und Bismarck 77 · »Ein trauriges Stück Zeitgeschichte« 80 · 1866 – vergebliche Hoffnung auf Frieden 83 · Augusta – »keine einfache Natur« 85 · Ein »Himmelbett« für verwundete Soldaten 89

Eine »geborene Kaiserin« 91
Die Reichsgründung 1871 91 · Kulturkampf 94 · Gegensätze –
Augusta und das Kronprinzenpaar 97 · »Nur ihre Energie erhält
sie aufrecht ...« 101

VICTORIA: »KAISERIN FRIEDRICH«

Stammtafel 106

Vicky – »der Kopf eines Mannes und
das Herz eines Kindes« 107
»Ein hübsches kleines Spielzeug« 107 · Onkel Leopolds
Schachzüge 110 · Der »Coburger Plan« 115 · Besuch aus Preußen –
die Weltausstellung 1851 in London 119

Die neue Heimat 123
Heimliche Verlobung 123 · »Es kommt nicht jeden Tag vor, daß
man die älteste Tochter der Königin von England heiratet!« 127 ·
Zwischen zwei Stühlen 129

Enttäuschte Hoffnungen – Sorgenkind Wilhelm 133
Auf Leben und Tod: die Geburt des Thronfolgers 133 · Wilhelms
Behinderung 135 · Scham und Stolz 138

Freud und Leid 141
»Das höchste Glück im Frauenleben ...« 141 · Noch ein
Sorgenkind – die Tochter Charlotte 142 · Die »Königskrankheit«
143 · Das Todesjahr 1861 144 · Am Scheideweg 147 · Vickys
Anteil an der Politik 149 · »Für uns Deutsche ...« 151

»Ich kam nie zur Freude...« 153
Trauer um Sigismund 153 · Mißgriffe 154 · »Eine gescheite
Person« 158 · Waldemars Tod 161 · Wilhelm und Dona 163 ·
Mut- und Machtlosigkeit 164

Unter einem schlechten Stern 167
»Enfant terrible« 167 · Die Battenberg-Affäre 168 · »Was Liebe

nur vermag, geschieht« – Friedrichs Krankheit 170 · 1888: Ein todgeweihter Kaiser 173

Ende aller Träume – Witwenjahre der »Kaiserin Friedrich« 178
Unendliche Trauer 178 · Heinrich (1862–1929) 179 · Victoria (1866–1929) 180 · Sophie (1870–1932) 181 · Margarete (1872–1954) 185 · Letzte Jahre auf Schloß Friedrichshof 186

KAISERIN AUGUSTE VIKTORIA

Stammtafel 192

Ein Mädchen aus Primkenau 193
Jugendjahre im »Exil« 193 · Begegnung mit dem Märchenprinzen 198 · Die »Königin von Primkenau« wird Prinzessin von Preußen 202

Die schönsten Jahre 206
Im Marmorpalais von Potsdam 206 · Ein Leben für die Kinder 208 · Differenzen mit der Schwiegermutter 212 · Erste Wolken am Ehehimmel 215

Kaiserin und Landesmutter 218
»... auf eine einsame Insel entfliehen« 218 · Mädchenbildung im 19. Jahrhundert 219 · Soziales Engagement 222 · Wider die »kirchlichen Notstände« 225 · Bescheidenheit ist (k)eine Zier – Dona auf Reisen 227

Zeitenwende 231
Gewitterwolken 231 · Kronprinz Wilhelm 233 · Selbstbewußt und unverzagt 235

»... so namenlos schwere Tage« 238
Der Erste Weltkrieg 238 · Zusammenbruch 240 · »Wenn ich nur noch so lange lebe ...« 243 · »Jetzt kann ich wirklich nicht mehr!« 246 · Joachims Selbstmord 248 · Ende des Weges 249

Und das Leben geht weiter 252

Hermine von Reuß, die zweite Frau Wilhelms II. 252 · Oels und Cecilienhof 254 · »Wohin ein Hitler führt, kann ein Hohenzoller folgen« 256 · Adel verpflichtet – Adel verzichtet 257 · Nachtrag · 260

Stammtafel 261

Anhang 265
Zeittafel 265
Quellen- und Literaturverzeichnis 268
Personenregister 273
Ortsregister 283
Bildnachweis 285

Vorwort

Während das Interesse an der schönen »Sisi«, der bewunderten Kaiserin Elisabeth von Österreich, auch noch hundert Jahre nach ihrem Tod ungebrochen zu sein scheint, sind hingegen die drei deutschen Kaiserinnen, die etwa zur gleichen Zeit wie die Habsburgerin gelebt haben, nahezu in Vergessenheit geraten. Vergebens sucht man nach neueren Publikationen über die Gemahlinnen von Wilhelm I., Friedrich III. und Wilhelm II. (Meist tauchen sie nur als Randfiguren in Veröffentlichungen über das Leben ihrer berühmten Männer auf.) Dabei hatten auch die Hohenzollern, was ihre Frauen betraf, weitaus mehr aufzuweisen als nur die früh verstorbene und verklärte Königin Luise von Preußen, Mutter Wilhelms I., des ersten Kaisers des 1871 gegründeten Deutschen Reiches.

Zwar waren alle drei Monarchinnen keine außergewöhnlichen Schönheiten wie »Sisi« und Luise, jene Ikonen allgemeiner Verehrung, und wirklicher Beliebtheit bei ihrem Volk erfreute sich lediglich Auguste Viktoria (1858–1921), die letzte deutsche Kaiserin.

Doch gerade die beiden anderen, Kaiserin Augusta (1811–1890) ebenso wie Kaiserin Victoria (1840–1901), letztere die älteste Tochter der Queen Victoria von England, waren ausgesprochen interessante und hochgebildete Frauen, die sich zudem in hohem Maße der Politik verschrieben hatten und ernsthaft bemüht waren, die reaktionären Verkrustungen Preußens und des Deutschen Reiches durch liberale Impulse aufzubrechen.

Daß es ihnen nicht gelungen ist, nicht gelingen konnte, lag nicht allein daran, daß sie in Otto von Bismarck einen übermächtigen Kontrahenten hatten. Die lange Regierungszeit Wilhelms I. und der frühe Tod Friedrichs III., des »99-Tage-Kaisers«, spielten ebenso eine Rolle wie interne familiäre Konflikte. So hofften beide Kaiserinnen letzten Endes vergeblich auf ein liberales Deutschland, ein Deutschland, das allerdings Auguste Viktoria, Ehefrau Wilhelms II., ohnehin nicht haben wollte, deutschnational und konservativ, wie sie empfand.

Hinter jeder Kaiserin verbirgt sich ein mehr oder minder tragisches Schicksal. Augusta, eine hochbegabte Prinzessin, die am liberalen und kunstsinnigen Weimarer Musenhof unter der Obhut Goethes aufgewachsen war, kam mit knapp 18 Jahren in das militärisch-nüchterne Berlin, wo sie mit Wilhelm von Preußen, dem späteren Kaiser, einen Mann heiratete, dessen Herz nach wie vor an einer anderen hing. Augusta, in dieser unglücklichen Ehe gefangen, war zwar bemüht, ihr eigenes Leben zu führen, gleichwohl aber sah sie sich in der Pflicht, ihrem ihr intellektuell unterlegenen Ehemann den ihrer Meinung nach richtigen politischen Weg zu weisen. Dieser Aufgabe widmete sie sich mit unglaublicher Energie, auch wenn sie einsehen mußte, daß ihr Kampf für ein freiheitlicheres Deutschland vergeblich war, spätestens, seitdem Wilhelm I. 1862 Bismarck zum preußischen Ministerpräsidenten ernannt hatte. Hoffnungen hatte Augusta zunächst in ihren einzigen Sohn gesetzt, den Kronprinzen Friedrich Wilhelm, und in dessen junge Frau Victoria. Sie vertraten die gleichen gemäßigt liberalen Ansichten, bis schließlich Differenzen zwischen den beiden Frauen dazu führten, daß sich ihre Wege sowohl politisch als auch menschlich trennten.

Die selbstbewußte, ehrgeizige Victoria unterschied sich in vielem von ihrer Schwiegermutter und war zudem nicht bereit, sich trotz ihres jugendlichen Alters weiter von dieser »erziehen« zu lassen, wie Augusta es gewünscht hätte. Mit hochgesteckten Plänen war die Princess Royal 1858 nach Preußen gekommen: gemeinsam mit ihrem überaus geliebten Mann wollte sie dazu beitragen, daß Preußen in eine konstitutionelle Monarchie nach britischem Vorbild verwandelt werden sollte, um schließlich die Führung in einem friedlich geeinten Deutschland zu übernehmen. Die Chancen schienen damals, zur Zeit der »Neuen Ära«, äußerst günstig zu stehen. Doch dann mußte »Vicky« schon nach wenigen Jahren miterleben, wie all ihre Pläne und Hoffnungen nach und nach zunichte gemacht wurden.

Als sie dann endlich den Thron bestieg (1888), war ihr Gemahl, Kaiser Friedrich III., bereits vom Tode gezeichnet, und als er starb, geriet auch sie in Deutschland schon bald in Vergessenheit. Victorias wohl größte Enttäuschung aber war, daß ihr ältester Sohn Wilhelm, aus dem sie einen liberalen Friedrich den Großen hatte machen wollen, das genaue Gegenteil von dem wurde, was sie sich erträumt hatte, auch wenn sie selbst daran nicht so ganz unschuldig war. Unglücklicherweise hatte sie zudem geglaubt, ihre Schwiegertochter Auguste Viktoria würde politisch die gleichen Ziele wie sie verfolgen, ein fataler Irrtum.

Dona, wie die junge Holsteinerin im Familienkreis genannt wurde, war keineswegs gewillt, die liberalen Überzeugungen ihrer Schwiegermutter zu übernehmen, geschweige denn, sie an den Ehemann weiterzugeben – im Gegenteil. Ohnehin alles gutheißend, was ihr kaiserlicher Gemahl dachte und tat, bestärkte sie ihn nur in seiner Hybris, seiner Haßliebe zu England und seinem Irrglauben, ein »Instrument des Himmels« zu sein. Und doch war Auguste Viktoria, wenngleich bei weitem nicht so klug wie ihre Vorgängerinnen, die volkstümlichste der drei Kaiserinnen, eine geliebte »Landesmutter«, die so ganz dem damaligen Idealbild der deutschen Frau zu entsprechen schien: die liebevolle Gattin und Mutter, die ihren Ehemann nach eigenem Gutdünken schalten und walten ließ und sich ganz auf Kinder, Kirche und Karitas beschränkte. Ihr Leben verlief weitgehend störungsfrei, bis schließlich nach dreißig Jahren auf dem Thron mit dem Kaiserreich auch ihre Welt zusammenbrach. Es fiel Dona sehr schwer, sich in ihr Schicksal zu fügen, zumal sie schon von Krankheit gezeichnet war, doch für ihren geliebten Mann nahm sie die Einsamkeit des holländischen Exils in Kauf, die Trennung von der Heimat, ihren Kindern und Enkeln.

Keine der drei Frauen hatte zwar am Ende ihres Lebens das erreicht, was sie sich einmal erträumt hatte. Trotzdem, oder vielleicht gerade deswegen, sollten die Schicksale der deutschen Kaiserinnen die Beachtung finden, die ihnen so lange vorenthalten worden ist – Beachtung sowohl in der Wissenschaft als auch bei all denjenigen, deren Interesse an der deutschen Geschichte sich nicht ausschließlich auf das politische Geschehen konzentriert. Dieses Buch möchte einen ersten Anstoß dazu geben.

KAISERIN AUGUSTA

Gemahlin Kaiser Wilhelms I.

Augusta von Sachsen-Weimar-Eisenach

* 30. September 1811 in Weimar
⚭ 11. Juni 1829 mit Wilhelm von Preußen,
König 1861, Dt. Kaiser 1871–1888
† 7. Januar 1890 in Berlin

»Feuerkopf«, so pflegte Kaiser Wilhelm I. »in vertraulichen, aus Verdruß, Respekt und Wohlwollen gemischten Stimmungen die Gemahlin zu bezeichnen und diesen Ausdruck mit einer Handbewegung zu begleiten, die etwa sagen wollte: ›Ich kann nichts ändern.‹ Ich fand diese Bezeichnung außerordentlich treffend; die Königin war, solange nicht physische Gefahren drohten, eine mutige Frau, getragen von einem hohen Pflichtgefühl, aber auf Grund ihres königlichen Empfindens abgeneigt, andere Autoritäten als die ihrige währen zu lassen.«

Otto von Bismarck
in: Gedanken und Erinnerungen

STAMMTAFEL

Karl August (1757–1828) Ghzg. v. Sachsen-Weimar-Eisenach ⚭ Luise v. Hessen-Darmstadt (1757–1830)

Paul I. (1754–1801) Zar v. Rußland ⚭ Sophie Dorothea v. Württemberg = Maria Feodorowna (1759–1828)

Carl Friedrich (1783–1853) Ghzg. v. Sachsen-Weimar-Eisenach ⚭ Maria Pawlowna (1786–1859) Gfstn. v. Rußland

Friedrich Wilhelm III. (1770–1840) Kg. v. Preußen 1797 ⚭ 1793 Luise Hzgn. zu Mecklenburg (1776–1810)

Marie (1808–1877) ⚭ 1827 Carl Prz. v. Preußen

Karl Alexander (1818–1901) ⚭ Sophie Przn. der Niederlande

Friedrich Wilhelm IV. (1795–1861) ⚭ 1823 Elisabeth Przn. v. Bayern († 1873)

Charlotte (1798–1860) = Aleksandra Fjodorowna ⚭ 1817 Nikolaus I. Zar v. Rußland († 1855)

Carl (1801–1883) ⚭ 1827 Marie Przn. v. Sachsen-Weimar-Eisenach

Alexandrine (1803–1892) ⚭ 1822 Paul Friedrich Ghzg. v. Mecklenburg

Luise (1806–1870) ⚭ Friedrich Prz. d. Niederlande

Albrecht (1809–1873) ⚭ 1) 1830 Marianne Przn. d. Niederlande 2) Gfn. v. Hohenau

Wilhelm v. Preußen (1797–1888) Kg. v. Preußen 1861 Dt. Kaiser (= Wilhelm I.) 1871 ⚭ 1829 AUGUSTA Przn. v. Sachsen-Weimar-Eisenach (1811–1890)

Friedrich Wilhelm (1831–1888) Dt. Kaiser 1888 (= Friedrich III.) ⚭ 1858 Victoria Przn. v. Großbritannien

Luise (1838–1923) ⚭ 1856 Friedrich II. Ghzg. v. Baden

Kindheit und Jugend am Weimarer Musenhof

»Eine Prinzessin darf niemals müde sein«

Ob es wohl ein Glücksstern war, jener hell leuchtende Komet, der am 30. September 1811 am mitternächtlichen Himmel strahlte? So hoffte man zumindest in Weimar. An jenem Montag nämlich hatte die zweite Tochter des erbprinzlichen Paares von Sachsen-Weimar das Licht der Welt erblickt, ein gesundes kleines Mädchen, das sechs Tage später auf die Namen Marie Luise Augusta Katharina getauft wurde.

Augustas Mutter war die russische Großfürstin Maria Pawlowna (1786–1859), eine Enkelin Katharinas der Großen und nach dem schmeichelnden Urteil Goethes »eine der besten und bedeutendsten Frauen ihrer Zeit«. Von Augustas Vater wußte hingegen niemand etwas Vergleichbares zu sagen. Nachdem Maria Pawlowna 1804 mit Carl Friedrich den Bund fürs Leben geschlossen hatte, dem Sohn des brillanten Großherzogs Karl August von Sachsen-Weimar-Eisenach, muß ihr schon bald klargeworden sein, daß sie keinen kongenialen Partner gefunden hatte. Carl Friedrich galt zwar zu Recht als lieber Mensch, war aber offenbar etwas steif, langweilig und nach dem Urteil seiner Zeitgenossen zu schließen eher dumm. Die Schuhe seines vitalen Vaters waren ihm von Anfang an zu groß, denn der Horizont des Erbprinzen war eher bescheiden: Bis zu seinem Tod im Jahr 1853 blieb seine Lektüre im wesentlichen auf Märchen beschränkt. Und doch erfreute er sich, nachdem er 1828 die Herrschaft über das Herzogtum angetreten hatte, als gutmütiger und leutseliger Landesvater bei seinem Volk großer Beliebtheit.

Dazu freilich hatte auch Maria Pawlowna ihren Teil beigetragen. Seitdem sie am 9. November 1804 nach Weimar gekommen war, hatte sich der kleine Hof durch St. Petersburger Pracht, Pomp und Geld nachhaltig verändert. Man hatte also nicht nur unter dem politischen Aspekt eine wichtige Brücke nach Rußland geschlagen, auch in finanzieller Hinsicht erwies sich die Verbindung als warmer Regen, denn nun flossen dem vergleichsweise armen Land beachtliche Mittel zu, die Hof und Staat zugute kamen und die angespannte Finanzlage spürbar erleichterten. Doch die Weimarer hätten die junge Russin ohnehin liebgewonnen. Die damals 18jährige Tochter des Zaren Paul I. (1754–1801) hatte sich gleich von Anfang an klug in die neuen und eher bescheidenen Verhältnisse eingefügt und zugleich ihre Umgebung mit Freundlichkeit und jugendlichem Charme verzaubert. Sicherlich entscheidend für ihre Beliebtheit aber war Maria Pawlownas unermüdliche Fürsorge für Kranke und Bedürftige, was ihr in späteren Jahren den Ehrennamen »Engel der Armen« einbrachte.

Augusta, ihre drei Jahre ältere Schwester Marie und der jüngere Bruder, Erbprinz Karl Alexander (* 1818), wuchsen so auf, wie Fürstenkinder damals zumeist aufzuwachsen pflegten. Vater Carl Friedrich hielt sich, was die Kindererziehung betraf, eindeutig im Hintergrund. Doch auch die vielbeschäftigte Maria Pawlowna kümmerte sich um das Wohl des erbprinzlichen Nachwuchses eher im Sinne einer »Richtlinienkompetenz«, deren Umsetzung wiederum in den Händen der Kinderfrau lag, einer mütterlichen Dame namens Amalie Batsch, an der vornehmlich Augusta zeit ihres Lebens mit zärtlicher Liebe gehangen hat – einer Liebe, die, wie sich aus ihren zahlreichen Briefen unschwer erkennen läßt, weitaus inniger war als die zu ihrer eigenen Mutter, mit der sie eine eher förmliche Korrespondenz zu führen pflegte. Und doch hat Augusta ihrem »geliebten Bätschchen«, wie sie ihre Erzieherin bis zu deren Tod im Jahr 1847 bezeichnete, die aufopferungsvolle Arbeit nicht immer ganz leicht gemacht.

Die zweitgeborene Prinzessin war offensichtlich alles andere als ein umgängliches kleines Mädchen, auch wenn dieser Sachverhalt von den Zeitgenossen etwas verharmlosend umschrieben wurde. Frau Batsch charakterisierte ihren etwas schwieri-

*Eine Enkelin Katharinas der Großen:
Augustas Mutter Maria Pawlowna*

gen Schützling als ein »heftiges, energisches, starkes Kind«, und Charlotte von Schiller, Witwe Friedrich von Schillers († 1805), die häufig am Weimarer Hof verkehrte, fiel auf, daß sich die drei Jahre ältere Schwester Marie reichlich viel von der kleineren gefallen lassen müsse. Einen starken Willen hatte Augusta ohne Frage von klein auf, und der »Feuerkopf«, den ihr späterer königlicher Gemahl Wilhelm I. bisweilen reichlich entnervt in ihr zu erblicken glaubte, machte ihrer Umgebung schon von Anfang an erheblich zu schaffen.

Doch auch ein starker Wille hatte sich aristokratischen Zwängen zu beugen. Wie ihre Geschwister, so wurde auch Augusta zu strenger Pflichterfüllung erzogen, einem Leben, in dem kaum Platz war für irgendwelche Launen oder auffallende Schwächen. »Eine Prinzessin darf niemals müde sein«, entgegnete Maria Pawlowna einmal reichlich ungehalten, als ihre jüngere Tochter wieder einmal über das umfangreiche Programm stöhnte, das sie Tag für Tag zu absolvieren hatte. Denn trotz des so oft gerühmten liberalen Weimarer Geistes, von dem später noch die Rede sein wird, wurde am Hof streng auf Repräsentation und Etikette geachtet. Beides ist Augusta im Laufe der Jahre gewissermaßen in Fleisch und Blut übergegangen und hat ihr später erheblich geholfen, zahllose Festlichkeiten, öffentliche Auftritte und Defiliercours in hoheitsvoller Haltung tadellos zu überstehen, auch wenn sie das Förmliche dabei wohl allzu sehr betont hat und daher immer etwas steif und unnahbar auf ihre Umgebung wirkte. Das freilich lag vielleicht auch in der Art und Weise, wie ihr das Zeremoniell des »Zirkelhaltens« beigebracht worden war: Wieder und wieder mußte das junge Mädchen vor einer Anzahl aufgereihter leerer Stühle entlanggehen, huldvoll lächeln und »jedem Stuhl« etwas Freundliches und Verbindliches sagen – eine Prozedur, die uns heutzutage entsetzen mag, in Hofkreisen damals aber durchaus üblich war. Schließlich erwartete man von einer Prinzessin, daß sie bei einem feierlichen Empfang Hunderte der sie gespannt erwartenden Gäste einzeln mit liebenswürdiger Sicherheit und formvollendeter Gestik ansprach. Sprachliche Gewandtheit galt dabei als ebenso selbstverständlich wie sicheres Auftreten und eine tadellose Haltung. Augusta hat zu diesem Zweck in späterer Zeit stets einen Holzstab zwischen den Schultern getragen, der sie daran hinderte, eine schlechte Haltung einzunehmen (allerdings auch etliche unglückliche Stürze verursachte).

Auch ansonsten ließ der Stundenplan der jungen Weimarer Prinzessin wenig Zeit zur Muße, denn um die späteren Repräsentationspflichten einmal vollendet erfüllen zu können, war eine entsprechende Bildung unumgänglich. So hatte man eine Zeichenlehrerin und einen Musiklehrer berufen; Französisch, Russisch, Geschichte und Geographie standen ebenso auf dem Stundenplan wie Klavierunterricht und Tanzstunden. Zuletzt durfte die religiöse Unterweisung nicht zu kurz kommen. Augusta wurde in protestantischem Glauben erzogen, im Sinne des von Johann Gottfried Herder (1744–1803) vertretenen Humanitätsideals. Herder sah in der Menschheit die Gesamtheit aller Völker – also das Ergebnis einer vom Schöpfer gewollten wundersamen unendlichen Verschiedenheit. Diese Schöpfung sollte sich nach Herder zu einem kraftvollen Menschentum entwickeln, dem Träger reiner, geläuterter Menschlichkeit, keine Gleichmacherei, sondern eine wahre innere Menschenschöpfung aufgrund persönlicher und ethnischer Besonderheiten. Gewiß ist in dieser Erziehung auch die Grundlage für Augustas spätere Toleranz gegenüber den Katholiken zu suchen und insbesondere ihre lebenslange strikte Ablehnung von Krieg jedweder Art, eine Ablehnung, die auch von Herder vertreten wurde.

Es besteht kein Zweifel, daß die junge Weimarerin ihre umfassende Ausbildung mit Bravour gemeistert hat, gelehrig und frühreif, wie sie war, auch wenn sich der »Feuerkopf« bisweilen gegen den umfangreichen Lehrplan gewehrt haben mag. Doch wie hatte ihre Mutter seinerzeit gesagt? »Eine Prinzessin darf niemals müde sein!«

Würde man Augusta Glauben schenken, so durfte sie in ihrer Kindheit auch niemals so richtig satt werden. Später behauptete sie nämlich ernsthaft, die spärliche Kost (bei der offenbar Schwarzwurzeln eine herausragende Rolle spielten) habe ihrer Gesundheit auf Dauer geschadet und die geringe Widerstandsfähigkeit ihres Körpers mitverschuldet. Diese Unterstellung hätte Maria Pawlowna gewiß strikt zurückgewiesen, und das nicht zu Unrecht, auch wenn die fürstlichen Kinder tatsächlich nur knapp bemessene Kost erhielten. Das aber war damals an allen Höfen so üblich. Den englischen Thronerben wurde zum Abendessen lediglich trockenes, in Milch hineingeschnittenes Brot gereicht. Und genauso wollte es das damalige Erziehungsprinzip. Zeitgenössische Pädagogen wie Joachim Heinrich Campe (1746–1818) vertraten schließlich die Ansicht, Kinder sollten von frühster Jugend an an Mäßigung und Enthaltsamkeit gewöhnt werden. »Ich glaube«, schrieb ein uns leider unbekannter Autor, »ihnen eine der höchsten Glückseligkeiten zu schenken, wenn ich sie entbehren lerne. Meine Kinder haben schon vom dritten Jahre an sich die Versagung der Speisen, welche auf dem Tische standen, ohne Thränen gefallen lassen und sich mit der gemeinsten Kost, oft mit hartem Brot, begnügt ...« Denn – so die Begründung, »so schnell die kräftig genährten Kinder blühen, so schnell welken sie auch«. Tatsächlich aber hoffte man, durch die asketische Ernährung des Nachwuchses das Erwachen der Sexualität so lange wie möglich herauszögern zu können: »Junge Leute, mit magerer Kost genährt, entwickeln ... ihre Lüste später.«

Trotz der »Schwarzwurzel-Diät« darf man wohl annehmen, daß Augusta am Weimarer Hof eine im wesentlichen frohe Kindheit verlebt hat. Zumindest Charlotte von Schiller glaubte feststellen zu können, daß die beiden kleinen Prinzessinnen »glücklich wie die Engel« seien. Gewissermaßen zur Familie gehörte auch Johann Wolfgang von Goethe (1749–1832), großväterlicher Freund Augustas und Maries und als Dichter und Politiker schon seit Jahrzehnten einer der Hauptakteure am Weimarer »Musenhof«, der seit rund einem halben Jahrhundert auf Deutschlands Dichter und Denker eine magische Anziehungskraft ausübte.

Politik und Poesie

Weimar, wo Augustas Wiege stand, war nicht nur die Hauptstadt des Herzogtums Sachsen-Weimar-Eisenach, sondern nach den Worten Goethes im Jahre 1825 eine »kleine Residenz, die, wie man scherzhafterweise sagt, zehntausend Poeten und einige Einwohner hat«. Hier hat der Altmeister der deutschen Dichtkunst freilich ein wenig übertrieben, und andere beschrieben das Städtchen auch wesentlich prosaischer. So hatte der englische Politiker John Russel (1792–1878) bei seinem Besuch im Jahre 1820 eher den Eindruck gehabt, in eine verschlafene Kleinstadt geraten zu sein als in ein deutsches Athen: »Vergebens würde man in Weimar das fröhliche Getummel oder die geräuschvollen sinnlichen Freuden einer Hauptstadt suchen.« Ein anderer Beobachter meinte, alles ginge so prosaisch zu und sähe so alltäglich aus, daß er den Eindruck habe, die Menschen, die in der Stadt wohnten, gehörten in der überwiegenden Mehrzahl »der Rasse von kleinstädtischen Spießbürgern an, welchen man weder die Verfeinerung einer Hofstadt noch sonderlichen Wohlstand anmerkt ...«

Auch wenn wohl so mancher das Flair einer richtigen Metropole vermißt haben wird – das Großherzogtum Sachsen-Weimar-Eisenach galt unumstritten als deutsche Kulturmacht, und das nicht nur, weil hier die Wartburg stand, in der im Mittelalter Minnesänger aufgetreten waren und Martin Luther später die Bibel übersetzt hatte.

Daß die kleine Residenz zum berühmten »Musenhof« und Weimar zum Parnaß der Künstler und Gelehrten wurde, hat die Stadt an der Ilm vornehmlich einer Frau zu verdanken: Augustas Urgroßmutter.

Von 1758–1775 war Weimar nämlich von einer Nichte Friedrichs des Großen regiert worden, der regen Herzogin Anna Amalia, die durch den frühen Tod ihres Mannes, Herzog Konstantin, im Alter von erst 19 Jahren Witwe und Regentin für ihren einjährigen Sohn Karl August geworden war. Ohne sie wäre Weimar wohl tatsächlich nur das ruhige kleine Städtchen geblieben und in der zweiten Hälfte des 18. Jahrhunderts nicht zu dem geworden, was es rund ein Jahrhundert lang geblieben ist: Mittelpunkt des deutschen Geisteslebens und Brennpunkt der Literatur in ihrer Glanzzeit.

Siebzehn Jahre lang hat Anna Amalia, Augustas Urgroßmutter, die Geschicke des kleinen Herzogtums mit großem Erfolg gelenkt. Eine ihrer wichtigsten Entscheidungen aber traf sie im Jahr 1772, als sie den Dichter Christoph Martin Wieland (1733–1813) einlud, Erzieher ihrer beiden Söhne zu werden. Insbesondere der Thronfolger Karl August war ein offenbar reichlich lebhafter und übermütiger Knabe, der mehr Spaß am Reiten und Jagen als an seinen Büchern fand. Die Hoffnungen der besorgten Herzogin bezüglich Wielands pädagogischer Fähigkeiten waren vielleicht ein wenig zu hochgesteckt gewesen, doch unter seinem Einfluß begann sich allmählich das weitgehend brachliegende Weimarer Geistesleben mehr und mehr zu entfalten, und der von Wieland gegründete »Deutsche Merkur« blieb lange Zeit die einflußreichste literarische Zeitschrift Deutschlands.

Nachdem ihr Sohn Karl August, unterdessen volljährig und merklich reifer geworden, 1775 selbst die Regierungsgeschäfte übernommen hatte, machte Anna Amalia aus ihrem Haus einen Salon nach französischem Vorbild, in dem sie ein buntes Konglomerat aus Dichtern, Philosophen, Wissenschaftlern, aber auch Generälen, Geistlichen und Geschäftsleuten zu anregenden Gesprächen empfing. Die prominentesten Gäste aber waren neben Wieland die Dichter Herder, Goethe und Schiller, die es unterdessen ebenfalls in Deutschlands »literarische Hauptstadt« gezogen hatte. Die dominierende Rolle jedoch spielte eindeutig Goethe, der einer Einladung des jungen Herzogs nach Weimar gefolgt war.

»Ein Mann von Geist« – Karl August und Goethe

Am Ende der offiziellen Erziehung und noch vor seiner Hochzeit mit einer hessischen Prinzessin war Augustas Großvater Karl August im Dezember 1774 in zeitüblicher Weise zu einer großen Bildungsreise angetreten. Das wäre gewiß nicht weiter erwähnenswert, wäre nicht das auf Dauer bedeutendste Reiseerlebnis die Begegnung mit Goethe in Frankfurt gewesen. Der Dichter hatte auch auf den jungen Herzog seinen Eindruck nicht verfehlt. Als Karl August daher im Oktober des folgenden Jahres nach Karlsruhe reiste, um dort Luise von Hessen zu heiraten, machte er erneut in Frankfurt Station und ließ Goethe zu sich bitten. Man verstand sich so gut, daß dieser schließlich zu einem Besuch nach Weimar eingeladen wurde. Karl Augusts Angebot galt freilich weniger dem berühmten Autor des »Werther« als vielmehr dem jungen, staatspolitisch orientierten Juristen, von dessen Mitwirkung bei den künftigen Staatsgeschäften sich der noch unerfahrene Herzog eine Menge versprach. Sachsen-Weimar-Eisenach mit seinen 110 000 Einwohnern war ein armes Land. Der Landwirtschaft, dem wichtigsten Gewerbe, fehlte es durch die Drei-Felder-Wirtschaft an den notwendigen großen Erträgen, und selbst reiche Ernten waren wegen der Einfuhrzölle im Ausland kaum abzusetzen. Die Industrie aber war erst in Anfängen entwickelt. Karl August konnte jeden klugen Kopf daher gut gebrauchen. Zu seinem Glück stand Goethe damals sowohl beruflich als auch privat – soeben hatte er die Verlobung mit Lili Schönemann gelöst – an einem Scheideweg. Er zögerte daher nicht lange, kam am 7. November 1775 nach Weimar – und blieb.

Der mit hohen Erwartungen empfangene Gast wurde erwartungsgemäß schnell zum geistigen Mittelpunkt jenes Kreises »schöner Seelen« um Herzogin-Mutter Anna Amalia und ihres »Musenhofes«, der Weimars Ruf begründet und aufrechterhalten hat. Auch der noch etwas ungestüme junge Herzog entwickelte sich unter Goethes Ägide zu einem verantwortungsbewußten Landesherrn. Unter einflußreicher Hilfe des berühmten Dichters und nunmehrigen Staatsministers gelang es Karl August, das Kirchen- und Schulwesen zu erneuern, das Rechtswesen zu reformieren, Land- und Forstwirtschaft zu befördern und nicht zuletzt der Kunst und Wissenschaft durch die Gründung des Hoftheaters und den Ausbau der Jenaer Landesuniversität neue Impulse zu geben.

In den Jahren nach der Gründung des Deutschen Bundes (1815), als alle Zeichen auf einer Wiederherstellung der alten Ordnung und »Erhaltung der äußeren und inneren Sicherheit Deutschlands« hinwiesen, machte sich Karl August durch Unterstützung der Burschenschaften, Durchsetzung der Pressefreiheit, Erlaß einer Verfassung und betonte Wiederholung seines Nationalgefühls der Restauration verdächtig. Hingegen war er in liberalen Kreisen sowie im eigenen Land nach wie vor geliebt und verehrt, und wenn Fürst Metternich ihn verächtlich als »Altburschen« titulierte, so wird Karl August darin eher eine Auszeichnung gesehen haben.

Als die französische Schriftstellerin Madame de Staël (1766–1817) im Jahr 1803 Deutschland bereiste, konnte sie berichten: »Von den deutschen Fürstentümern macht keines die Vorzüge eines kleinen Landes, wenn sein Oberhaupt ein Mann von Geist ist, der, ohne daß dadurch der Gehorsam aufhörte, seinen Untertanen auch zu Gefallen suchen kann, besser fühlbar als Weimar ... Die militärischen Talente des Herzogs stehen in allgemeinem Ansehen, und seine pikante, durchdachte Unterhaltung erinnert fortwährend daran, daß er von Friedrich dem Großen geschult worden ist. Sein Geist und der seiner Mutter haben die bedeutendsten Schriftsteller nach Weimar gezogen. Deutschland hatte hier zum ersten Male eine literarische Hauptstadt.« Ein großes Lob also aus dem Munde der weitgereisten Französin, das in ihrem Buch »Über Deutschland« zu lesen war – bevor das Werk auf Befehl Napoleons vernichtet werden mußte.

Das Privatleben des vitalen Herzogs war freilich keineswegs so makellos. Am 3. Oktober 1775, wir erinnern uns, hatte Karl August in Karlsruhe Luise von Hessen (1757–1830) geehelicht, eine introvertierte und recht schwermütige junge Frau, die stets im Schatten der alerten Herzogin-Mutter Anna Amalie stand und in der Gunst ihres Gatten später von der ebenso schönen wie intriganten herzoglichen Geliebten verdrängt worden war, der gefeierten ehemaligen Schauspielerin Karoline Jagemann (1777–1848).

Augusta sollte ihrer Großmutter in vielem ähnlich werden.

»Es ist von jeher mein Los gewesen, verkannt zu sein«, schrieb Luise einmal etwas verbittert, »denn ich habe nicht die Gabe, dasjenige, was ich im Innersten meines Herzens fühle, darzubringen.« Diese Unfähigkeit, die wahren Gefühle nach außen hin zu zeigen, hat Augusta wohl ebenso von ihr geerbt wie eine im allgemeinen eher pessimistische Sicht der Dinge, die Neigung, alles schwerzunehmen, den ernsten Charakter und das unsinnliche Temperament. Daß auch Augustas Ehe alles andere als glücklich und erfüllt zu nennen war, hatte unter anderem gewiß auch seine Ursache in diesen Eigenschaften. Die Verbindung von Karl August und Luise mag emotional gesehen ein Mißerfolg gewesen sein, doch sie trug dem Hause Weimar interessante dynastische Verbindungen ein: Friederike Luise, eine von Luises Schwestern, war seit 1769 mit dem preußischen Kronprinzen und späteren König Friedrich Wilhelm II. (1744–1797) verheiratet, jenem Hohenzollern, der sich als einziger offizielle Mätressen geleistet hat und durch seine zahlreichen skandalösen Liebesaffären zweifelhafte Berühmtheit erlangte. Gleichwohl gingen aus der Ehe mit der hessischen Prinzessin sieben Kinder hervor, darunter auch Augustas künftiger Schwiegervater Friedrich Wilhelm III. von Preußen.

Eine weitere Schwester Luises, Wilhelmine von Hessen, hatte den russischen Thronfolger Paul geheiratet und sich seitdem Natalia Alexejewna genannt. Auch diese Ehe wurde ausgesprochen unglücklich, zumal Natalia offenbar nichts dabei fand, ihren jungen Ehemann schon bald nach der Hochzeit mit seinem besten Freund zu betrügen. Als Natalia alias Wilhelmine am 19. April 1776 überraschend starb, wollte das Gerücht nicht verstummen, ihre Schwiegermutter Katharina die Große habe ihre Hände im Spiel gehabt. Doch wie dem auch sei – Paul vermählte sich noch im gleichen Jahr in zweiter Ehe mit Prinzessin Dorothea Auguste von Württemberg (russisch: Maria Feodorowna), der Mutter der künftigen Zaren Alexander I. und Nikolaus I. – und Maria Pawlownas, der Mutter Augustas.

Goethe als »Märchenerzähler«

Augustas Stammbaum hat also etliche bedeutende Persönlichkeiten aufzuweisen, und von allen wird sie das eine oder andere geerbt haben, von Großmutter Luise den ernsten Charakter, von Großvater Karl August vielleicht die wache Intelligenz. Daß Goethe, der am Weimarer »Musenhof« ein und aus ging, gewissermaßen zur Familie gehörte und Augusta und ihrer Schwester ein großväterlicher Freund gewesen ist, ist sicherlich nicht ohne Bedeutung, doch darf seine Auswirkung auf das literarisch-künstlerische Verständnis Augustas nicht überschätzt werden. Und dennoch profitierten die Mädchen zweifelsohne von Goethe, etwa wenn er ihnen im sogenannten »Prinzessinnengarten« in Jena oder im Park vom Weimarschen Belvedere Märchen aus fernen Ländern erzählte, chinesische und arabische Schriftzeichen aufschrieb und ihnen »allerlei Merkwürdiges aus dem Orient« zu berichten wußte. Am 7. September 1820 beobachtete man gemeinsam eine Sonnenfinsternis, und es war für Goethe ein Vergnügen, den staunenden Prinzessinnen das seltene Naturereignis zu erklären. Überhaupt gab er sich sehr viel Mühe, wenn es galt, die beiden Mädchen zu beschäftigen. Dann und wann bedichtete er sie auch. Zu ihrem neunten Geburtstag widmete er Augusta ein Gedicht, das mit den Zeilen beginnt: »Alle Pappeln hoch in Lüften, jeder Strauch in seinen Düften, alle sehn sich nach Dir um ...«

Von dieser Atmosphäre ist Augusta geprägt, wenn auch nicht inspiriert worden. Zwar war sie nicht amusisch wie ihr Vater – bis in ihr Alter malte und musizierte sie –, doch was ihr Verhältnis zu Literatur, Musik und der bildenden Kunst betraf, so war ihre Begabung keineswegs überdurchschnittlich. Den greisen Goethe aber focht das nicht an. Er freute sich über Augustas Lebhaftigkeit und ihre vielseitigen Interessen, hielt die Zwölfjährige für ein »ganz liebenswürdiges und originelles Geschöpf« und rühmte »ihren hellen Verstand, die hohe Bildung, das reiche Wissen«. »Sie kann schon mitsprechen in der Welt«, versicherte er. Und mitsprechen, das hat Augusta ihr Leben lang getan.

Ein »flatterhafter« blonder Preuße

Aus dem frühreifen Kind wurde mit den Jahren ein vielseitig interessiertes, ausdauerndes und pflichtbewußtes junges Mädchen, das gelernt hatte, den »Feuerkopf« unter Kontrolle zu halten, gleichwohl aber, wie allgemein hervorgehoben wurde, ein natürliches und unbefangenes Wesen besaß. Eine »anmutige Schönheit« indes, wie einige Schmeichler in ihr zu sehen glaubten, war die dunkelhaarige Augusta sicherlich nicht. Was die äußeren Vorzüge betraf, so war ihre drei Jahre ältere Schwester Marie weitaus reichlicher damit gesegnet. Und doch konnte sich Mutter Maria Pawlowna gute Chancen für ihre jüngere Tochter auf dem fürstlichen Heiratsmarkt ausrechnen.

Im Winter des Jahres 1826 kam hoher Besuch nach Weimar: die Prinzen Wilhelm und Karl von Preußen, letzterer mit der erklärten Absicht, bei den großherzoglichen Eltern (Anm.: seit 1815 war Karl August Großherzog von Sachsen-Weimar-Eisenach) um die Hand der bildhübschen Marie anzuhalten. Während sich Carl Friedrich wieder einmal in Schweigen hüllte, gab Maria Pawlowna unmißverständlich zu verstehen, daß sie über diese geplante Verbindung mit dem Hohenzollernhaus alles andere als erfreut war: Karl von Preußen, der drittgeborene Sohn König Friedrich Wilhelms III., schien ihr für ihre ältere Tochter keine sonderlich gute »Partie« zu sein. Vielleicht ahnte sie aber auch schon, daß die Charaktereigenschaften des jungen Prinzen nicht gerade dazu angetan waren, seine spätere Ehefrau glücklich zu machen. Schon bald nämlich zeigte sich, daß Karl eine schillernde Persönlichkeit war, die vornehmlich durch anstößige Liebesgeschichten und Beziehungen zu zwielichtigen Geschäftsleuten von sich reden machte, was seinen königlichen Bruder Friedrich Wilhelm IV. später einmal zu der Bemerkung veranlassen sollte, als Privatmann wäre Karl mit einiger Sicherheit hinter Gefängnismauern gelandet.

Und doch überwand Maria Pawlowna ihr diffuses Unbehagen; sie und Carl Friedrich willigten letzten Endes in die Verlobung ein, die bereits am Weihnachtsfest des Jahres 1826 gefeiert wurde. Die Hochzeit fand im Mai des folgenden Jahres statt.

Augusta hatte während des längeren Aufenthaltes der beiden Hohenzollern-Prinzen am Weimarer Hof ausgiebig Gelegenheit gehabt, Karls älteren, knapp 30jährigen Bruder Wilhelm kennenzulernen, und an dem stattlichen blonden und blauäugigen Preußen offenbar sogleich großen Gefallen gefunden, auch wenn Maria Pawlowna den potentiellen Heiratskandidaten mit sicherem Blick als einen »etwas flatterhaft erscheinenden jungen Mann« taxierte und entsprechend mißbilligte. Doch auch Wilhelm hatte keine allzu großen Ambitionen. Zwar fand er die 15jährige Prinzessin »deliziös komisch« und »sehr formiert für ihr Alter, mit lebhaftem Blick und lebendigem Wesen«, wie er seiner Schwester Charlotte in einem Brief mitteilte, den Gedanken an eine eventuelle Heirat aber wies er weit von sich.

Sein Vater hingegen, der Preußenkönig Friedrich Wilhelm III., wäre mit einer doppelten preußisch-weimarischen Verbindung nur allzu einverstanden gewesen, was er seinem Sohn auch unmißverständlich zu verstehen gab. Die Ehe des Kronprinzen war nämlich bislang kinderlos geblieben, und sein Zweitgeborener hatte mit knapp 30 Jahren das heiratsfähige Alter schließlich schon lange erreicht. Nicht umsonst hatte ihn der umsichtige Vater gemeinsam mit Karl nach Weimar geschickt! Wilhelm fühlte sich reichlich unbehaglich, wußte er doch, was der König von ihm verlangte. Und als ein zum Gehorsam erzogener Sohn konnte und wollte er ihn auch nicht enttäuschen.

»Wenn Auguste mich also dennoch interessierte«, schrieb er im November 1826 an seine Schwester Charlotte[*], mit der ihn ein enges Vertrauensverhältnis verband und der er auch in den folgenden Jahrzehnten noch sein Herz ausschütten sollte, »so ist nur ihre ausgezeichnete Persönlichkeit, d. h. die innere, denn im Äußeren kann sie sich mit ihrer Schwester nicht messen, daran Schuld. Ob dies je von Einfluß auf meine Zukunft sein wird, steht bei Gott! Daß es Papas Wunsch ist, daß ich an eine Verbindung denke, schrieb er mir noch nach Weimar ...«

Doch Wilhelm ließ sich nicht drängen. Auch wenn Augusta

---

[*] Charlotte war mit Zar Nikolaus I. von Rußland verheiratet

heimlich von ihm träumen mochte – sein Herz gehörte nach wie vor einer anderen, seiner Cousine Elisa Radziwill, in die er sich als 19jähriger unsterblich verliebt hatte.

Im Schatten von Elisa Radziwill

Elisa war damals erst 13 Jahre alt gewesen und hatte Wilhelm bereits beim ersten Wiedersehen bezaubert: »Schlank von mittlerer Größe mit feiner Taille, besaß sie wundervolle große blaue Augen von einem schwärmerischen Ausdruck, als blickten sie immer in die Höhe oder in die Ferne, aschblondes Haar und eine leichtgebogene Nase unter der edlen Stirn.« So wurde Elisa von Zeitgenossen geschildert, eine Märchenprinzessin für Wilhelm, die zweifelsohne auch seine Gemahlin geworden wäre, hätte sie nicht einen ganz entscheidenden Makel gehabt. Da ihre Familie keinem regierenden Herrscherhaus angehörte, war sie den Hohenzollern nicht ebenbürtig.

Elisas Mutter, Wilhelms Tante Luise von Preußen, hatte 1796 den Fürsten Anton Radziwill geheiratet, zum Entsetzen des protestantischen preußischen Hofes einen Polen und Katholiken! Was für die beiden eine Liebesheirat war, war für den preußischen Hof nichts anderes als eine Mesalliance, und folglich kamen auch die Nachkommen als »Partie« für das Haus Hohenzollern nicht in Frage. Entsprechende Gutachten waren vorsorglich bereits im Jahr 1819 erstellt worden. Wilhelm, nach fachmännischem Urteil seiner Schwester Charlotte in Elisa »bis über beide Ohren verliebt«, wollte sie sogar in morganatischer Ehe heiraten und auf sein Thronrecht verzichten – bis sich schließlich sein königlicher Vater veranlaßt sah, ein endgültiges Machtwort zu sprechen: Im Juni 1826 kam das offizielle »Aus« für die Romanze zwischen Wilhelm und Elisa. Der Sohn, wenngleich zu Tode betrübt, wagte nicht, gegen das väterliche Verdikt aufzubegehren. Als Soldat war er das Gehorchen gewöhnt, und dem König von Preußen gehorchte man allemal: »In tiefer Demut und Unterwürfigkeit«, schrieb er an seinen Vater, »werde ich ein Schicksal tragen, das der Himmel mir auferlegt.« Doch er litt unendlich: »Das, was ich verlor, wie ich liebte, so wie man nur zum ersten Male liebt, das kehrt nie, nie zurück, dafür gibt es keinen Ersatz«, bekannte er seiner Schwester. So empfand Wilhelm auch noch ein halbes Jahr später – was ihn freilich nicht davon abhielt, sich mit der schönen Emilie von Brockhausen zu trösten, der Hofdame seiner Schwägerin, Kronprinzessin Elisabeth. An Augusta hingegen verschwendete er in der ersten Hälfte des Jahres 1827 wohl kaum einen Gedanken. Elisa heiratete schließlich Fürst Friedrich von Schwarzenburg, doch die Ehe scheiterte. Acht Jahre später, im September 1834, starb Elisa in Berlin an Tuberkulose. Wilhelm, der an ihrem Begräbnis teilnahm, konnte sie nicht vergessen. Ihr Bild zierte für den Rest des Lebens seinen Schreibtisch.

»... daß ich sie Ihnen nach meinem besten Bestreben ersetzen kann!«

Unterdessen hatte man sich auch in Weimar mit dem Gedanken an einen zweiten preußischen Schwiegersohn ein wenig vertraut gemacht und Wilhelm erneut an den Hof eingeladen, freilich ohne daß sich er und Augusta näherkamen. Statt dessen mußte die junge Prinzessin schon bald betrübt erfahren, daß es der »flatterhafte junge Mann« bevorzugte, sich anderweitig umzublicken. Im Sommer 1827 ging Wilhelm an verschiedenen europäischen Höfen auf Brautschau in der festen Überzeugung, daß auch noch andere Mütter schöne und heiratswillige Töchter hatten. Doch er wurde nicht fündig, und dem Vergleich mit der elfenhaften Elisa hielt ohnehin keine stand. Letzten Endes blieb also nur noch Augusta »übrig«, die auch sein Vater favorisierte und die schließlich, wie Wilhelm an seine Schwester Charlotte schrieb, »die erste war, die mir nach jener Katastrophe einen Eindruck machte«. Richtig entscheiden konnte er sich freilich immer noch nicht, und so mußte Friedrich Wilhelm III. ein erneutes Machtwort sprechen und dem unentschlossenen Sohn die Entscheidung abnehmen. Wilhelm, wohl froh darüber, daß er sich der Qual der Wahl hatte entziehen können, teilte seinem

*Augustas Rivalin noch über den Tod hinaus:
die schöne Elisa Radziwill (1803–1834), Jugendliebe Wilhelms I.*

königlichen Vater mit, daß er den »Befehl« unverzüglich und nicht unwillig ausführen werde: »Die Worte des Dankes gegen Sie, teuerster Vater, kann ich nicht unterdrücken, da Sie durch Ihren Ausspruch meinem Leben eine bestimmte Richtung gegeben haben.« Die getroffene Wahl, so der zukünftige Bräutigam, sei gewiß Gottes Wille – eine Formulierung, die eher nach Resignation als nach freudiger Erwartung klingt. Augusta aber konnte aufatmen, nun, da sich Wilhelm nach langem Zögern doch noch für sie entschieden zu haben schien. Daß dies in Wirklichkeit so nicht der Fall war, ahnte sie nicht.

Am 29. August 1828 – soeben war Augusta konfirmiert und damit auch »heiratsfähig« geworden – formulierte Wilhelm seinen schriftlichen Antrag an die Weimarer Prinzessin: »Zwar mit Bangigkeit, aber doch auch mit der festen Zuversicht auf Gott, daß er mir in diesem Augenblick nahe sei, nähere ich mich Ihnen vertrauensvoll. Gehen meine innersten Hoffnungen durch Ihren Beschluß in Erfüllung, ist das Glück meines Lebens gesichert. Mein Schicksal ist dann entschieden, denn ich weiß, daß ich Ihnen mein ganzes Leben weihen darf und Ihnen mit Gottes Beistand, soviel es in meinen Kräften steht, ein Glück zu bereiten trachten darf, welches mein höchstes und schönstes Ziel sein und bleiben wird ...«

Die knapp 17jährige Augusta wird diese – zwar etwas umständlichen und steifen – Formulierungen mit großer Freude gelesen haben. Glücklich gab sie ihr Jawort, denn sie glaubte Wilhelm wirklich zu lieben – ein Gefühl, das sie zum ersten Mal in ihrem Leben empfand und das sie in schwärmerische Begeisterung versetzte, waren ihre Illusionen doch noch nicht durch bittere Erfahrungen getrübt worden. Erneut wurde Wilhelm nach Weimar eingeladen, doch trotz des zuvor erfolgten Heiratsantrags kam er auch diesmal wieder mit sichtlich gemischten Gefühlen dort an. Erst unlängst hatte er im Vertrauen zu seiner Schwägerin Marie gesagt, Passion empfände er für Augusta keine, aber er wolle sie glücklich machen. Anderen gestand er sogar: »Die Prinzessin ist schön und klug, aber sie läßt mich kalt.« Und seiner Schwester Charlotte hatte er noch im Juli geschrieben: »Man kann nur einmal im Leben wirklich lieben.«

Und doch muß das Wiedersehen mit Augusta einen gewissen Stimmungsumschwung bei ihm bewirkt haben, nun, da er feststellen konnte, daß seine junge Braut sichtlich in ihn verliebt war. Das schmeichelte ihm natürlich und bewirkte wohl auch eine gewisse Zuneigung seinerseits. Auf jeden Fall versicherte er in einem Brief an Charlotte am 18. Oktober, »daß zu Achtung und Schätzung, die ich für sie immer empfand, Liebe sich gesellt hat, die sie mir unendlich wert macht, um so mehr, seitdem ich sehe, daß sie meine Gefühle erwidert«. Wie diese Gefühle auch immer ausgesehen haben mögen, die junge Augusta war ohne jeden Zweifel in Wilhelm verliebt, auch wenn sie sich durchaus bewußt war, daß über ihrem Glück ein dunkler Schatten lag. Und doch war sie zuversichtlich, daß die Erinnerung an die schöne Rivalin mit der Zeit verblassen würde. »Ich weiß, wen ich Ihnen ersetzen soll«, gestand sie Wilhelm am Tag ihrer Verlobung, dem 25. Oktober 1828, »Gott gebe, daß ich sie Ihnen nach meinem besten Bestreben ersetzen kann!«

Während der nun folgenden, knapp achtmonatigen Verlobungszeit schrieben sich die beiden Dutzende von Briefen. Augusta erlebte ein Wechselbad der Gefühle. Denn während man ihrer Korrespondenz die Vorfreude auf die Zukunft deutlich anmerkt, klingen Wilhelms Worte doch deutlich nüchterner. Offenbar war seine »Liebe« nur vorübergehender Natur gewesen. Bereits im Dezember schrieb er von »dunklen Wolken«, die möglicherweise über der gemeinsamen Zukunft schwebten, auch wenn er scheinbar beruhigend hinzufügte: »Aber Sie kennen ja schon hinreichend Ihren finsteren Wilhelm, um zu wissen, daß solche Worte nicht gesagt werden, um finster zu stimmen, sondern gerade im Gegenteil, um dadurch heiter und ohne Illusionen der Zukunft entgegenzugehen.« Und wenige Tage später warnte er erneut vor überzogenen Hoffnungen: »Ein Schmeichler bin ich nicht, das wissen Sie hoffentlich, liebe Augusta, hinreichend.«

Doch Augusta war noch zu jung und unerfahren, um diese Worte als Warnzeichen deuten zu können. Sie ging der Zukunft tatsächlich heiter entgegen – und voller Illusionen, die künftige Ehe zur beiderseitigen vollsten Zufriedenheit meistern zu können. Gleichwohl graute ihr vor dem immer näher heranrückenden Abschied aus Weimar und vor all dem, was im fernen Berlin auf sie wartete. Am 6. Juni 1829 war es soweit. Prinz Wilhelm war in Weimar eingetroffen, um seine junge Braut einen Tag später in ihre neue Heimat zu geleiten.

Es wurde ein tränenreicher Abschied, zudem auch noch bei strömendem Regen. Trotzdem standen Tausende ihrer Landsleute am Wegesrand, um die rosenbekränzte Kutsche mit ihrer Prinzessin in die Ferne fahren zu sehen. Unter ihnen befand sich auch Augustas großväterlicher Freund Goethe, der der Davonfahrenden hinterherrief: »Möge es ihr wohlergehen in dem ungeheuer weiten und bewegten Element!« Abschiedsworte, die eher besorgt als hoffnungsvoll stimmten.

Drei Tage später kam man müde und erschöpft in Berlin an, doch Augusta hatte nicht viel Zeit, sich von den Strapazen der Reise zu erholen und sich mit ihrer neuen Umgebung ein wenig vertraut zu machen. Bereits am folgenden Tag, dem 11. Juni, fand in der Charlottenburger Schloßkapelle die Vermählung statt: Wilhelm in großer Generalsuniform, Augusta trug dem Protokoll gemäß die diamantene Prinzessinnenkrone, die jedoch aus dem 18. Jahrhundert stammte und der damaligen Haarmode angepaßt war – entsprechend unvorteilhaft sah die junge Braut damit aus. Und auch wenn sie sich nach außen hin heiter und vergnügt geben mußte, so war ihr die Anspannung doch deutlich anzumerken. Daß der Bräutigam ganz offensichtlich nicht bester Stimmung war, kam noch hinzu. Sein Jawort, so hieß es, sei am Altar kaum zu hören gewesen. Aber auch Wilhelm kannte seine Pflichten.

Der Rest der Hochzeitsfeierlichkeiten verlief protokollgemäß und routiniert. Daß Augusta die anstrengende zweistündige Beglückwünschungscour mit Bravour überstehen würde, war aufgrund ihrer mustergültigen Erziehung zu erwarten gewesen. Die Hochzeitsgäste waren »enchantiert«, und doch war allgemein zu spüren: das Herz ihres Mannes hatte Augusta nicht gewonnen, und auch das der Hofgesellschaft nicht.

Das diffuse Unbehagen muß auch die junge Prinzessin ergriffen haben. Schon kurz nach der Hochzeit schrieb sie nach

Hause: »Meine Erinnerungen an die ersten Tage bringen mir nur das drückendste Gefühl von Verdutztheit, Angst und Heimweh.« Tatsächlich war Augusta mit ihrer Heirat in eine gänzlich neue Welt eingetreten, mit der sie nie so ganz zusammenfinden sollte. Philipp von Eulenburg, späterer Intimus von Kaiser Wilhelm II., hat das in seinen Erinnerungen einmal treffend formuliert: »Sie heiratete in eine äußerlich größere, innerlich kleinere Welt.« Vom liberalen Musenhof in Weimar war Augusta in das militärisch-nüchterne Berlin gekommen.

Jahre im »Fegefeuer«

Militär statt Muse

Natürlich hatte Augusta gewisse Vorstellungen davon gehabt, was sie in ihrer neuen Heimat erwarten würde. Als fleißige Schülerin wußte sie aus dem Geschichtsunterricht, daß der Große Kurfürst Friedrich Wilhelm (1640–1688) im Jahr 1640 fünf getrennte, in Konfession, Verwaltung, Wirtschaft und Ständerechten verschiedene Territorien geerbt hatte. Damals waren die Hohenzollern noch weitgehend bedeutungslos gewesen, und auch der Große Kurfürst, der diesen Ehrennamen nach der Schlacht bei Fehrbellin im Jahre 1675 errungen hatte, nachdem Preußen über die Schweden gesiegt hatte, war nichts weiter als ein politischer Zwerg, ein Spielball im europäischen Machtgefüge gewesen. Und doch war es kein anderer als er, der seinem Land den Stempel des Militarismus aufgedrückt hatte, wovon sich Preußen nie wieder erholen sollte.

Mit sicherem Blick hatten der Große Kurfürst, der »Soldatenkönig« Friedrich Wilhelm I. und schließlich Friedrich der Große wechselnde Koalitionen genutzt, um den Streubesitz zu einem einheitlichen Ganzen zu formen – zu Preußen. Seitdem aber spielte das stehende Heer die Hauptrolle in diesem Land, das in kaum 150 Jahren von einem armen und nahezu bedeutungslosen künstlichen Gebilde zu einer Großmacht avanciert war. »Die sichersten Mittel, einem Volk, einem Land, einem Reich andauerndes Glück zu sichern, sind ein Heer ausgewählter Krieger und eine gute Haushaltung.« So das Credo des Soldatenkönigs, der zwar streng auf Sparsamkeit achtete, aber von jährlich 7 Millionen Talern preußischer Staatseinnahmen allein 5 Millionen für die Armee ausgab, nachdem er sein Heer von 38 000 auf 85 000 Mann vergrößert hatte. Die Offiziere kamen aus dem Adel. Der König zwang die Adelsfamilien geradezu, ihre Söhne als Beamte oder Offiziere zur Verfügung zu stellen. Wer »des Königs blauen Rock« trug, war öffentlich geehrt, zumal der König selbst immer in Uniform erschien. Und das war auch noch zu Augustas Zeiten so: Preußens Könige waren in erster Linie Soldaten, und nach wie vor prägten Uniformen das Bild der Stadt Berlin. Die Hofhaltung war entsprechend mager, und für die Muse war am sparsamen Berliner Hof weder viel Zeit noch Geld da. Dichter und Denker hätten in dieser Atmosphäre wohl ohnehin schleunigst das Weite gesucht.

Berlin im Biedermeier

Bei Augustas Ankunft in Berlin litt die Hauptstadt Preußens zudem noch immer unter schwer drückenden Folgen des Krieges mit Frankreich. Die preußische Niederlage in den Schlachten von Jena und Auerstedt (1806) und der folgende staatliche Zusammenbruch hatten das Ende des friderizianischen Preußens bedeutet. Zwar hatte Napoleons Krieg auch im Weimarer Land tiefe Wunden geschlagen, doch waren sie in dem kleinen Staatswesen verhältnismäßig rasch wieder geheilt. In Preußen nicht. König Friedrich Wilhelm III. war auf äußerste Sparsamkeit bedacht, prächtige Feste am Hof waren daher die Ausnahme. Für Augusta, die für alle Arten von Zeremonien und Festlichkeiten von jeher eine besondere Vorliebe hatte, war dies eine herbe Enttäuschung. Welch ein Unterschied zum Weimarer Musenhof! Ebenso wie luxuriöse Bälle und Bankette vermißte sie geistig anregende Gespräche, daheim eine Selbstverständlichkeit. Auf dem Berliner Hof aber lastete eine nüchterne, hausbackene Atmosphäre, um so mehr, als der König ein verschlossener und melancholischer Sonderling war: »Im Grunde war er kein angenehmer Herr«, urteilte ein Zeitgenosse, »er war immer trokken, zum Entsetzen langweilig und besonders unschlüssig.«

Nach wie vor trauerte man in Berlin um die königliche Gemahlin, die beliebte und bewunderte, aber leider so früh verstorbene Königin Luise.

Luise von Preußen (1776–1810), eine geborene Mecklenburg-Strelitz, war nach den Worten Napoleons »die bewundernswerteste Königin und gleichzeitig die interessanteste Frau, die ich je kennengelernt habe«. So empfand nicht nur der Kaiser der Franzosen. Noch am Ende des 19. Jahrhunderts war Luise laut einer entsprechenden Umfrage die am meisten bewunderte Deutsche. Gewiß hat Luises früher Tod die Legende der volkstümlichen Gestalt auf dem preußischen Königsthron vergoldet. Fest steht aber auch, daß sie durch ihre Herzlichkeit und Aufgeschlossenheit sowie durch ihre unermüdliche Fürsorge für Arme und Kranke sich die ehrliche Sympathie des preußischen Volkes erworben hat. Auch die neutrale Beobachterin Madame de Staël bemerkte in ihren Tagebuchaufzeichnungen: »Die Königin ist reizend, und ohne jede Schmeichelei muß ich sagen, daß sie die schönste Frau ist, die ich jemals gesehen habe.«

Als Luise im Sommer 1810 überraschend im Alter von nur 34 Jahren starb, trauerte das ganze Volk – und fortan sollte sich jede preußische Königin einen Vergleich mit dieser Lichtgestalt gefallen lassen.

Zwar hatte sich der König erneut vermählt, aber die Fürstin Liegnitz war nur eine morganatische Gattin, die zudem ein recht zurückgezogenes und einsames Leben führte, als Augusta nach Berlin kam. Und auch die Kronprinzessin Elisabeth war nicht in der Lage, die Herzen der nüchternen Preußen höher schlagen zu lassen. In nicht geringerem Maße hatte Augusta ebenfalls gegen diesen übermächtigen Schatten der Königin Luise anzukämpfen.

Wie das geistige, so schlug auch das politische Leben in Berlin keine großen Wellen. Es war die Zeit des Biedermeier, liberale Bestrebungen wurden vom Staat gewaltsam unterdrückt, die Restauration hatte, so schien es, gesiegt. Statt dessen hoffte man auf den bevorstehenden Thronwechsel, den Regierungsantritt Friedrich Wilhelms, der der vierte seines Namens werden sollte. Ihn hielt man für »recht modern«, liberal und aufgeschlossen, und tatsächlich präsentierte sich der Kronprinz genau so seiner Umgebung. Man durfte also gespannt sein.

Nach wie vor trug Berlin den Stempel einer großen Hof-, Beamten- und Garnisonsstadt. Und nicht nur Augusta beklagte das Stagnieren des geistigen Lebens. Auch ihr scharfsinniger Großvater Karl August hatte noch kurz vor seinem Tod im Juni 1828 die politische Vorliebe Preußens »zum Mittelalter« beklagt, das Niederschlagen aller freien Geistesregungen und den einreißenden Pietismus. Noch fehlte Augusta das richtige Verständnis für Wesen und Art des Staates, dem sie nun als Prinzessin von Preußen angehörte. Knapp 18jährig war sie nach Berlin gekommen, sehr jung, und auch wenn sie eine umfangreiche Bildung erhalten hatte, so war ihr doch die politische Praxis weitgehend fremd geblieben.

Andererseits war sie aufgewachsen in einem Land, das bereits 1816 als erstes in Deutschland eine Verfassung erhalten hatte. Zu dem großen literarischen Glanz, der auf Weimar ruhte, gesellte sich ein nicht geringes politisches Ansehen, zumindest in liberalen Kreisen. Dieses Klima hatte Augusta natürlich geprägt. Doch auch gegenteilige Erfahrungen scheinen ihre Wirkung auf sie nicht verfehlt zu haben: Zwei längere Aufenthalte in St. Petersburg, der Heimat ihrer Mutter, einmal 1824/25, dann 1827/28, hatten ihr Einblick in ein Land gewährt, in dem die stickige Atmosphäre der Reaktion herrschte.

Russischer Hintergrund

Schon Augustas russischer Großvater Zar Paul I. (1756–1801) war eine schillernde Persönlichkeit gewesen. Zu seiner Mutter Katharina II., die den ihm gebührenden Thron durch den Sturz ihres Ehemannes Peter III. usurpiert hatte, in Opposition stehend, hatte Paul seine lange Thronfolgerzeit praktisch als Privatmann verbracht. Als er 1796 schließlich zur Regierung gelangte, erregte er schon bald durch seine launenhafte Personalpolitik, seinen taktlosen und despotischen Umgang mit dem Adel und der hohen Geistlichkeit sowie durch seine sprunghafte und widersprüchliche Außenpolitik allgemeinen Unmut. Um jedwede revolutionäre Idee von seinem Land fernzuhalten, errichtete er beinahe so etwas wie einen »Eisernen Vorhang« zwischen Rußland und dem Westen und erließ obskure bis lächerliche Zensurvorschriften: unter anderem verbot er die Wörter »Bürger« und »Gesellschaft«, erließ für seine Untertanen Kleidervorschriften und untersagte unter Androhung schwerster Strafen das Tragen von Moden, die nach der Französischen Revolution in Europa eingeführt worden waren. Eine Adelsverschwörung kostete ihn schließlich das Leben. Am 24. März 1801 wurde Paul von seinen eigenen Offizieren umgebracht.

Nun bestieg Augustas Onkel den Thron, der 1777 geborene Alexander I., eine Persönlichkeit, die – anders als sein Vater – im höchsten Maße die Gabe besaß, andere Menschen mit seinem Wesen zu bezaubern. Aber der Widerspruch zwischen seinen immer wieder geäußerten schwärmerischen Ideen und dem Ausweichen vor wirklichen Entscheidungen ließ ihn schon bald als zwielichtigen und schwankenden Charakter erscheinen. Nach einem vielversprechenden Anfang – 1818 sollte Rußland sogar eine Verfassung erhalten – wandte er sich schon bald von den liberalistischen Ideen wieder ab und verfolgte diametral entgegengesetzte Ziele. Von der versprochenen Bauernbefreiung war fortan ebenso wie von der Verfassung keine Rede mehr, die Zensur arbeitete strenger denn je, und die Universitäten hatten böse Verfolgungen zu dulden, die das Ziel hatten, sämtliches freiheitliches Gedankengut auszumerzen. Unterdessen kapselte sich Alexander mehr und mehr in einer mystischen Scheinwelt ab, in der er hohen Idealen zu dienen glaubte. Als er 1825 überraschend starb, verbreitete sich umgehend das Gerücht, er habe nur dem Thron entsagt, um ein Eremitendasein in Sibirien führen zu können.

Der neue Zar wurde Nikolaus I. (1796–1855), der drittgeborene Sohn Pauls I., ebenfalls Augustas Onkel und als Ehemann von Wilhelms Schwester Charlotte (in Rußland: Alexandra) auch ihr Schwager. Nikolaus, ein nüchterner Mensch mit festen Prinzipien, war durch und durch Soldat. Er regierte streng absolutistisch, gestützt auf Armee und Geheimpolizei, und verwandelte Rußland gewissermaßen in eine Kaserne, in der ähnlich wie in Preußen Ordnung und Gehorsam als höchste Tugenden galten.

Angesichts dieses Wissens wundert es nicht, daß sich Augusta ein Leben lang mit der Heimat ihrer Mutter nicht anfreunden konnte. Alles Russische war und blieb ihr unheimlich, ihr Blick ganz klar gen Westen gerichtet.

»... mehr Weiblichkeit und mehr Geduld!«

Die ersten Wochen der Ehe verlebte das junge Paar im königlichen Schloß, dann zog man in das Palais Unter den Linden um. Wie es scheint, gestaltete sich das Zusammenleben der beiden Frischvermählten recht gut. Augusta erlebte die Sommermonate im neuen Familienkreis, der bemüht war, sie herzlich aufzunehmen. Während sie sich dem verschlossenen König kaum annäherte, fand sie in der Fürstin Liegnitz schon bald eine Vertraute, und auch den Bruder Wilhelms, Kronprinz Friedrich Wilhelm, und dessen Frau Elisabeth mochte sie recht gut leiden. Anlaß für Wilhelm, seiner Schwester im fernen Rußland wieder einmal vom Stand der Dinge und seiner Ehe mit Augusta zu berichten. Am 28. Juli 1829 schrieb er: »Sie taut immer mehr auf, und vorzüglich jetzt ist sie in brillanter Laune und amüsiert alles durch ihre Heiterkeit. Ich bin sehr zufrieden mit der Toilette, in dem ich die kleine Sucht nach dem Outrieren [= etwas übertreiben, dick auftragen] ein wenig gedämpft habe ... eine kleine Sucht, die ich schon in Weimar anfangen mußte zu zügeln. Sie ist so jung, daß sie Gefallen und Geschmack an dieser Modejagd fand ...«

Abgesehen von Differenzen in modischen Dingen schien man zu harmonieren, wobei freilich davon auszugehen ist, daß sich beide größtmögliche Mühe gaben, dem anderen zu gefallen. Hinzu kam, daß Wilhelm als Soldat und Repräsentant Preußens oft von zu Hause fort war und das junge Paar auf Briefe angewiesen blieb. »Ach lieber Wilhelm«, schrieb Augusta am 4. April 1830, »ich fühle mich recht einsam ohne Dich und fühle recht sehr, wie lieb ich Dich habe. Dies ist mein erster Brief mit ›Du‹. Leb wohl, bester Wilhelm, ich wünsche Dir alles mögliche Glück zu Deiner Militaria und füge nur noch die Bitte hinzu, daß Du ein wenig Deiner Kleinen gedenken mögest. Auf immer Deine Augusta«.

Augusta war eine eifrige Schreiberin, und auch Wilhelm antwortete ihr stets pflichtbewußt, davon zeugen zahlreiche Briefe, in denen er ihr über das, was er erlebte, sachlich Bericht erstattete, aber kaum ein persönliches Wort verlor, und die er regelmäßig mit »Dein treuer Freund Wilhelm« unterschrieb. Doch Augusta hatte ihre Illusionen noch nicht verloren. Wilhelm sei, wie sie ihrer Mutter schrieb, »fortwährend sehr gut für mich. Je mehr ich mich an seinen ernsten und gesetzten Charakter gewöhne, je mehr empfinde ich Vertrauen zu ihm und wünsche, das für ihn sein zu können, was er so bedarf und verdient.«

In der Berliner Gesellschaft sah man das etwas anders. Man empfand Wilhelms Umgangston mit der jungen Gattin »abweisend und kühl«, was Augusta wiederum als »ernsten Charakter« interpretierte. So ernst aber ist Wilhelm gar nicht gewesen. Vergnügungen jeder Art war er keineswegs abgeneigt, und mit anderen Damen pflegte er äußerst charmant zu plaudern, und das nicht nur daheim: »Die Gesellschaft ist sehr gemischt, aber anständig; einige hübsche Gesichter und wieder gut gesinnte Französinnen ...« (Brief vom 15. Juni 1838) – Mitteilungen dieser Art mußte Augusta in den Briefen, die ihr Mann ihr schrieb, immer wieder lesen.

Es ist uns leider nicht bekannt, wie Augusta auf solche offensichtlichen Kränkungen reagierte, nach außen hin ließ sie sich aber nichts anmerken. Und doch wird sie gespürt haben, daß die anfängliche Harmonie schon bald erste Risse aufwies, die sich im Laufe der Zeit noch vergrößern sollten.

Hinzu kam, daß sie ihr Leben am Berliner Hof immer mehr als trist, reiz- und nutzlos empfand. Abwechslung brachte ihr höchstens der Umgang mit ihrer vergnügten Schwester Marie, ansonsten aber sah ihr Tagesablauf etwa so aus, wie sie ihn in einem Brief an ihre Schwägerin Luise, einer weiteren Schwester Wilhelms, schilderte: »Englische, Zeichen- und Musikstunden, gehe oder fahre täglich aus, reite oft und gehe auch viel, viel ins Theater, besonders in französische. Mittags oder abends sind wir bald bei diesem, bald bei jenem von den Geschwistern oder

Eine modebewußte Fürstin, wie hier zum Zeitpunkt ihrer Heirat mit Wilhelm von Preußen, ist Augusta ein Leben lang geblieben.

sie kommen zu uns.« Augusta aber sehnte sich nach einer wirklichen, einer befriedigenden Tätigkeit; ihr kluger Verstand verlangte nach einer angemessenen Aufgabe. Doch die Wohlfahrtseinrichtungen, die sie, dem Beispiel ihrer Mutter folgend, gerne betreut hätte, unterstanden alle der Kronprinzessin Elisabeth. Augusta langweilte sich, auch wenn sie viel las, und wenn abends vorgelesen wurde, gerne dabei stickte oder malte. Angeregte Unterhaltungen, die sie so liebte, konnte sie nur selten führen, etwa wenn Alexander von Humboldt, der große Naturforscher, als ihr Gast am Hof weilte, ein Mann, mit dem sie ein väterlich-freundschaftliches Verhältnis verband. Es war nicht nur das universale Wissen des Gelehrten, das sie so anzog, Humboldt huldigte wie sie dem Humanitätsideal, der Überzeugung, die »Veredelung« des Menschen werde den Fortschritt vorantreiben. Später, als Augusta die Politik »entdeckte«, fand sie in Humboldt einen Gleichgesinnten, der sich öffentlich zum demokratischen Fortschritt bekannte.

Wilhelm, eine geistig eher schlichtere Natur, beobachtete die intellektuellen Interessen seiner jungen Frau mit gemischten Gefühlen. So schrieb er im März 1830 an seine Schwester Alexandrine: »Wenn Du glaubst, daß Augusta mich oft, als zu kindisch, nicht ganz befriedigt, so ist das nicht der Fall, da sie, ganz im Gegenteil, eigentlich zu wenig die Tendenz ihres Alters hat und mich eher in dieser Hinsicht impatieren könnte. Ihr Verstand ist so gereift und ihre Urteilskraft so scharf, daß sie sich zu oft auf Diskussionen einläßt, die sie allerdings mit voller Umfassung des Gegenstandes durchführt, die aber eigentlich über ihre Sphäre gehen, was ihr dann natürlich nicht nur Selbstgefühl gibt, dergleichen Diskussionen zu suchen, sondern ihr einen Anstrich von femme d'esprit gibt, der nicht erwünscht für sie ist, weil sie überhaupt schon in der Reputation immer stand, daß der Verstand über das Herz regiert.

Dies ist nun glücklicherweise nicht der Fall, wie ich mit voller Wahrheit versichern kann; aber wer sie nur jene Diskussionen führen hört, wird jene Reputation begründet zu glauben finden, und das ist mir unlieb. Ich habe sie schon oft darauf aufmerksam gemacht und ihr auch namentlich empfohlen, ihre sehr gereiften Geistesgaben wenigstens dadurch in Einklang mit ihrem Alter und ihrem Geschlecht zu halten, daß ihre Äußerungen weniger als festes Urteil erscheinen, als vielmehr als ihre Meinung.«

Wilhelm wird zu diesem Zeitpunkt gewiß schon des öfteren mit dem »Feuerkopf« Augusta Bekanntschaft gemacht haben. Hatte er bislang geglaubt, seine 14 Jahre jüngere Ehefrau noch nach seinen Wünschen und Vorstellungen prägen und formen zu können, so wurde er schon bald eines Besseren belehrt. Augusta war kein vergnügtes, lebenslustiges Mädchen mit etwas beschränktem Horizont und oberflächlichen Interessen. Sie war ihrem Mann intellektuell ganz eindeutig überlegen, wußte das und wollte mitreden – und das in einer Zeit, in der von einer Ehefrau Demut, Respekt und Zurückhaltung erwartet wurden, keinesfalls aber das Bestreben nach jeglicher Art von »Emanzipation«. Intelligenz hatte man tunlichst hinter einer gewissen Naivität zu verbergen. Das aber konnte Augusta auf keinen Fall, auch wenn sie ihrem Mann dadurch nicht gerade näherkam und Wilhelm stöhnte: »Nur strenge Pflichterfüllung bringt einen da durch!«

Hinzu kam ein weiteres Problem, das die junge Ehe offensichtlich stark belastete: Es fehlte nicht nur an geistiger Übereinstimmung, sondern auch an sexueller. Anscheinend hatte Wilhelm seinem Kummer darüber wieder einmal in einem Brief an seine Schwester Charlotte Luft gemacht, denn in seinem Antwortschreiben vom 22. Januar 1831 lesen wir: »Du wünschst mir zum neuen Jahr: Augusta mehr Weiblichkeit und mir mehr Geduld! Da hast Du den Nagel auf den Kopf getroffen! Wie mich der so ofte Mangel des ersteren schmerzt, kannst Du am besten begreifen, da Du ja weißt, wie mir das gerade Bedürfnis ist und wie ich es sonst fand und liebte! ... Es gibt Momente, wo man sich von Augustas Launen gar keinen Begriff macht; dann ist sie gerade wie stumm und taub. Nicht Herzlichkeit, nicht Überredung, nicht Ernst, nichts, nichts nimmt sie dann an. Und wenn das eine Weile gedauert hat, dann gibt es Tränen, die aber auch noch nicht helfen ...«

Noch keine zwei Jahre waren Augusta und Wilhelm verheiratet, da mußten sich beide eingestehen, daß ihre Ehe nahezu eine einzige Enttäuschung war. Weder seine bescheidenen noch ihre romantischen Erwartungen waren in Erfüllung gegangen, ihr Mann blieb Augusta seltsam fremd. Die Folge war, daß sie sich mehr und mehr in sich selbst zurückzog. Hatte man in Weimar stets von ihrer »Natürlichkeit« geschwärmt, so wurde diese nach ihrer Heirat niemals mehr erwähnt. Es war, als hätte Augusta begonnen, sich hinter einer Maske zu verstecken, einer Maske, die ihr half, ihre Enttäuschung und ihre verletzten Gefühle zu verbergen. So verkörperte sie bereits als junge Frau die personifizierte perfekte Pflichterfüllung. Sie zeigte keinerlei Schwächen, aber auch keine Liebenswürdigkeit oder weiblichen Charme mehr, und wirkte auf ihre Umgebung kalt und gefühllos. Ihre wichtigste Pflicht hatte sie jedoch noch nicht erfüllt: Die Geburt eines kleinen Prinzen ließ nach wie vor auf sich warten.

Majestät und Mütterlichkeit

Doch schon bald zeigte sich, daß Charlottes Neujahrswünsche bezüglich Augustas »Weiblichkeit« wahr geworden waren. Glücklich schrieb ihr Wilhelm am 17. Februar 1831: »Das Neueste, was ich zu annoncieren habe, ist, daß es scheint, daß Augusta – hops – ist. Nämlich seit fast drei Wochen erwartet sie etwas, was nicht kam ... Wenn's der Fall wäre, so kann ich den Himmel nicht genug preisen über dieses erste Gnadengeschenk. Es wird dies Ereignis gewiß auf uns beide mächtig wirken und meine Nachsicht auf ihre Weiblichkeit vermehren.«

Am 18. Oktober 1831 brachte Augusta nach schweren Wehen, die dreißig Stunden dauerten, im Neuen Palais zu Potsdam einen »magnifiquen« Sohn zur Welt, der wie der preußische Großvater den Namen Friedrich Wilhelm erhielt.

Den genauen Geburtsablauf schilderte Wilhelm selbstverständlich wieder einmal in einem Brief an seine Schwester Charlotte: »Die arme Augusta hat viel, sehr viel gelitten! Schon gestern früh 3 Uhr fingen die ersten Wehen an. Sie gingen sehr schwach bis nachmittags, wo der Kopf des Kindes zu fühlen war in guter Lage. Bis 1 Uhr nachts blieben die Wehen nur sehr gering und ohne allen Erfolg für die Geburt. Es wurden nun einige treibende Mittel genommen, und von 1 Uhr an stellten sich ordentliche Wehen ein. Jetzt litt Augusta am meisten, aber doch mit großer Standhaftigkeit. Um 5 Uhr früh war alles so, daß man in zwei Stunden die Geburt erwarten konnte. Aber nun wurden die Wehen geringer und seltener. Augusta war von 30stündigem Leiden sichtlich ermattet. Und keine Aussicht zur Geburt! Die Erweiterung sehr gering zum Gebären! Also Dr. Hauck beschloß, was er schon früher erklärt hatte, daß das Instrument gebraucht werden müsse. Augusta vermutete es. Ihre Standhaftigkeit bei ungeheurem Leiden war unbegreiflich. Von einigen Schreien abgerechnet, sah sie dem Arzt zu, wie er mit der höchsten Anstrengung das Kind nicht hervorziehen konnte. Endlich war es da, und der erste Schrei war für Augusta und mich das Zeichen, uns in den Arm zu sinken ...«

Augusta war von der schweren Zangengeburt sichtlich erschöpft und brauchte längere Zeit, um sich davon zu erholen. Doch sie war vollkommen glücklich: »Es ist eine Seligkeit«, schrieb sie in einem Brief nach Weimar, »die jede andere übersteigt.«

Mit ihr und Wilhelm jubelte ganz Preußen, war doch nun endlich die Thronfolge gesichert, nachdem die Ehe des Kronprinzenpaares nach wie vor kinderlos war. Stolz wurde der kleine »Muffi«, wie das Kind von seinen Eltern liebevoll genannt wurde, der Öffentlichkeit mit Militärmütze und Soldatenmäntelchen präsentiert. Schließlich hatte der Knabe nach guter Hohenzollern-Tradition in erster Linie seine soldatischen Fähigkeiten unter Beweis zu stellen, und damit konnte man offenbar nicht früh genug beginnen. Das war zwar nicht in Augustas Sinne, der alles Militärische zuwider war, aber hier hatte sie sich zu fügen. Gleichwohl tat sie natürlich ihr möglichstes, den Sohn auch in ihrem Sinne zu erziehen. Ihr zur Seite stand die Witwe Godet, eine französische Schweizerin, die 1834 als Erzieherin des Prinzen berufen worden war. »Muffi« oder Fritz, wie der kleine Junge schon bald gerufen wurde, sollte schließlich nicht nur Soldat, sondern später einmal ein umfassend gebildeter Regent werden.

Aber auch mit der militärischen Ausbildung war früh begonnen worden. Mit sieben Jahren wurde Fritz zum Grenadier im ersten Garde-Landwehr-Regiment ernannt. Der spätere Kronprinz war acht, als Oberst Karl Philipp von Unruh seine militärische Erziehung übernahm. Der Junge machte keine Schwierigkeiten. Fritz war ein gutmütiges und fügsames Kind, in Augustas Augen jedoch nicht intelligent genug: »Ich danke Gott für die guten Eigenschaften dieses Kindes«, schrieb sie, »aber ich beklage seinen Mangel an geistiger Energie.« Und ein anderes Mal: »Stärke und Logik des Gedankens stehen nicht auf gleicher Höhe.« Dabei liebte Fritz seine Mutter über alles, und sicherlich kann man davon ausgehen, daß auch die Prinzessin dem kleinen Sohn die gleichen Gefühle entgegenbrachte. Fraglich ist indessen, ob sie ihn ihre Mutterliebe auch in vollem Umfang spüren ließ. Hier freilich haben wir es mit einem Problem zu tun, das nicht nur Augusta allein hatte: Die Erziehung eines Thronfolgers war nicht vergleichbar mit der eines anderen Kindes. Ein späterer König mußte schon von Kindheit an auf seine zukünftige Aufgabe vorbereitet werden, da konnte eine Mutter nicht einfach nach ihrem Gutdünken handeln oder gar ihren Gefühlen freien Lauf lassen – was Augusta ohnehin schwer genug fiel. So ist anzunehmen, daß sie für Fritz mehr Majestät als Mutter war, ähnlich wie sie es als Kind seinerzeit selbst erlebt hatte.

In jenen Jahren zog die Familie nach Babelsberg um. Schon 1826 hatte Wilhelm den Wunsch geäußert, auf dem Babelsberg in Potsdam einen Sommersitz erbauen zu dürfen, aber der knauserige Vater hielt seine Schatulle fest verschlossen. Erst nach Wilhelms Hochzeit mit Augusta überließ er dem Sohn 1833 Babelsberg in Erbpacht.

Der Baumeister Karl Friedrich Schinkel (1781–1841) wurde beauftragt, Pläne für ein Schlößchen in englisch-gotischem Stil auszuarbeiten, auf die Augusta starken Einfluß nahm. So wurde nicht nur der Grundriß, sondern auch die Fassade nach ihren Angaben gestaltet. Am 18. Oktober 1835, dem vierten Geburtstag des kleinen Fritz, konnte das neue Heim schließlich eingeweiht werden. Bereits im Vorjahr hatte man mit der Anlegung eines weiträumigen Parks begonnen, zunächst nach dem Konzept von Peter Josef Lenné, dem Generaldirektor der königlich-preußischen Gärten, der die Parks fast aller preußischen Schlösser neu angelegt hatte. Später trat an seine Stelle Hermann Fürst Pückler-Muskau (1785–1871), ehemaliger Adjutant bei Herzog Karl August von Sachsen-Weimar und als solcher Augusta kein Unbekannter. Wie er war auch Augusta der Ansicht, daß ein Garten ein Kunstwerk sein sollte.

Am 3. Dezember 1838 wurde dem prinzlichen Paar ein zweites Kind geboren, Tochter Luise, das vielleicht größte Glück in Augustas Leben. Durch eine längere Erkrankung der Kinderfrau war es Augusta vergönnt, sich selbst um die kleine »Wiwi« zu kümmern, und es entwickelte sich ein ausgesprochen inniges Mutter-Tochter-Verhältnis, das ein Leben lang Bestand hatte und wohl durch keinerlei Unstimmigkeiten getrübt wurde.

Danach kamen keine Kinder mehr, was viel über den Zustand der Ehe aussagt. Schließlich war es in Zeiten nach wie vor immens hoher Kindersterblichkeit ein großes »Risiko«, sich mit nur einem Thronfolger zu »begnügen«. Meist hatten königliche Familien mindestens ein halbes Dutzend Kinder. Doch nach zwei Fehlgeburten 1842 und 1843 wurde Augusta offenbar nicht mehr schwanger. Ihre unglückliche Ehe, ihr unerfülltes Leben, die eigentümliche Leere, die sie empfand, hatten Spuren hinterlassen. Augusta begann zu kränkeln und wurde von einer »profonde tristesse« erfaßt, einer offenbar schweren Depression, die sich freilich nicht zum ersten Mal bemerkbar machte. »Diese Mutlosigkeit ist nichts Neues«, schrieb sie ihrer Mutter nach Weimar, »Du kennst sie ja an mir, Du weißt, daß ich sie oft tapfer überwunden habe. Allerdings hängt dies auch mit den lokalen Eigentümlichkeiten zusammen.« Berlin, das ihr von Anfang an unsympathisch gewesen war, bezeichnete sie nun als ihr »Fegefeuer«, und noch nach mehr als einem Jahrzehnt fühlte sie sich hier als Fremde. Hinzu kam, daß Wilhelm weitgehend neben ihr herlebte, und auch seine verschiedenen Amouren (s. S. 88) werden ihr zu Ohren gekommen sein. Dabei wollte sie doch nach wie vor nichts anderes, als ihrem Mann eine wirkliche Partnerin sein. So hatte sie ihm am 19. Juni 1842 geschrieben: »Ach, lieber Wilhelm, Du weißt gar nicht, wie gut ich es wirklich mit Dir meine, wie mir Dein Wohl, Dein Beruf am Herzen liegt, wie ich das Leben jetzt von einer so ganz anderen Seite betrachte und danach strebe, meine Pflichten treu zu erfüllen...« Wenn sie ihm schon nicht mit ihrem Herzen dienen konnte, so doch zumindest mit ihrem wachen Verstand. Schließlich hatte Augusta vor geraumer Zeit begonnen, Geschmack an der Politik zu finden.

Sturm über Europa

Die politische Situation nach 1815

Selbstverständlich war es gar nicht so einfach, Wilhelm auf politischem Gebiet als kompetente Partnerin zur Seite zu stehen, wie es sich Augusta gewünscht hätte. Dazu gingen ihre Ansichten zu weit auseinander. So schrieb auch Wilhelm am 8. Juni 1837 an Charlotte: »Aber überhaupt auf dem politischen Punkt differenzieren wir sehr. Bei ihr verleugnet sich keinen Augenblick die moderne Erziehung in politischer Beziehung. Konfusion von Begriffen von Freiheit, Jagd nach falscher Popularität bei den niederen Ständen. Dann aber wieder stolz, wenn von Beeinträchtigung der höheren Stände die Rede ist und ihrer selbst ...«

Wilhelm hatte seine Frau ganz richtig eingeschätzt. Augusta war eher eine schöngeistige Theoretikerin und blieb es ihr Leben lang. Zur politischen Praxis, zu dem, was politisch wirklich machbar war, fand sie nie den rechten Zugang. Und doch konnte sie die Lage in Preußen nicht unberührt lassen. Instinktiv spürte sie, daß es unter der noch ruhigen Oberfläche zu brodeln begonnen hatte, daß es sich nur um eine Ruhe vor dem Sturm handeln konnte.

Nach den Umwälzungen der Französischen Revolution und der napoleonischen Herrschaft war es die Aufgabe des Wiener Kongresses (1814/15) gewesen, eine dauerhafte Friedensordnung in Europa aufzurichten, die die innere Sicherheit gleichermaßen gewährleisten sollte. »Unkontrollierter« politischer Wandel wie 1789 sollte in jedem Fall verhindert werden. Und doch ließen sich die Ideen von Freiheit, Gleichheit und Mitbestimmung nicht mehr verdrängen.

In den Freiheitskriegen war auch bei den Deutschen das Bewußtsein ihrer nationalen Zusammengehörigkeit gewachsen.

Doch die Verfassung des Deutschen Bundes, die Bundesakte vom 8. Juni 1815, sah nur einen losen Staatenbund vor zum Zwecke »der Erhaltung der äußeren und inneren Sicherheit Deutschlands und der Unverletzlichkeit der einzelnen deutschen Staaten«. Auch die von Wilhelm von Humboldt geforderte Darlegung der Freiheitsrechte war unterblieben, bis auf den Satz, daß in den Bundesstaaten »landständische Verfassungen stattfinden« sollen. Doch selbst diese ausdrückliche Bestimmung, daß die deutschen Einzelstaaten Verfassungen mit ständischer Vertretung des Volkes erhalten sollten, wurde nur von einigen Fürsten der Mittel- und Kleinstaaten erfüllt. Sehr früh hingegen, bereits 1816, hatte Augustas Großvater Großherzog Karl August von Sachsen-Weimar seinem Land eine Verfassung gegeben, und die süddeutschen Herrscher von Baden, Württemberg, Bayern und Hessen-Darmstadt waren seinem Beispiel gefolgt. In Preußen und Österreich aber warteten die Bürger vergeblich auf das Recht, durch ein gewähltes Parlament an der Regierung und Verwaltung ihres Landes mitwirken zu können. Freilich waren es im Grunde genommen nur wenige Intellektuelle, die wirklich warteten.

Viele Deutsche, die die Französische Revolution und die Kriegsjahre miterlebt hatten, waren froh, daß der Kontinent und ihr Vaterland endlich wieder zur Ruhe gekommen waren. Den meisten waren Ruhe und Ordnung wichtiger als politische Mitbestimmung. Man war des Kämpfens müde geworden und freute sich über bescheidenen Wohlstand. Bekanntlich nannte man diese geruhsamen Bürger, die es sich zwischen Kanapee und Kommode gemütlich machten, etwas später spöttisch »Biedermeier«. (Damals begann übrigens auch die »Karriere« des »deutschen Michel« als politischer und nationaler Gestalt, die 1813/14 zwar aus seinem langen tiefen Schlaf erwacht, inzwischen aber schon wieder eingenickt war.)

Nach wie vor für gefährlich hielten die Landesherren die Studenten. Während der Befreiungskriege hatten viele von ihnen in glühender Begeisterung für die deutsche Einheit gekämpft und machten nun, an ihre Universitäten zurückgekehrt, keinen Hehl daraus, wie sehr ihnen die selbständigen Einzelstaaten im Deutschen Bund und die Rückkehr zum alten fürstlichen Regiment mißfielen. Über die Landsmannschaften hinaus schlossen sie sich zur »Deutschen Burschenschaft« zusammen, bei deren Gründung auch der Turnvater Jahn mitgewirkt hatte.

Schon bald nach 1815 sah man an allen deutschen Hochschulen die Burschenschafter mit Samtbarett, schwarzem Rock und dem schwarzrotgoldenen Band auf der Brust. Diese Farben hatten viele von ihnen als Lützower Jäger* getragen, jetzt waren sie das Sinnbild für ihren Kampf um ein geeintes und freies deutsches Vaterland.

Als sich die Burschenschaften im Oktober 1817 auf der Wartburg bei Eisenach trafen – Augustas Großvater, der »Altbursche« Karl August, hatte ihnen diesen Tagungsort zur Verfügung gestellt –, um die Erinnerung an die Reformation und die Völkerschlacht von Leipzig zu feiern, wurden dort hitzige Reden gehalten und so manche politischen Schriften ins Feuer geworfen. Metternich, der Präsident des Wiener Kongresses, und etliche deutsche Fürsten witterten Revolutionsgefahr. Denn nicht nur auf der Wartburg probte man den Aufstand. Auch aus den süddeutschen Parlamenten hörte man immer wieder von kühnen Reden liberal gesinnter Abgeordneter. In Württemberg trat der Dichter Ludwig Uhland für die Freiheit des Volkes und das Recht auf Mitbestimmung ein, und zahlreiche liberale Professoren sowie Studenten pflichteten ihm bei. Einer von ihnen, Karl Ludwig Sand, ließ sich fatalerweise in fanatischem Eifer dazu hinreißen, den Lustspieldichter August von Kotzebue (1761–1819) zu ermorden, einen Mann, der die liberalen Ideen und patriotischen Ideale der Burschenschafter verspottet und die Regierungen vor den revolutionären Studenten gewarnt hatte. Sein Tod wurde gesühnt, Sand hingerichtet, doch nun griffen die Behörden der deutschen Staaten unter der Führung des österreichischen Kanzlers Metternich ein. Noch im gleichen Jahr, 1819, legten die Minister der deutschen Staaten mit den

---

* Friedrich Wilhelm III. von Preußen hatte 1813, zu Beginn der Freiheitskriege gegen Napoleon, den Freiherrn von Lützow beauftragt, ein Jägercorps aus Freiwilligen aufzustellen. Die Uniform der Lützower Jäger bestand aus schwarzem Tuch mit roten Rufnähern und goldenen Knöpfen.

Karlsbader Beschlüssen ihre Maßnahmen zur Unterdrückung der Freiheitsbewegung fest. Die »Deutsche Burschenschaft« wurde verboten, der Lehrbetrieb an den Universitäten streng überwacht, verdächtige Professoren wie der Dichter und Geschichtsprofessor Ernst Moritz Arndt (1769–1860) ihres Amtes enthoben. Die Zeitungen und alle Schriften geringeren Umfangs mußten vor ihrer Veröffentlichung einem eigens dafür bestellten Beamten, dem »Zensor«, vorgelegt werden.

Darüber hinaus begann man in allen Ländern nach »Demagogen« zu suchen, besonders eifrig in Preußen, wo man sogar so bedeutende und verdiente Männer wie den Freiherrn vom Stein, der eine »Reform von oben« gefordert hatte, und den Theologen Schleiermacher verdächtigte. Die Berliner Hausvogtei erlangte in den 20er und 30er Jahren traurige Berühmtheit als politisches Staatsgefängnis. Selbst Goethes »Egmont« und Schillers »Wilhelm Tell« durften jahrelang in Berlin nicht aufgeführt werden, weil sie für Friedrich Wilhelm III., der sich den Spielplan vorlegen ließ, zu sehr nach »Demagogie« rochen.

Da sich aber die Bevölkerung mit solchen Repressalien überraschend gleichgültig abfand, konnte die nationale und liberale Bewegung auf Jahre hinaus gewaltsam unterdrückt werden.

Erst nach der Julirevolution in Frankreich 1830 regte sich wieder neue Hoffnung. In Sachsen und Hannover konnten die Liberalen jetzt endlich den Erlaß von landständischen Verfassungen durchsetzen, und die Sprache der liberalen Führer wurde wieder zuversichtlicher. Rund 30 000 Menschen, darunter Studenten, Bürger, Handwerker und Bauern, trafen sich 1832 auf dem Hambacher Fest, wo sie ein Bekenntnis zum geeinten republikanischen Deutschland ablegten. 1837 traten sieben Professoren der Göttinger Universität, darunter die Gebrüder Grimm, gegen ihren neuen König auf, nachdem er die dem Königreich Hannover 1833 gewährte Verfassung eigenmächtig wieder außer Kraft gesetzt hatte. Zwar wurden sie alle des Amtes enthoben und drei von ihnen gar des Landes verwiesen, doch ihr Schicksal ließ so manchen deutschen Bürger, der bislang dem politischen Geschehen gleichgültig gegenübergestanden hatte, nachdenklich werden.

Und noch etwas anderes brodelte unter der Oberfläche: das harte Ringen der Bauern und Tagelöhner in den Landgebieten und das trostlose Elend der Arbeiter in den jetzt entstehenden ersten Fabrikstädten. Auch in Berlin schufen die beginnende Industrialisierung, die wachsende Arbeiter- und Bevölkerungszahl neue soziale und räumliche Probleme, betraf doch der Bevölkerungszuwachs vor allem die unbemittelten Schichten, die vom Land in die Stadt strömten, um hier Arbeit zu finden.

»Es herrscht gewaltige Aufregung in Deutschland« – Augusta entdeckt die Politik

Auch wenn Politik damals in Weimar nicht auf ihrem Stundenplan gestanden hatte, so war Augusta doch bereit gewesen, diesem Mangel durch eifriges Studium abzuhelfen, und nicht zuletzt ihrem Mann zuliebe hatte sie sich zum Ziel gesetzt, auf den Gang der politischen Entwicklung Einfluß zu gewinnen.

Am 7. Juni 1840 starb König Friedrich Wilhelm III. von Preußen, und nun bestieg endlich der Mann den Thron, den sich die preußische Intelligenz gewünscht hatte: der gebildete, freiheitlich und fortschrittlich denkende Friedrich Wilhelm IV., inzwischen 45 Jahre alt. Ihn, der in den Salons der Intelligenz verkehrte, hielt man für recht modern, liberal und aufgeschlossen. Er galt als Mann des Herzens, des Friedenswillens und nicht zuletzt als künstlerisches Genie. Am liebsten wäre er Architekt geworden, doch statt dessen mußte er die Geschicke Preußens leiten.

Sein Amtsantritt war vielversprechend, und die Hoffnungen, die die Liberalen – zu denen sich auch Augusta zählte – in ihn setzten, schienen sich zu erfüllen: Eine Amnestie beendete die politischen Verfolgungen, Ernst Moritz Arndt erhielt nach 20 Jahren sein Lehramt in Bonn wieder, und auch die Gebrüder Grimm kehrten an die Universität Göttingen zurück.

Augusta begrüßte die Entschlußkraft ihres Schwagers, mußte aber bekümmert feststellen, daß sie sich darin bereits erschöpft hatte. Den Problemen seiner Zeit war Friedrich Wilhelm IV.

nicht gewachsen, wie sich bald zeigte. Denn in den langen Jahren, die er als Kronprinz verbracht hatte, hatte sich Preußen gründlich verändert. Das Maschinenzeitalter war heraufgekommen, und der ehemals östliche Agrarstaat stand im Begriff, sich in eine westliche Industrienation zu verwandeln. Doch die Maschinen drückten die Preise, und am schlimmsten traf es die zahllosen Heimarbeiter. Die Weber in Schlesien waren zwar immer arm gewesen, doch jetzt wurden sie zu jenen verzweifelten »Webern« des Gerhart Hauptmann. Und während die soziale Not weiter Schichten immer kritischer wurde, wurde gleichzeitig der Ruf nach einer Verfassung immer lauter. Der König sah das sehr wohl, starrte aber auf das Problem wie das sprichwörtliche Kaninchen auf die Schlange, unfähig, etwas zu unternehmen. Und so schlug die anfängliche Begeisterung des Volkes für den »Romantiker auf dem Thron« schon bald ins Gegenteil um. Auch diesen Meinungsumschwung sah der König ganz klar, wie seine Äußerung beweist, daß ihn die Berliner beim Regierungsantritt vor Liebe auffressen wollten, und schon sehr bald bereuten, es nicht getan zu haben.

Augusta beobachtete diese Entwicklung mit wachsender Besorgnis, seitdem sie in den 40er Jahren begonnen hatte, sich intensiv mit politischen Fragen zu befassen. Sie selbst gab das Jahr 1845 als Zeitpunkt an. Damals hatte sie Wilhelm geschrieben: »Es herrscht gewaltige Aufregung in Deutschland, die Stimmung ist zum ersten Mal seit vielen Jahren antipreußisch, und Österreich lacht sich ins Fäustchen, wie man zu sagen pflegt. Es ist allen Unbefangenen erkennbar, daß die vielen Mängel der jetzigen Regierung, die Du besser kennst als irgend jemand, namentlich das Inkonsequente, Willkürliche und Kontrastreiche in der Regierungsweise des Königs, seit zwei Jahren das Vertrauen in Preußen gewaltsam erschüttert hat.« (21. Juni 1845)

In Preußen erwartete man von Friedrich Wilhelm IV. die Erfüllung des bereits 1815 von seinem Vorgänger gegebenen Versprechens, dem Volk eine Verfassung zu geben, doch dazu war er unter keinen Umständen bereit. Nach seiner Ansicht hatte Gott allein ihn in sein königliches Amt berufen, und von der mittelalterlichen Vorstellung des Gottesgnadentums wich er keinen Zentimeter ab. Augusta drängte daher ihren Mann, sich bei seinem königlichen Bruder für eine Verfassung einzusetzen, was dieser freilich mit der Begründung ablehnte, eine moderne Verfassung passe nicht für Preußen, um nicht »im entscheidenden Moment in seiner Tätigkeit gelähmt zu werden«. Doch Augusta ließ in ihrem Drängen nicht nach und sah es als ihre Pflicht an, Wilhelm von der Richtigkeit ihrer Vorstellung zu überzeugen, meist allerdings schriftlich, »um uns beiden dadurch eine mündliche Erörterung zu ersparen«.

Ohnehin standen die Zeichen wieder einmal auf Sturm. In den Jahren 1846 und 1847 führten Mißernten zu einer unglaublichen Teuerung. In Norddeutschland stieg der Preis für Roggen und Kartoffeln fast um das Dreifache, und es kam zu Aufständen, die mit militärischer Gewalt niedergeschlagen wurden. Soziale Motive verbanden sich mit der Forderung nach einer Verfassung. Am 22. April 1847 brach in Berlin eine »Hungerrevolte« aus. Die Berliner plünderten Bäcker– und Metzgerläden und warfen Fenster im Palais Unter den Linden ein. Augusta machte dafür nicht zuletzt ihren Mann verantwortlich, der ebenso wie der König ihre eindringlichen Warnungen überhört hätte. Nun aber war Friedrich Wilhelm IV., derart in die Enge getrieben, zu einer einzigen Konzession bereit: noch im gleichen Monat konnte der Vereinigte Landtag zusammentreten. Darin saßen die adeligen, großbürgerlichen und bäuerlichen Vertreter aller preußischen Provinzen. Ein Mitbestimmungsrecht gewährte ihnen der König jedoch nur in Finanzfragen, obwohl die liberalen Abgeordneten eine echte Volksvertretung verlangten, die den Haushalt kontrolliere und Gesetze mit Mehrheit auch gegen den Willen des Königs beschließen könne.

Und doch begrüßte Augusta diesen, wie sie glaubte, ersten Schritt. In einem Brief an ihre Mutter schrieb sie, zum ersten Mal habe sie nun in der Masse »eine Pflanzschule hervorragender Männer« bemerkt, »woran ich nach 18 Jahren, die ich in der Hauptstadt unter Mittelmäßigkeiten aller Art verbracht, hätte zweifeln können«. Nun, da endlich Bewegung in das verkrustete System zu kommen schien, fühle sie sich »viel mehr mit

Preußen verknüpft« und empfinde »viel patriotischer«. Endlich, so glaubte sie, würde sie sich in diesem Land zu Hause fühlen können, einem Land, das zumindest in Ansätzen ihren Vorstellungen entsprach.

Augustas Freude währte indes nicht lang. Als der Landtag dem König die Bewilligung der Gelder für den Eisenbahnbau Berlin-Königsberg verweigerte, löste der verärgerte Monarch die junge Institution wieder auf.

Revolution!

Augusta reagierte bestürzt, sah sie doch klar voraus, daß ein starres Festhalten am Status quo unweigerlich in die Katastrophe führen würde. Schließlich waren die Warnzeichen nicht mehr zu übersehen. Der Unmut der Bevölkerung wuchs von Tag zu Tag. Konkrete Vorstellungen darüber, was zu tun war, hatte die Prinzessin freilich nicht, und eine kleine »Jakobinerin«, wie sie von der konservativen Gegenseite gerne bezeichnet wurde, ist sie ohnehin nicht gewesen. Tatsächlich war sie weniger liberal, auch wenn sie sich selbst so einschätzte, als vielmehr eher aufgeklärt absolutistisch. Und doch war ihr klar, daß etwas geschehen mußte, ansonsten, so ihre düstere Prognose, würde es das Königshaus noch bitter bereuen. Und jedwede Beeinträchtigung des Königtums galt es für sie auf jeden Fall zu vermeiden, denn Augusta empfand durch und durch aristokratisch. Der Wunsch, die schlechte Lebenssituation der Menschen zu verbessern, entsprang einzig und allein ihrem christlichen Empfinden und hatte keinerlei weltanschauliche Gründe. Augusta zu unterstellen, sie sei so etwas wie eine Sozialistin gewesen, geht vollkommen am wahren Sachverhalt vorbei.

Während man sich in Berlin nach wie vor gegen jede Veränderung im Staate und damit gegen jede Verbesserung der gesellschaftlichen Verhältnisse stemmte, brach im Februar 1848 in Paris die Revolution aus – ein Fanal für ganz Europa! In Wien trat Metternich von der Regierung zurück und floh ins Ausland. Die alte Ordnung des Habsburgerreiches brach zusammen, alle Völker der Donau-Monarchie wollten nun frei sein. Ungarn machte sich selbständig, Mailand vertrieb die österreichische Besatzung, Venedig rief die Republik aus, und die Kroaten verlangten eine eigene Verfassung. Diese Flamme zündete auch in Deutschland.

Als in Berlin bekanntgegeben wurde, daß die Revolution in Wien gesiegt hatte, verlangte eine Volksversammlung vom König den Abzug der Truppen aus der Stadt, Pressefreiheit, Bewaffnung der Bürger und Umwandlung des Deutschen Bundes in einen Einheitsstaat. Friedrich Wilhelm IV. trat daraufhin die Flucht nach vorn an. Am 18. März gab er vom Balkon des Berliner Stadtschlosses aus bekannt, daß die Forderungen des Volkes gewährt seien. Doch noch bevor sich die Leute entfernt hatten, entstand ein Tumult, und plötzlich fielen zwei Schüsse, die möglicherweise aus Versehen losgegangen waren. Auch wenn niemand verletzt worden war – diese Schüsse waren das Startsignal für die Märzrevolution in Berlin.

Die aufgestaute Spannung entlud sich, Straßenpflaster wurden aufgerissen, Waffenläden geplündert, Barrikaden gebaut. Noch um Mitternacht wurde auf dem Alexanderplatz gekämpft.

Augusta hatte geahnt, daß so etwas geschehen würde, auch wenn man sie deswegen immer wieder als »Kassandra« verspottet hatte. Gewollt hat sie diese Entwicklung freilich nicht, und was sich nun vor ihren Augen abspielte, versetzte sie in schiere Panik: »Es ist eine soziale Revolution«, schrieb sie ihrer Mutter, »es ist furchtbar! Herr Gott ... welche Zukunft!« – womit sie wohl in erster Linie ihre eigene und die ihrer Familie meinte, die auf das höchste gefährdet schien. Während draußen die Kämpfe tobten, hatte man sich im Pfeilersaal des Schlosses zusammengefunden, als plötzlich, wie der junge Fritz in seinem Tagebuch notierte, »ein Kanonenschuß das ganze Schloß erschütterte. Das Schießen dauerte lange, es ging einem durch Mark und Bein ...«

Insbesondere das Leben Wilhelms war in höchster Gefahr. Im Volk glaubte man allgemein, der Bruder des Königs habe auf das Einschreiten des Militärs mit Kartätschen und Granaten gedrungen. Auf ihn konzentrierte sich deshalb der geballte Zorn der Menschen, die ihn als »Kartätschenprinz« beschimpften und nicht minder haßten als einen Metternich in Wien. Als wieder und wieder die Forderung laut wurde, man solle ihn dem Volk ausliefern, drängte die Hofkamarilla, ihn so rasch wie möglich in Sicherheit zu bringen. Auch sein königlicher Bruder legte Wilhelm die Flucht nahe, nicht zuletzt, um seine eigene gefährdete Position ein wenig abzusichern.

Bis zur Unkenntlichkeit verkleidet – Wilhelm als Lakai mit abrasiertem Bart, Augusta als Kammerzofe –, hatten sich die beiden heimlich über eine Hintertreppe aus dem Berliner Schloß geschlichen, wo sie von Vertrauten empfangen wurden, die Wilhelm zunächst nach Spandau, Augusta nach Potsdam geleiteten. Während sich die Prinzessin in relativer Sicherheit wähnen konnte, hatte das erzürnte Volk schon bald von Wilhelms neuem Aufenthaltsort erfahren, so daß er erneut fliehen mußte, bis er endlich auf der »Pfaueninsel« in der Havel im Haus des Hofgärtners Unterschlupf fand. Dort erreichte ihn schließlich der Befehl, nach London zu gehen.

Am 22. März, seinem 51. Geburtstag, machte sich Wilhelm auf den Weg nach England, wo er fünf Tage später wohlbehalten ankam und Aufnahme bei der gastfreundlichen britischen Königsfamilie fand. Augusta war mit den Kindern in Potsdam zurückgeblieben, verängstigt und verstört, empfand sich bereits als »eine Witwe mit zwei Waisenkindern«. Ihr Weltbild hatte einige empfindliche Kratzer abbekommen. Wilhelm schien seine Rolle als Thronfolger ausgespielt zu haben. Sein Name war bereits im Kirchengebet gestrichen worden, und allgemein wurde seine Entlassung aus Armee und Staatsdienst verlangt. Auf den Berliner Straßen erklang das Spottlied:

»Schlächtermeister Prinz von Preußen
komm doch, komm doch nach Berlin!
Wir wollen Dich mit Steinen schmeißen
und die Barrikaden ziehn.«

In Augusta wuchs der Haß auf diesen Pöbel, und plötzlich fühlte sie sich Wilhelm ganz nah, nicht nur menschlich, ganz offensichtlich auch politisch. »Ich empfinde mit Dir ein Mitleid, das ich nicht ausdrücken kann«, schrieb sie ihm nach London. »Ich bin Dir nie so liebevoll ergeben gewesen wie in der Zeit des Unglücks.« Wilhelm las diese Zeilen mit sichtlicher Genugtuung und schrieb am 18. April an Charlotte über Augustas Meinungswandel: »Die Märzereignisse und der ganze Umschwung aller Verhältnisse in Deutschland haben ihr so die Augen geöffnet, daß sie fast auf die andere Seite umschlägt, wie denn die Extreme immer ihr eigentümlich waren.«

Vor diesem Hintergrund sind auch die folgenden Ereignisse zu sehen, die sich während Wilhelms Verbannungszeit in Berlin abspielten. Am 25. März 1848 hatte der liberale Historiker Georg Gottfried Gervinus in der in Heidelberg erscheinenden »Deutschen Zeitung« geschrieben, es sei »wünschenswert, daß der König und der Prinz von Preußen resignierten und die Krone dem Sohn des letzteren abtreten, dem für die kurze Zeit seiner Minderjährigkeit seine Mutter, die edle und freisinnige Fürstin, zur Regentin beigegeben werden möge«. Einen entsprechenden Regentschaftsplan legte Anfang April auch der liberale Landtagsabgeordnete Georg von Vincke vor, der ihn Augusta persönlich unterbreitete.

Wir wissen nicht, wie lange Augusta diesen Vorschlag erwogen hat, ob sie es überhaupt getan hat. Sämtliche Briefe und Tagebuchblätter aus jenen Tagen hat sie später vernichtet. Gewiß wird ihr der Gedanke gefallen haben, der gemäßigte Liberalismus, den sie vertrat und auch ihrem Sohn nahebringen wollte, könne in Preußen nun doch noch eine Chance bekommen. Es ist Augusta daher auch oft unterstellt worden, am liebsten hätte sie sofort zugegriffen, doch das ist sicherlich nicht wahr. Augusta hat die Regentinnenwürde allem Anschein nach niemals angestrebt und sah im Gegenteil ihre Aufgabe darin, ihren im Exil weilenden Gemahl zu »rehabilitieren«, der ihr um so mehr als ein unschuldiges Opfer erschien, als er weder an der Politik seines Bruders noch an den militärischen Maßnahmen zur Unterdrückung der Unruhen irgendeinen Anteil gehabt hatte.

Ob Augusta freilich in dem Fall, daß der König und Wilhelm tatsächlich zurückgetreten wären – sie beide zu übergehen, wäre in jedem Fall Hochverrat gewesen –, die Regentschaft übernommen hätte, ist unbekannt, allerdings nicht von der Hand zu weisen. Die Alternative wäre dann nämlich die Thronbesteigung ihres persönlichen Gegners gewesen, ihres reaktionären Schwagers Karl von Preußen, der gewiß nicht gezögert hätte, seine Brüder zu beerben.

Doch wie auch immer – der Regentschaftsplan wurde ganz rasch zu den Akten gelegt, offenbar ohne daß Wilhelm im fernen London etwas davon erfuhr. Er genoß derweil unbeschwert die Gastfreundschaft von Queen Victoria und Prinzgemahl Albert, vertrieb sich die Zeit mit Bällen und Landpartien oder spielte mit den königlichen Kindern, von denen er besonders die kleine Vicky ins Herz geschlossen hatte. Schon bald konnte er erleichtert feststellen, daß er und Preußen das Schlimmste überstanden hatten. Im Mai waren in der Frankfurter Paulskirche nahezu 800 Abgeordnete zusammengekommen, und man diskutierte bis in den Herbst hinein über eine deutsche Verfassung. Wilhelm konnte bereits am 4. Juni 1848 wieder preußischen Boden betreten. Glücklich fuhr ihm Augusta mit den Kindern bis Magdeburg entgegen.

Weit fort vom »Fegefeuer« – die Koblenzer Zeit

Enttäuschungen

Die Zeit arbeitete gegen die Paulskirche. Der König von Preußen hatte seine Stellung wieder gefestigt, die revolutionären Kräfte waren zurückgewichen. Die vom preußischen Volk gewählte »Nationalversammlung« wurde von Friedrich Wilhelm IV. wieder aufgelöst, und Preußen erhielt im Dezember 1848 eine oktroyierte Verfassung nach seinem Willen.

Preußen betätigte sich als »Großreinemacher« der Reaktion. Wie ein Spuk verschwanden Ereignisse und Gestalten des Jahres 1848, wich die revolutionäre Begeisterung allgemeiner Ernüchterung, Enttäuschung, Resignation. Mit bitterem Sarkasmus spotteten die Berliner, die einzig verbliebene Errungenschaft der Revolution sei die Erlaubnis für jedermann, auf offener Straße Tabak zu rauchen. In ganz Europa war die Revolution gescheitert, und nichts schien erreicht, im Gegenteil. Das alte System, das man hatte umgestalten wollen, präsentierte sich gefestigter denn je. In Preußen war der konservativ-bürokratische Obrigkeitsstaat wieder fest etabliert, abgeschottet gegen Liberalismus und Demokratie. Mit hohen Zuchthausstrafen und standrechtlichen Erschießungen rächte sich die Reaktion bitter an den Revolutionären. Tausende verdächtiger Personen – Liberale, Demokraten, Republikaner –, denen man Hochverrat, Majestätsbeleidigung und Verbreitung aufrührerischer Texte zur Last legte, wurden polizeilich überwacht und verfolgt. Zu den gesuchten »Verbrechern« gehörte neben den Dichtern Ludwig Uhland und Hoffmann von Fallersleben auch der Komponist Richard Wagner. Die führenden Revolutionäre waren entweder tot, inhaftiert oder emigriert. Zwischen 1850 und 1855 kehrten Deutschland mehr als 700 000 Menschen den Rücken, um meist in den Vereinigten Staaten von Amerika eine neue Heimat zu finden. Wer dennoch geblieben oder wieder zurückgekehrt war, wollte von Politik meist nichts mehr wissen.

Auch Augusta war zutiefst enttäuscht. Die Politik, deren unwiderstehliche Anziehungskraft sie nach eigenen Worten wie einen »bösen Zauber« empfand, erschien ihr abscheulicher denn je. Dankbar begrüßte sie daher die Ernennung Wilhelms zum Generalgouverneur der Rheinprovinz und den damit verbundenen Umzug nach Koblenz – weit entfernt vom Berliner »Fegefeuer«.

Eine ungeliebte »Ehe«

Der Wiener Kongreß hatte mit der staatlichen Neuordnung Europas auch eine Gebietsveränderung Preußens verfügt. Was im Osten verlorengegangen war, kam im Westen dazu: die Kurlande Trier und Köln sowie die Bistümer Münster und Osnabrück. Daraus formte man die neuen Provinzen Rheinland und Westfalen.

Friedrich Wilhelm III. hatte am 10. Februar 1815 das erste neue »Mitglied« mit den folgenden Worten begrüßt: »So habe ich denn in Vertrauen auf Gott und die Treue meines Volkes diese Rheinländer in Besitz genommen und mit der preußischen Krone vereinigt.«

»Diese Rheinländer« indes waren über die Zwangsvereinigung gar nicht glücklich, und in Köln spottete man über die neue Ehe: »Mir hierade in en ärm Famillich« (Wir heiraten in eine arme Familie) – und das meinte man nicht nur in pekuniärer Hinsicht.

Vor den Preußen waren die Rheinländer eine Zeitlang Untertanen der Franzosen gewesen. Nun hatte zwar die »Franzosenzeit« ihre Schattenseiten gehabt – Stifte und Klöster wurden aufgehoben, Kirchenschätze geplündert, zahlreiche kirchliche Bauten zerstört –, aber sie hatte auch mancherlei Gutes gebracht: die Neuordnung des Rechtswesens, die Aufhebung der Zünfte, eine Belebung des Handels. Die Gleichheit vor dem Gesetz wurde Wirklichkeit, religiöse Minderheiten – Juden und Protestanten – konnten frei ihren Glauben leben. In diesem Sinne hatte auch der protestantische Preußenkönig 1815 den katholischen Rheinländern versprochen: »Eure Religion, das Heiligste, was den Menschen angehört, werde ich ehren und schützen!« Tatsächlich aber beherrschten sowohl politische als auch konfessionelle Gegensätze das Geschehen. Die streng katholische rheinländische Bevölkerung und das protestantische Preußentum wollten nicht zusammenwachsen. Die Preußen verkehrten unter sich, und etwaige anfängliche Hoffnungen der Rheinländer waren rasch verflogen. Man war enttäuscht, fühlte sich besetzt und schlecht behandelt, und so mancher dachte mit Wehmut an die Franzosenzeit zurück. Nichts war so notwendig, wie Brücken zu schlagen.

Mildes Klima am Rhein

Im Frühjahr 1850 bezogen Augusta und Wilhelm ihre neue Residenz, das am Rhein gelegene Schloß des letzten Kurfürsten von Trier. Hier begann für Augusta die wohl schönste Zeit ihres Lebens als Prinzessin von Preußen. Fern von den Berliner »lokalen Eigentümlichkeiten« fand sie endlich die ersehnte Ruhe, eine erwünschte Beschäftigung und das für sie so notwendige – in jeder Hinsicht – milde Klima.

Neben der Zeit, die sie ihrer Familie widmete – Fritz studierte unterdessen Jura in Bonn und kam oft zu Besuch –, konnte sie sich nach all den Berliner Jahren hier endlich »nützlich« machen und karitative Aufgaben übernehmen. In Koblenz hat Augusta die katholischen Wohltätigkeitsvereine kennengelernt und sich interessiert und unbefangen über deren Arbeit unterrichten lassen – für eine protestantische preußische Prinzessin alles andere als eine Selbstverständlichkeit! Doch katholische Krankenanstalten erfreuen sich ebenso wie die protestantischen ihres persönlichen Engagements und, wenn es notwendig war, auch ihrer reichen finanziellen Unterstützung.

Augustas tolerante und vorurteilslose Haltung ist oft und

nicht selten absichtlich mißverstanden worden. Sie sei »katholikenfreundlich«, warf man ihr vor, und so mancher Gegner mutmaßte, sie würde sicherlich noch zum katholischen Glauben übertreten. Eine solche Unterstellung entbehrt freilich jeder Grundlage, wobei man berücksichtigen muß, daß die Konfessionen im 19. Jahrhundert eine ungleich größere Rolle spielten als in unseren Tagen. Eine »falsche« Religion konnte damals berufliche Aufstiegschancen zunichte machen, und eine katholische Prinzessin wäre in der Hohenzollern-Familie undenkbar gewesen. (Anm.: Augustas Schwägerin, Königin Elisabeth, eine ehemals katholische bayerische Prinzessin, hatte vor ihrer Heirat das Versprechen ablegen müssen, zum protestantischen Glauben zu konvertieren.)

Fest steht, daß Augusta nie mit dem Gedanken gespielt hat, zum katholischen Glauben überzutreten, denn bei aller Toleranz billigte sie katholische Dogmen nicht, so zum Beispiel die Transsubstantiation, den Priesterzölibat, die Ohrenbeichte oder die Unfehlbarkeitslehre. Was Augusta am Katholizismus ansprach, das waren die Riten und Gebräuche der alten Kirche. Als Kind und Heranwachsende hatte sie ihre Mutter häufig und gern in die prächtigen russisch-orthodoxen Gottesdienste begleitet, ohne daß es ihr je verübelt worden wäre. Zeitlebens bemühte sie sich, daß auch die protestantischen Kirchen würdiger, feierlicher ausgeschmückt würden, empfand sie doch, daß man Gott in mystischer Umgebung näher war als in nüchterner. Sie vermißte ganz einfach die der sinnlichen Erfahrung des Heiligen so unvergleichlich dienenden weihrauchduftenden Zeremonien, wie sie sich ja überhaupt für Zeremonien aller Art begeistern konnte.

Doch durch ihre tolerante Haltung, die sie gegenüber dem Katholizismus und der katholischen Bevölkerung des Rheinlandes einnahm, zudem durch ihre rege Teilnahme am wissenschaftlichen und künstlerischen Leben in Koblenz, gelang es Augusta schon bald, Brücken zwischen Preußen und dem Rheinland zu schlagen. Erstmals auch wurden einheimische Künstler, Wissenschaftler und der rheinisch-westfälische Adel am preußischen Hof empfangen. Fast könnte man sagen, Augusta habe die neuen Provinzen »moralisch erobert«. Von der Bevölkerung wurde ihr dies hoch angerechnet. Hatten sich die Rheinländer bislang eher als »Untertanen zweiter Klasse« empfunden, so begannen sie nun langsam, das Gefühl preußisch-protestantischer Mißachtung loszuwerden und die Brücken, die Augusta gebaut hatte, dankbar zu betreten. Sie brachten der Prinzessin die gleiche Sympathie entgegen, die Augusta ihnen entgegenbrachte. Zum ersten Mal war sie wirklich beliebt. Glücklich schrieb sie an ihre Mutter: »Ich kann gar nicht sagen, wie sehr die vielen Zeichen der Anhänglichkeit, wo ich vor sechs Monaten als Fremde ankam, mich rühren. Ich habe das noch gar nicht verdient, es ist mir aber doch eine Befriedigung, daß hier, wo ich zum ersten Mal allein in einer Provinz lebe, es mir gelingt, ein damals in diesen Gegenden unbekanntes Vertrauen zu erwecken.«

Endlich hatte Augusta wieder ein wenig zu sich selbst gefunden. Und wieder dachte sie daran, daß es ihr möglicherweise hier, fern vom Berliner »Fegefeuer« gelingen könnte, Wilhelm von ihren politischen Vorstellungen zu überzeugen. Der »böse Zauber« hatte sie wieder in seinen Bann gezogen.

Der Koblenzer Kreis

Wie Augusta gehofft hatte, hatte Wilhelm aus dem Ereignis der Revolution das eine gelernt, nämlich daß Fürst und Volk auf Dauer nicht gegeneinander stehen konnten. Das Königtum würde letztlich nur dann eine Chance des Überlebens haben, wenn es sich zu einer an Verfassungsordnungen gebundenen Staatsform durchringen könnte. Dabei war natürlich nach wie vor jede Art direkten parlamentarischen Einflusses auf die Regierung für Wilhelm vollkommen indiskutabel. Verfassung konnte für ihn nur bedeuten, daß die Herrschaft des Königs durch konstitutionelle Einschränkungen den Verhältnissen der Zeit Rechnung tragen mußte. Natürlich wurde er in dieser Haltung, sich langsam einer liberalen Denkweise zu öffnen, nachhaltig von Augusta unterstützt.

So ist es vor allem ihrem Engagement zu verdanken, daß der Koblenzer Hof schon bald so etwas wie ein Sammelbecken politisch liberal denkender Menschen wurde. Insbesondere der Historiker Max Duncker sowie die Rechtsprofessoren August Moritz von Bethmann-Hollweg und Clemens Theodor Perthes bildeten den Kern jenes Koblenzer Kreises, der nach seinem Organ, dem 1851 gegründeten »Preußischen Wochenblatt«, die Wochenblatt-Partei genannt wurde, aus der schließlich bei Wilhelms Thronbesteigung das Ministerium der Neuen Ära hervorgehen sollte. Vor allem gemeinsam mit Duncker gelang es Augusta, ihren nach neuen politischen Wegen suchenden Mann ein wenig in ihre Richtung zu lenken, auch wenn ihr tatsächlicher Einfluß nicht überschätzt werden darf. Immerhin, Wilhelm selbst nannte sich in dieser Periode seines Lebens »gemäßigt liberal«, und vorübergehend kam es sogar zu einem Zerwürfnis mit seinem königlichen Bruder, der die Koblenzer abfällig als »Demokratenfamilie« titulierte und nach dem Ende der Paulskirchenhoffnungen wieder unbeirrt einen reaktionären Kurs steuerte.

Eine besondere Stellung am Hof nahm Alexander Freiherr von Schleinitz ein, zeitweise preußischer Außenminister und späterer Minister des königlichen Hauses, mit dem Augusta ein ganz besonderes Verhältnis verband. Eulenburg, Intimus von Kaiser Wilhelm II., sah sich daher veranlaßt, Mutmaßungen über Beziehungen der beiden anzustellen, die möglicherweise über eine normale Vertrautheit hinausgingen: »Er war den Frauen immer gefährlich gewesen«, schrieb Eulenburg in seinen Erinnerungen, »darum war es nicht zu verwundern, daß er es auch gegenüber der Frau Prinzessin wurde.« Für eine solche Unterstellung gibt es weder Beweise noch Gegenbeweise. Gewiß wird der smarte Schleinitz Augusta geschmeichelt haben, weitergehende Beziehungen aber sind schon allein aufgrund Augustas unsinnlichem Temperament kaum vorstellbar. Augusta hatte sich ganz der Politik verschrieben und sah ihre Aufgabe darin, Preußen doch noch zu seinem Glück zu verhelfen.

Zeit für die Familie

Ohne Zweifel verbrachte Augusta in Koblenz glückliche Jahre. Hier war sie keine Fremde, die Menschen liebten sie, und die Leere, die ihr Leben so lange Zeit unerträglich gemacht hatte, war weitgehend verschwunden. Die zahlreichen karitativen und politischen Aktivitäten füllten sie aus, doch blieb auch noch genügend Zeit für die Familie. Das Verhältnis zu Wilhelm hatte sich nicht zuletzt aufgrund seiner gewandelten politischen Ansichten spürbar entspannt, und auch Augusta selbst wirkte gelöster. Fritz studierte an der Bonner Universität Jura, nachdem seine Mutter darauf bestanden hatte, daß er »der erste akademisch Gebildete in der Reihe der preußischen Thronfolger« würde. Der Sohn kam oft und gern nach Koblenz und fühlte sich wohl in der »Demokratenfamilie« mit einer ausgefüllten und zufriedenen Mutter und einem politisch aufgeschlossenen Vater. Man sprach viel über seine bevorstehende Hochzeit.

1851 war man zur Weltausstellung nach London gereist, wo der junge Prinz seine zukünftige Frau kennengelernt hatte, die damals erst zehnjährige Victoria, Tochter der Queen Victoria und Alberts von Sachsen-Coburg-Gotha, die der Familie ja keine Unbekannte war, seitdem Wilhelm auf Schloß Windsor Abstand von den Revolutionswirren gewonnen und dabei die königlichen Kinder kennen- und liebengelernt hatte. Augusta und die Queen korrespondierten ohnehin schon seit längerer Zeit intensiv miteinander. Und – wenn auch vorerst unausgesprochen – man dachte auf beiden Seiten an eine preußisch-britische Eheverbindung.

Doch zunächst einmal war es die siebzehnjährige Tochter Luise, die das Elternhaus verließ. So groß die Freude auch war, als »Wiwi« im September 1856 Großherzog Friedrich von Baden heiratete, so traurig war Augusta, daß ihre über alles geliebte Tochter sie nun verlassen mußte. Es sei ihr, meinte sie betrübt, als scheide ein guter Engel von ihr.

Aber auch an manchen Fürstenhöfen kommentierte man die Verbindung mit einiger Skepsis. So wunderte sich zum Beispiel die Queen, daß man sich in Preußen mit den »Mördern des Kaspar Hauser« einlassen konnte.

Kaspar Hauser und der Großherzog von Baden

Im Jahre 1828 war Kaspar Hauser mit einem schwer verständlichen Brief bei einem Rittmeister in Nürnberg aufgetaucht. Seit 1812, so war darin zu erfahren, sei der Knabe in Abgeschiedenheit von der Welt aufgezogen worden und solle nun wie sein Vater Soldat werden. Tatsächlich ließen Verhöre und Lebensgewohnheiten Kaspars auf eine lange Gefangenschaft schließen. Sein Fall wurde schließlich von dem Ansbacher Rechtsgelehrten Anselm Feuerbach aufgegriffen, der den Heranwachsenden bei verschiedenen Personen in Pflege gab, die dann jedoch – teils aus Experimentiersucht, teils aus Mißtrauen oder Beschränktheit – an dem Jungen mehr verdarben, als sie ihm halfen. Kaspar blieb geistig unterentwickelt und recht problematisch. Nachdem er bereits 1829 einmal verletzt aufgefunden worden war, erlag er 1833 dem Dolchstich eines Unbekannten, der Hauser, wie dieser selbst aussagte, Aufklärung über seine Herkunft versprochen hatte. Schon frühzeitig war die Behauptung aufgetaucht, der rätselhafte Knabe sei ein von der Gräfin Hochberg beiseitegeschaffter Erbprinz von Baden. (Über den Tod dieses Prinzen am 16. Oktober 1812 sind auf Veranlassung Kaiser Wilhelms I. hin 1875 amtliche Urkunden aus dem badischen Hausarchiv veröffentlicht worden, ohne freilich das Geheimnis lüften zu können.)

Bereits seit Hausers plötzlichem Auftauchen im Jahre 1828 standen Personen aus dem Umfeld des Großherzogs Karl Friedrich von Baden (1728–1811) und seiner morganatischen Gattin Gräfin Hochberg in Verdacht, den Sohn des Erbprinzen Karl von Baden und seiner Frau Stéphanie Beauharnais, einer Adoptivtochter Napoleons, mit einem sterbenden Säugling vertauscht zu haben, und zwar aus folgenden Gründen:

Karl Friedrich hatte zunächst Karoline von Hessen-Darmstadt geheiratet, die aber 1783 verstarb. Der gemeinsame Sohn

Karl hatte den Vater nach dessen Tod 1811 beerbt. 1787 aber war Karl Friedrich eine morganatische Ehe mit Luise, Freiin Geyer von Geyersberg, eingegangen, die er zur Gräfin Hochberg (1768–1820) gemacht hatte. Diese ehrgeizige Dame hatte vier Kinder, unter ihnen Leopold, Vater des 1826 geborenen Friedrichs, der rund dreißig Jahre später Großherzog von Baden wurde – eine Position, die ansonsten »Kaspar Hauser« eingenommen hätte, falls er tatsächlich der Erbprinz von Baden gewesen wäre.

Erst unlängst ist es gelungen, anhand des sogenannten »genetischen Fingerabdrucks« das Dunkel, das Hausers Gestalt umgibt, ein wenig aufzuhellen. Bei einem DNS-Test hat man die aus Kaspar Hausers blutbefleckter Unterhose gewonnenen genetischen Informationen mit weiblichem Erbmaterial verglichen, das aus der direkten Linie von Stéphanie Beauharnais stammt. Zwei weibliche Nachkommen hatten sich bereit erklärt, Blutproben für diese Untersuchung zur Verfügung zu stellen.

Inzwischen steht eindeutig fest – vorausgesetzt, das Blut an Hausers Unterhose war tatsächlich sein eigenes –, daß der rätselhafte Jüngling eines mit Sicherheit nicht war: der in der Wiege ausgetauschte Erbprinz von Baden. Womit freilich seine tatsächliche Identität nach wie vor nicht erklärt ist ...

Natürlich konnte man in Preußen auf den mysteriösen Mordfall, der ja noch dazu schon einige Jahre zurücklag, keinerlei Rücksicht nehmen. Die Ehe von Luise und Friedrich von Baden war, auch wenn sie später durchaus glücklich wurde, zunächst nichts weiter als ein Akt der Staatsraison gewesen, denn man hatte an Baden einiges gutzumachen.

Nachdem das Werk der Paulskirche gescheitert war, hatten republikanische Revolutionäre 1849 von Baden aus versucht, eine neue Aufstandswelle auszulösen (Badisch-Pfälzischer Krieg). Großherzog Leopold, besagter Sohn der intriganten Gräfin Hochberg, hatte damals fluchtartig die Residenz verlassen und preußische Truppen um Hilfe gerufen. Sie waren unter dem Oberbefehl von Prinz Wilhelm gegen das badische Revolutionsheer marschiert, das schon nach kurzer Zeit geschlagen wurde. 19 Revolutionäre ließ Wilhelm standrechtlich erschießen.

Großherzog Leopold kehrte wieder in sein Karlsruher Schloß zurück, nunmehr fest entschlossen, dem revolutionären Geist endgültig den Garaus zu machen. Die daraufhin beschlossenen reaktionären Maßnahmen veranlaßten Tausende von Badenern, das Land zu verlassen, um den Repressalien zu entgehen. Am schlimmsten aber empfand die Bevölkerung die preußische Besatzung, die noch bis 1852 im Lande blieb. In diesem Sinne dichtete Ludwig Pfau das »Badische Wiegenlied«:

> »Schlaf, mein Kind, schlaf leis,
> dort draußen geht der Preuß!
> Deinen Vater hat er umgebracht,
> Deine Mutter hat er arm gemacht,
> und wer nicht schläft in guter Ruh',
> dem drückt der Preuß die Augen zu.
> Schlaf, mein Kind, schlaf leis ...«

Das schlechte politische Klima entspannte sich erst, nachdem 1852 nach Leopolds Tod der zweite Sohn Friedrich die Regentschaft antrat, anstelle seines unheilbar geisteskranken Bruders Ludwig. Der Prinzregent erließ eine weitgehende politische Amnestie und beendete formell den Kriegszustand im Land. Die Preußen konnten endlich abziehen. Alles atmete auf, denn Friedrich galt zu Recht als fortschrittlich, weltoffen, modern und gemäßigt liberal. Auch er hatte von 1843 bis 1847 in Bonn studiert. In der deutschen Frage war er ein entschiedener Vorkämpfer der nationalen Einigung unter preußischer Führung.

Seit September 1856 war Friedrich Großherzog von Baden, und noch im gleichen Monat heiratete er Prinzessin Luise von Preußen. Eines ihrer Kinder, Victoria, sollte 1881 den schwedischen König Gustav V. heiraten ...

Königin Augusta

Die »Neue Ära«

Am 25. Januar 1858 heiratete Fritz die 17jährige Vicky. Augustas Hoffnungen auf eine zukünftige Liberalisierung der preußischen Verhältnisse schienen sich damit zu erfüllen. Mit einem lachenden und einem weinenden Auge aber mußte die Kronprinzessin feststellen, daß sich die Koblenzer Zeit nach acht Jahren ihrem Ende zuneigte. König Friedrich Wilhelm IV. war nicht mehr regierungsfähig. Die Schlaganfälle im Sommer und Herbst 1857 hatten Sprachvermögen und Gehirnfunktionen gelähmt. Er litt also keinesfalls an einer Geisteskrankheit, wie bisweilen unterstellt wird. Nachdem die Hofärzte zunächst geglaubt hatten, der Zustand des Königs könne sich wieder bessern, zeigte sich jedoch schon bald, daß sich die Krankheit verschlimmerte und als unheilbar erwies. Er war und blieb regierungsunfähig.

Wilhelm und Augusta wurden vom Rhein wieder an die Spree zurückbeordert, und am 7. Oktober 1858 wurde Wilhelm anstelle seines kranken Bruders als Regent eingesetzt. Für Augusta wurden der Abschied aus dem geliebten Koblenz und die Rückkehr ins »Fegefeuer« Berlin durch die nicht unberechtigte Hoffnung versüßt, nun endlich in Preußen politisch etwas bewegen zu können. Ihr Ziel war, Preußen aus der einseitigen Bindung an Rußland zu lösen und zu einer stärkeren Westorientierung der Außenpolitik ebenso beizutragen wie zu einer konstitutionellen Innenpolitik. In diesem Zusammenhang hoffte sie, daß sich letztlich auch die deutsche Einheit durch »moralische Eroberungen Preußens in Deutschland« vollenden würde. Hier zog sie am gleichen Strang wie Fritz und seine junge Frau Vicky: Preußen sollte durch ein fortschrittliches Staats- und Regierungssystem eine solche Sogwirkung auf die anderen deutschen Staaten ausüben, daß es damit dem reaktionären Österreich den Rang im Wettlauf um die Lösung der deutschen Frage ablaufen würde.

Die Chancen schienen gut. Eine Zeitlang war es nach der Revolution von 1848 der Reaktion gelungen, gestützt auf Armee, Polizei und einen disziplinierten Staatsapparat, Andersdenkende zu ignorieren und zu unterdrücken. Nach etwa einem Jahrzehnt aber ging ihr nun gewissermaßen die Luft aus, und damit erwachten auch die liberalen Gruppierungen wieder aus ihrer Erstarrung. Ihre Hoffnungen richteten sich nun auf den vom »Kartätschenprinz« zum gemäßigten Liberalen gewandelten Wilhelm. Und tatsächlich zeigte sich schon sehr bald nach der Übernahme der Regentschaft seine Gegnerschaft zu den ultrakonservativen und reaktionären Kräften in Preußen. Und so leitete der Thronwechsel von 1858 die »Neue Ära« ein. Entgegen dem Testament seines Vorgängers leistete Wilhelm den Eid auf die Verfassung, denn, so argumentierte er, da sie nun einmal da sei, solle sie auch gehalten werden. Natürlich aber hatte er klar erkannt, daß es einem konservativen System auf Dauer nicht gelingen konnte, sich ohne einen gewissen Konsens mit dem Volk zu halten, geschweige denn sich zu entfalten.

Das alte reaktionäre Ministerium wurde entlassen, und das neue Kabinett, das Wilhelm berief, entsprach den gemäßigt-liberalen Vorstellungen, wie er sie in Gesprächen mit Duncker in Koblenz entwickelt hatte und wie sie auch von Augusta und ihren Beratern geteilt wurden. Die Namen der neuen Minister ließen die Liberalen in ganz Deutschland aufhorchen: Außenminister wurde Alexander von Schleinitz, der Vertraute Augustas (den Bismarck verächtlich als »Haremsminister« abkanzelte), Kultusminister war nun August Moritz von Bethmann-Hollweg, Haupt der »Wochenblatt«-Partei. Ministerpräsident wurde Fürst Karl Anton von Hohenzollern-Sigmaringen, Innenminister Eduard von Flottwell, ein Schüler des Philosophen Kant. Während die liberalen Zeitungen den Anfang einer »Neuen Ära« feierten, sprachen die konservativen Gegner spöttisch von einem »Augusta-Ministerium«, überzeugt, Wilhelm habe sich von seiner Frau zu dieser Kabinettsliste überreden lassen. Doch hier hat man Augustas Einfluß auf ihren Mann überschätzt. Wilhelm handelte aus eigener Erkenntnis heraus, und lediglich die Absetzung des Ministerpräsidenten Manteuffel, den er ursprünglich hatte behalten wollen, geht insbesondere auf Augustas Konto. Andererseits hat Wilhelm aber auch wohl selbst gemerkt, daß der erzkonservative Otto Freiherr von Manteuffel, der seit 1847 entschieden gegen die Entwicklung Preußens zum Verfassungsstaat eingetreten war, nicht in das neue, gemäßigt-liberale Ministerium passen würde.

Augustas Einfluß auf Wilhelm ist immer wieder zu hoch eingeschätzt worden, meist von der gegnerischen Seite. Tatsächlich hörte Wilhelm den Ausführungen seiner Frau zwar zu, treffender gesagt: er ließ sie reden, ging aber letztlich doch seinen eigenen Weg, mochte Augusta argumentieren, soviel sie wollte – weswegen sie nicht selten den schriftlichen Weg wählte. Wie gering ihr Einfluß auf den Gatten war, formulierte sie einmal in einem Brief an ihren Bruder: »Was er für richtig erachtet, vermag niemand zu hindern.«

Das schnelle Ende der »Neuen Ära«

Der liberale Frühling währte ohnehin nicht lange. Bereits 1862 geriet Wilhelm – seit dem Tod Friedrich Wilhelms IV. am 2. Januar 1861 König Wilhelm I. von Preußen – mit dem Parlament in heftigen Streit über sein Vorhaben, beträchtliche Staatsmittel für die Neuorganisation der Armee auszugeben, um die Schlagkraft des Heeres steigern zu können. Augusta verfolgte diese Entwicklung mit großer Besorgnis, sah sie darin doch nicht zu Unrecht die Vorbereitung auf eine mögliche kriegerische Auseinandersetzung, und nichts war ihr so verhaßt wie Krieg. Doch sie stieß bei ihrem königlichen Gemahl auf taube Ohren. Die Bevölkerung Preußens, so dessen Argumentation, sei schließlich von 11 Millionen im Jahr 1811 auf 18 Millionen im Jahr 1860 angestiegen, die Zahl der Regimenter aber seit 1814 nicht mehr erhöht worden. Eine Heeresreform erschien ihm daher mehr als überfällig, schließlich sah er in einem aktiven Heer das stärkste Machtmittel der Krone. Durch seinen Kriegsminister Albrecht Graf von Roon, einen strengkonservativen Altpreußen, der bereits im Dezember 1859 den liberalen Eduard von Bonin abgelöst hatte, ließ er dem Parlament ein entsprechendes neues Wehrgesetz vorlegen. Doch die Abgeordneten, insbesondere die liberale Opposition, widersetzten sich dem königlichen Plan, die Landwehr zugunsten der Linientruppen zurückzudrängen. In der Landwehr leisteten die ungedienten älteren Jahrgänge Kriegsdienst. Der Kampfwert dieser bürgerlichen Miliz war naturgemäß nicht so groß, aber in ihrer Einsatzbereitschaft stand sie dem aktiven Heer nicht nach. Zudem sahen die liberalen Abgeordneten nur in der Landwehr das eigentliche »Volk in Waffen«, wohingegen sie das stehende Heer nicht zu Unrecht als ein Instrument konservativer Königsmacht einschätzten.

Wilhelm ließ sich auf keinerlei Verhandlungen ein. Er löste – zu Augustas nicht geringem Entsetzen – 1862 das widerspenstige Parlament kurzerhand auf und schrieb Neuwahlen aus, die jedoch nicht das von ihm gewünschte Ergebnis brachten. In der neuen Volksvertretung verfügte die »Deutsche Fortschrittspartei«, eine von den Altliberalen abgesonderte Gruppierung, zu der auch der große Arzt Rudolf Virchow gehörte, über eine starke Mehrheit. Wieder lehnte man das neue Wehrgesetz ab, wohl wissend, daß ein wichtiges Verfassungsrecht auf dem Spiel stand. Als Wilhelm aber gegen den Willen der parlamentarischen Mehrheit seine Armeereorganisation doch umsetzen wollte, traten die königlichen Minister zurück.

Hier hätte der preußische Liberalismus seine vielleicht letzte Chance gehabt. Wilhelm nämlich, plötzlich isoliert und ohne konkrete Perspektive, wie es weitergehen sollte, dachte daran, die Krone« dem recht- und gesetzmäßigen Nachfolger« zu übergeben. Die Abdankungsurkunde war bereits aufgesetzt, nur noch Datum und Unterschrift seines Sohnes fehlten. Doch Fritz weigerte sich, die Urkunde auch nur einzusehen. Als loyaler Hohenzollernprinz wollte er den Thron nicht über den gestürzten Vater hinweg besteigen. Er, der nie eine Kämpfernatur gewesen ist, räumte das Feld und überließ es einem anderen, ausgerechnet dem, vor dem schon seine Frau Vicky eindringlich gewarnt hatte: »Nur um Gottes Willen den nicht zum Minister!« Denn nun, im September 1862, wurde der märkische Edelmann Otto von Bismarck-Schönhausen (1815–1898) preußischer Ministerpräsident. Auf Anraten seines Kriegsministers von Roon hatte Wilhelm in ihm den Mann gefunden, der bereit war, gegen das Parlament zu kämpfen. Als dem Kronprinzen der Name des neuen Ministerpräsidenten telegraphisch mitgeteilt wurde, notierte er in seinem Tagebuch: »Arme Mama! Wie bitter wird gerade diese ihres Todfeindes Ernennung sie schmerzen!« Und genauso war es. Denn Augusta kannte Bismarck schon seit vielen Jahren, und ebenso lange haßte sie diesen Mann.

Todfeinde – Augusta und Bismarck

Bismarcks Laufbahn hatte bereits in streng konservativen Bahnen begonnen. 1847 war er als Abgeordneter und scharfer Gegner des Liberalismus in den »Vereinigten Landtag« gewählt worden, und die Wirren der Revolutionsjahre hatten ihn vollends zum Heißsporn der preußischen Reaktion werden lassen. 1851 war er von König Friedrich Wilhelm IV. wiederum als preußischer Gesandter in den erneuerten Bundestag geschickt worden, obwohl der König selbst noch drei Jahre zuvor über Bismarck geurteilt hatte: »Riecht nach Blut! Nur zu gebrauchen, wenn das Bajonett schrankenlos waltet.«

Die Arbeit im Parlament führte den leidenschaftlichen Verfechter preußischer Tradition auf den Weg zur Größe als Diplomat. Als Gesandter am Frankfurter Bundestag (1851–1859), in Petersburg (1859–1862) und schließlich in Paris wurde er zum souveränen Kenner des Schachbretts der deutschen und europäischen Politik. Hier entwickelte er jene Originalität des »Realpolitikers«, die ihn bleibend unabhängig von allen »Doktrinen« seiner verblüfften Zeitgenossen machte. Der Journalist August Ludwig von Rochau hatte in seiner berühmten Schrift aus dem Jahre 1853 »Grundzüge der Realpolitik« das Schlagwort der nächsten Jahrzehnte zum politischen Begriff gemacht. Gemeint war eine nüchterne, weniger auf das Wünschenswerte als auf das Erreichbare ausgerichtete Politik, die sich an den tatsächlichen Verhältnissen orientieren sollte. Zudem war in Bismarck schon früh die Überzeugung gereift, daß es nur eine Großmacht gab, die die Führung in einem geeinten Deutschland übernehmen konnte und sollte. Er war fest entschlossen, Preußen diese Stellung zu erkämpfen.

Als Augusta erfuhr, daß Bismarck zum preußischen Ministerpräsidenten ernannt worden war, wird sie gewiß an jenen Tag gedacht haben, an dem sie ihren »Todfeind« kennengelernt hatte: Am Morgen des 23. März 1848 war der junge Landtagsabgeordnete im Auftrag ihres Schwagers, Prinz Karl von Preußen, bei Augusta in Potsdam erschienen, um sie für eine Gegenrevolution zu gewinnen – ein Ansinnen, das die liberale Prinzessin erwartungsgemäß weit von sich wies. Schließlich hatte sie dem König selbst zu den Zugeständnissen an das Volk geraten, sah sie darin doch einen Akt der politischen Klugheit, der dazu beigetragen hatte, einen blutigen Bürgerkrieg und den Zusammenbruch aller Ordnung zu verhindern. Von Bismarck wurde dieser Standpunkt indes als Schönfärberei abgetan. Im Gegensatz zu Augusta, der jeglicher Militäreinsatz ein Graus war, hätte er es auf eine militärische Konfrontation mit dem Volk durchaus ankommen lassen. Schließlich sah er darin nichts als ein Mittel der Politik, und zwar nicht die Ultima ratio.

Seit jenem Märztag waren die Fronten zwischen den beiden abgesteckt. Augusta haßte den »Aventurier« Bismarck, und auch er brachte für die preußische Königin nicht gerade Sympathie auf. Für Augustas politische Einstellung konnte er ebensowenig Verständnis aufbringen wie sie für seine. Zudem beruhte die beiderseitige Abneigung auf einem doppelten Mißverständnis: Augusta glaubte, Bismarck arbeite gegen ihren Mann, Bismarck hingegen glaubte, Augusta stelle ihre eigenen Interessen – und nicht die Preußens – in den Vordergrund und stehe rein aus Prinzip zu ihm in Opposition. Hinzu kommt: Beide waren zeit ihres Lebens von der uneingeschränkten Richtigkeit der eigenen Auffassung überzeugt und haben sich niemals die

Mühe gemacht, die andere Seite auch nur ansatzweise zu verstehen, sich in den jeweiligen Gegner hineinzuversetzen, das Problem einmal von seinem Gesichtspunkt aus zu betrachten. Und so prallten die politischen und weltanschaulichen Gegensätze in jeder Unterredung aufs neue aufeinander.

In den Jahren nach 1848 blieb die beiderseitige Verachtung zunächst gewissermaßen auf Sparflamme, offiziell hatte man ja nichts miteinander zu tun. Doch die Gegensätze verstärkten sich weiter. Wenn man sich traf, beherrschte Eiseskälte die Szene. Augusta ließ Bismarck ganz unverhohlen spüren, daß sie ihn nicht leiden konnte, und unverzeihlicherweise behandelte sie auch seine Frau Johanna reichlich unhöflich. So hat sie Johanna von Bismarck bei der Begrüßung gerne »übersehen« – eine Tatsache, die Bismarck um so mehr aufbrachte, als sich seine ohnehin recht unscheinbare und bescheidene Frau mit der höfischen Gesellschaft reichlich schwertat. Und Bismarck hatte schon in den Koblenzer Jahren keinen Hehl daraus gemacht, daß er Augusta wegen des seiner Ansicht nach offensichtlichen Einflusses auf Mann und Sohn zutiefst verachtete. Die »Neue Ära« schien seine Meinung nur zu bestätigen: »Weiberregierung«, schimpfte er damals aufgebracht.

Ausgerechnet ihr »Todfeind« war also nun der einzige, der 1862, als Wilhelm am Abgrund seiner Macht stand, bereit war, das Steuer herumzureißen und mit Wilhelm einen neuen Weg zu gehen: Bismarcks Weg, wie es Augusta sehen mußte, ein Weg, der ihrer Ansicht nach Preußen unweigerlich ins Verderben führen würde. Sie war daher fest entschlossen, Wilhelm davon zu überzeugen, daß er einen großen Fehler begangen hatte. Schließlich war Bismarck nie sein Favorit gewesen, im Gegenteil: 1859 hatte er ihn noch als Gesandten nach St. Petersburg abgeschoben, drei Jahre später nach Paris. Nun aber, da er nicht mehr weiter »balancieren« konnte, hatte er Augusta am 23. September 1862 geschrieben, »eine innere Stimme« habe ihm gesagt, »daß ich nicht anders handeln durfte, wenn ich den Staat nicht aufs Spiel setzen wollte«. Dabei hatte eigentlich Augusta diese »innere Stimme« sein wollen.

Doch es war zu spät. Bereits am Vortag hatte Bismarcks Ernennung stattgefunden, hatte er im Parlament in kurzen und prägnanten Worten sein »Programm« formuliert: »Nicht durch Reden und Majoritätsbeschlüsse werden die großen Fragen dieser Zeit entschieden – das war der Fehler von 1848 und 1849 gewesen –, sondern durch Eisen und Blut!« Es dauerte nicht lange, und Bismarck schickte sich an, seinen Worten auch Taten folgen zu lassen.

»Ein trauriges Stück Zeitgeschichte«

»Eisen und Blut« – diese Ankündigung hatte Augusta erschaudern lassen. Für sie als überzeugte Christin und Humanistin war Krieg alles andere als ein Mittel zum Zweck, das man mit politischen Notwendigkeiten rechtfertigen konnte. Krieg, das bedeutete Blutvergießen, Leid und Tod, ganz gleich, von welcher Seite aus man ihn betrachtete. Krieg war für sie mit keinem Argument zu rechtfertigen. Modern könnte man Augusta heute als »Pazifistin« bezeichnen, damals aber stand sie mit ihrer Haltung weitgehend alleine da. Kaum einer teilte ihre Ansicht, und Bismarck erst recht nicht. Der wollte Preußen schließlich zur wirklichen Großmacht erheben und an die Spitze Deutschlands führen. Daß das nicht ohne kriegerische Auseinandersetzung zu machen war, lag für ihn klar auf der Hand. Doch bevor er den Hauptrivalen Österreich ausschalten konnte, war sein erster Gegner Dänemark.

Im Jahr 1460 hatten sich die Herzogtümer Schleswig und Holstein in Personalunion mit dem dänischen Königtum verbunden und dabei die Zusicherung erhalten, daß sie »ewich tonsamende ungedelet« bleiben sollten. Aber nur Holstein hatte zum Römisch-Deutschen Reich gehört und war unterdessen Glied des Deutschen Bundes, nicht aber das von Dänen mitbewohnte Schleswig. Nun aber wollten die Deutschen am liebsten ganz Schleswig-Holstein in ihrem Bund, die Dänen hingegen zumindest Schleswig in ihrem einheitlichen Nationalstaat haben. Schließlich war der Nationalismus des 19. Jahrhunderts – der dänische ebenso wie der deutsche – mit einem staatsrechtlichen Unikum aus dem Mittelalter nicht mehr in Einklang zu bringen. Doch noch 1852 war der Status quo im Londoner Protokoll durch einen Vertrag der Großmächte bestätigt worden. Auch war an das bevorstehende Auslöschen des dänischen Herrscherhauses gedacht worden: Die Erbfolge in Dänemark und damit auch in der Personalunion mit Schleswig-Holstein wurde dem Prinzen von Sonderburg-Glücksburg zugesprochen; der ebenfalls erbberechtigte Herzog von Augustenburg ließ sich seinen Verzicht abkaufen.

1863 bestieg nun der Glücksburger Christian IX. den dänischen Thron, woraufhin der Erbprinz von Augustenburg, ungeachtet der Verzichtserklärung seines Vaters, sich als Friedrich VIII. zum Herzog von Schleswig-Holstein proklamierte und den Beitritt der ungeteilten Herzogtümer, also auch Schleswigs, in den Deutschen Bund ankündigte. Während die Deutsch-Nationalen applaudierten, gingen die Dänisch-Nationalen aufs Ganze: Die von Christian IX. am 18. November 1863 angenommene dänische Verfassung verfügte die Einverleibung Schleswigs in den dänischen Einheitsstaat. In Deutschland zeigten sich nicht nur die Hardliner entrüstet, und der Ruf nach einem Krieg gegen Dänemark wurde immer lauter. Augustas Haltung in dieser Frage bedarf keiner besonderen Erwähnung. Auch Wilhelm war zunächst gegen einen Krieg gewesen, hatte sich aber schließlich in dem Netz verfangen, das Bismarck zur Erreichung seines eigentlichen Ziels gesponnen hatte: Schleswig-Holstein von Dänemark abzutrennen und an Preußen anzugliedern. Er hatte alles sehr geschickt eingefädelt, indem er von London lediglich die Einhaltung der bisherigen Abmachung verlangte. Dabei hatte er natürlich bereits die möglichen Reaktionen des Gegners fest in seine Überlegungen mit einbezogen. Ihm war von vornherein klar, daß Dänemark bei der erhitzten nationalen Leidenschaft seinen gemäßigten Vorschlag für unannehmbar halten mußte. Und genauso kam es. Die Dänen liefen in das offene Messer und setzten sich damit ganz offensichtlich ins Unrecht. Die europäischen Mächte konnten nun nichts mehr gegen einen Feldzug preußischer und österreichischer Truppen einwenden. Das bedeutete Krieg.

Augusta war verzweifelt: »Dieses Stück Zeitgeschichte«, schrieb sie 1864 nach der Kriegserklärung, »ist überaus traurig und verhängnisvoll für Preußen. Statt die Verhältnisse auszunutzen, alle guten nationalen Gefühle zu einer gemeinsamen Bewegung zu vereinen, kompromittiert uns der Unheilvolle, bedroht uns mit einer auswärtigen und einer inneren Krise, die einen europäischen Konflikt herbeirufen kann.« Fest überzeugt, daß nach wie vor eine die ganze Welt befriedigende Lösung der Schleswig-Holstein-Frage möglich sein würde, wenn man nur wolle, schrieb sie verzweifelt ihrem Bruder: »Aber gerade das will Bismarck nicht. Er will die Uneinigkeit Deutschlands, um seine verblendete und selbstsüchtige Politik durchzusetzen, benutzt dieser verhängnisvolle Mann das Schlechte, wo er's findet.«

Doch Augustas eigenen Vorstellungen von einer Lösung waren, wie wir gesehen haben, reichlich vage, zudem gab der Erfolg schon bald Bismarck recht: Dänemark wurde besiegt und mußte Schleswig-Holstein als gemeinsamen Besitz an Österreich und Preußen abtreten, die fortan die zwei Herzogtümer gemeinsam verwalten sollten. Und daß das nicht lange gutgehen konnte, sah Bismarck ebenfalls voraus. Augusta war »schrecklich unglücklich«, auch wenn sie sich das als »gute Preußin« nicht anmerken lassen durfte. Mehr denn je empfand sie die Ernennung ihres »Todfeindes« als persönlichen Affront. Hinzu kam, daß sich ihr Verhältnis zu Wilhelm in jenen Jahren rapide verschlechterte, da sie ihn ganz und gar unter dem verhängnisvollen Einfluß Bismarcks sah und er ihren Mahnungen und Warnungen keinen Glauben schenkte. Bismarck wiederum, der Augustas Haltung lediglich als persönliche Gehässigkeit und nicht als Ausdruck tiefer Besorgnis auffaßte, scheute nicht davor zurück, sich im Reichstag unmißverständlich über die Königin zu beschweren und die konservative Presse auf sie zu hetzen, alles Ungünstige gegen die »alte Fregatte«, wie er sie mit Vorliebe nannte, zu sammeln und das Material den Zeitungsleuten höchstpersönlich zu übergeben.

Dabei wollten beide im Grunde das gleiche: Die Einigung Deutschlands unter der Führung Preußens, deren Entstehung

Augusta auf friedlichem Wege wünschte. Statt dessen aber mußte sie nun hilflos mit ansehen, wie Bismarck eiskalt einen Krieg nach dem anderen einfädelte, um dieses Ziel zu erreichen.

1866 – vergebliche Hoffnung auf Frieden

Am meisten verzweifelt aber war Augusta über die »Verblendung« und »unheilvolle Voreingenommenheit« Wilhelms, der nun ganz auf seiten Bismarcks stand: »Einmal wird er erwachen und leiden«, prophezeite sie, »falls er die Fähigkeit besitzt, die Ungeheuerlichkeit seiner Fehler, die Art, in der seine Schwächen ausgenutzt werden, zu erkennen.« Nahezu unversöhnlich standen sich die beiden Ehegatten inzwischen gegenüber. Während Wilhelm überzeugt war, das ihm von Gott aufgetragene Amt als König nach bestem Wissen und Gewissen zu erfüllen, glaubte auch Augusta an eine ihr von Gott aufgetragene Verpflichtung, nämlich ihren Mann zu warnen und unermüdlich zu belehren. Leider fehlten ihr dazu aber die notwendige Diplomatie, das entsprechende Fingerspitzengefühl. Starr auf der Richtigkeit ihrer Ansichten beharrend, erreichte sie bei Wilhelm nichts. Wilhelm schaltete auf stur. Ihre ständigen Belehrungen, die offenbar etwas unerträglich Schulmeisterliches an sich hatten, konnte er nur schwer ertragen. Doch Augusta nahm ihre sich selbst auferlegte Pflicht sehr ernst. Sie war eine sorgfältige Zeitungsleserin, die sich täglich über alles Aktuelle informierte. »Ich benutze alle mir verbleibende Zeit und Kraft«, schrieb sie ihrem Bruder, »um dem König all jenes mitzuteilen, was mein Gewissen mir vorschreibt ... Ich bete zu Gott, mich in dem, was ich sage und schreibe, erleuchten zu wollen.« Vielleicht hätte Wilhelm bisweilen auf den Rat seiner Frau gehört, hätte sie ihm ein wenig mehr Verständnis entgegengebracht. Aber ihre permanente Opposition zermürbte ihn, scheinbar niemals erfuhr er durch sie Unterstützung, immer nur Kritik. Und so verwundeten sich beide gegenseitig. »Nie«, seufzte die Königin in einem Brief, würde ihr auch nur die geringste Anerkennung zuteil.

Unterdessen trieb Bismarck seine Politik zielbewußt auf einen Bruch mit Österreich hin. Erwartungsgemäß war es in der Verwaltung der Herzogtümer Schleswig und Holstein zu Schwierigkeiten zwischen Preußen und Österreich gekommen, die 1866 zu einer kriegerischen Auseinandersetzung führten. Nach dem Sieg Preußens bei Königgrätz schrieb Augusta am 4. Juli: »Heute ist die Siegesnachricht eingetroffen. Nach 12stündiger blutiger Schlacht! Gott allein weiß, was ich empfinde, wenn ich den Jubel der Bevölkerung sehe, die heldenmütige Armee bewundere und dabei der Tränen gedenke, in die unsere unselige Zeit gebadet ist!« Während ganz Preußen jubelte, war Augusta zutiefst bedrückt. Ihr rein menschliches Empfinden über die Greuel des Krieges, die zahlreichen Toten und Verwundeten hat man ihr politisch freilich ausgesprochen übelgenommen. Und Bismarck? Er konnte nach dem Sieg über Österreich triumphierend ausrufen: »Besiegt habe ich sie alle, alle!« – womit er gewiß auch seine Gegnerin Augusta meinte.

Doch Bismarck erwies sich als maßvoller Sieger: »Man muß einen bedeutenden Gegner entweder ganz schonen oder ganz vernichten«, hatte er einmal gesagt. Letzteres aber wollte er nicht. Österreich mußte in die Auflösung des Deutschen Bundes einwilligen und die Regelungen der deutschen Angelegenheiten künftig Preußen überlassen. Außer einer Kriegsentschädigung aber trafen Österreich keine weiteren Verluste. Nur in Norddeutschland gab es große Veränderungen: Schleswig-Holstein wurde ebenso wie Hannover und Kurhessen Preußen einverleibt. Alle übrigen Länder nördlich der Mainlinie traten dem 1867 gegründeten Norddeutschen Bund bei, in dem alle Macht beim König von Preußen und seinem Ministerpräsidenten lag.

Bismarck schien in allem recht behalten zu haben, und auch Wilhelm fühlte sich bestätigt, recht getan zu haben, als er Augustas Warnungen in den Wind geschlagen hatte. Angesichts des Jubels des preußischen Volkes und des plötzlichen Hinüberschwenkens vieler früherer Gegner Bismarcks in dessen Lager konnte sie nur bedrückt schweigen.

Augusta – »keine einfache Natur«

Es ging Augusta nun auch gesundheitlich schlecht, sie kränkelte mehr denn je. Es gab nur noch wenige Lichtblicke in ihrem Leben, wie die Geburt ihrer Enkelkinder. Ansonsten fühlte sie sich leer, ausgebrannt und überflüssig. Sooft es nur eben ging, verließ sie den Hof und fuhr zur Kur nach Baden-Baden, das ihr mit der Zeit so etwas wie eine zweite Heimat wurde. Auch hier war sie fern vom »Fegefeuer« und konnte neue Kraft tanken. Doch kaum war sie wieder zu Hause, so bombardierte sie Wilhelm erneut mit ihren politischen Ideen und Verbesserungsvorschlägen, ein Drang, der sich so langsam ins Unerträgliche steigerte. In späteren Jahren ging sie sogar so weit, ihr Schlafzimmer heimlich durch ein Hörrohr mit Wilhelms Arbeitszimmer zu verbinden, um ohne Wissen des Königs dessen Unterredungen mit anhören zu können. Bisweilen setzte sie sich auch auf die eiserne Wendeltreppe, die zum Arbeitsraum führte, um die Gespräche, die der König dort unten führte, belauschen zu können. Da die alten Herren meist laut sprachen und die Türen der mit Zentralheizung versehenen Räume meist offenstanden, konnte sie oben auf der Treppe jedes Wort verstehen. Nicht selten harrte sie stundenlang auf den Stufen aus, und ihre Kammerfrauen mußten sie dort frisieren. Auch Bismarck beklagte sich häufig, daß Augusta heimlich hinter der halboffenen Tür lausche.

Ein solches Verhalten ist fast schon pathologisch zu nennen. Augusta rechtfertigte sich zwar damit, daß sie ihrem Mann nur helfen wolle und daß dieser ihr die wichtigsten politischen Nachrichten vorenthielte. Sie müsse deshalb, so argumentierte sie, zu solch unlauteren Mitteln greifen, um ihren Mann gegebenenfalls warnen zu können.

Alle Menschen, die sie gut kannten, wußten um Augustas schwierigen Charakter. »Keine einfache Natur«, schrieb ein Vertrauter, »zu beklagen und zu bewundern.«

Wilhelm hatte sich schon in den frühen Ehejahren wiederholt über die bisweilen kaum zu ertragenden Launen seiner Frau beklagt. Im März 1833, nachdem sie trotz Krankheit und entgegen dem ärztlichen Rat unbedingt zu einem Ball gehen wollte und ihrem Mann wieder einmal eine unerfreuliche Szene gemacht hatte, klagte er in einem Brief an Charlotte: »Ein Eigensinn, Kinderei und Unart sondergleichen ... Sie ist in solchen Momenten wie sinnlos! Das sind harte Prüfungen, die ich nicht immer bestehe ...« Doch Wilhelm mußte lernen, mit dem »Feuerkopf« zu leben, auch wenn Augusta mit der Zeit immer exzentrischer wurde. Ihre Schwiegertochter Vicky hat die Wesenszüge der späteren Kaiserin einmal folgendermaßen geschildert: »Meine Schwiegermutter ist phrasenhaft und gibt sich nicht natürlich ... Sie zermürbt alle, die zu ihrem Hofstaat gehören, auch die Herren, setzt sich nie nieder, redet 14–15 Stunden unausgesetzt laut und lang über aufregende Themen mit Dutzenden verschiedener Personen und ist niemals allein ... Während sie das alles tut, klagt sie den ganzen Tag über ihre Gesundheit ... Diese Art von Existenz ist ein Gift, das ihr allen Frieden und Ruhe nimmt und sie aufgeregt und reizbar macht. Da sie von Natur aus heftig veranlagt ist, bringt solche Lebensweise ihre Stimmung zu einem Hitzegrad, der für die Umgebung wirklich schwer zu ertragen ist ... Wenn sie einmal aus Berlin fort ist, gibt es kaum einen Menschen, vom ersten bis zum letzten, selbst die ihr Anhänglichsten, der nicht erleichtert aufatmet. Der König genießt eine solche Abwesenheit wie ein Schulbub seine Ferien.«

Doch nicht nur daheim, auch an anderen deutschen Fürstenhöfen kannte man Augustas schwieriges Wesen. Aufgrund ihrer Vorliebe für den Westen Deutschlands bedachte man sie mit dem Spottnamen »der Drache vom Rhein«.

So verwundert es kaum, daß es in Augustas Leben nur ganz wenige Freundschaften gab, meist ohnehin nur solche, die durch Briefkontakt aufrechterhalten wurden, wie zu Queen Victoria oder Alexander von Humboldt. Nur wenigen Menschen vermochte sich Augusta wirklich zu öffnen, so zum Beispiel ihrem Bruder Karl Alexander, dem sie vor allem in späteren Jahren offen ihr Herz ausschüttete. Diese Briefe an den 1818 Geborenen gewähren uns hin und wieder Einblicke in ihr allerpersönlichstes Leben. Immer wieder liest man in ihnen von jener »chronischen Schwermut«, an der Augusta litt, von der die Außenwelt aber nichts erfahren sollte, von ihrer Niedergeschlagenheit, dem ständig fühlbaren Druck und der alles durchziehenden Reizlosigkeit ihres Daseins. Am 30. November 1840 schrieb sie: »Da ich mich unaufhörlich beobachte und mich sehr genau kenne, habe ich herausgefunden, daß einem solchen Schwermutsanfall meistenteils einige Tage vorangehen, in denen ich mich leicht und unternehmungslustig fühle, als könne ich es mit der ganzen Welt aufnehmen. Ein schlimmes Zeichen. Erwache ich eines Morgens, ist diese Stimmung verflogen, und ich empfinde eine bleierne Schwere. Am nächsten Tag verfolgen mich schwarze Vorstellungen, Ängste und überflüssige Verärgerungen, am folgenden Tag ziehen in dichten Reihen Erinnerungen an mir vorüber, natürlich nur quälende, wie sie in keinem Menschenleben fehlen, und ist alles richtig vorbereitet, kommt der Anfall ... Er setzt sich überall fest, im Kopf, im Herzen, im ganzen Körper; ich wollte arbeiten, es war einfach unmöglich. In einigen Tagen wird der Anfall vorüber sein, dann kann ich Atem schöpfen, brauche nur gegen die gewöhnlichen Alltagsschwierigkeiten, nicht gegen Schreckgespenster anzukämpfen.«

Wie sich heutzutage unschwer erkennen läßt, handelte es sich um manisch-depressive Phasen, die Augusta die Freude am Leben vergällten. Diese Gemütskrankheit, die ohne erkennbare Ursachen auftritt, ist ja bekanntlich dadurch gekennzeichnet, daß der Betroffene bereits auf Alltagsvorkommnisse mit hochgradigen Stimmungsschwankungen reagiert. Während der manischen Phase steht im Vordergrund eine übersteigerte Aktivität mit Zerstreutheit, Rededrang, bisweilen unsinnigen Bewegungen. Die depressive Phase ist vor allem durch eine gewisse Unfähigkeit gekennzeichnet, auf Umgebung und Erlebnisse zu reagieren.

Trotz der schweren seelischen Belastung, zu der sich später noch mehrere körperliche Gebrechen gesellten, war Augusta stets ein Vorbild an Selbstbeherrschung, Pflichterfüllung und fürstlicher Haltung. Leicht hat sie ihr Leben nie genommen. Auch daß ihre Ehe zumindest bis in die sechziger Jahre meist ausgesprochen unglücklich war, wird sie nicht mit Gleichmut hingenommen haben. Zwar findet man in den Briefen an ihren Bruder anfänglich nur spärliche Andeutungen, mit der Zeit aber schrieb sie ganz offen darüber. Für Wilhelm, den alternden Charmeur, galt die Geselligkeit mit schönen Damen nach wie vor als die angenehmste Art der Erholung. Diese Damen entstammten den verschiedensten Kreisen, manche gehörten zur Hofgesellschaft, andere kamen vom Theater oder vom Ballett. Dabei ging er freilich äußerst diskret vor, so daß die breite Öffentlichkeit nie auf seine Romanzen aufmerksam geworden ist. Augusta jedoch werden diese Liebschaften zu Ohren gekommen sein, und sie werden sie geschmerzt haben, auch wenn sie nach außen hin nie so etwas wie Eifersucht gezeigt hat. Auf jeden Fall aber mußten sie das Gefühl verstärken, überflüssig zu sein, Wilhelm in keiner Weise nutzen zu können. Hinzu kam, daß sie weder als preußische Königin noch später als deutsche Kaiserin bei ihrem Volk beliebt war. Das lag sicher in erster Linie an dem Mangel an Natürlichkeit, der ihr immer wieder vorgehalten wurde. So schreibt ein Zeitgenosse: »Sie vermochte wohl nicht, sich ungezwungen zu geben. Nie, nie habe ich einen natürlichen Eindruck erhalten.« Das stimmt freilich nicht so ganz. Gegenüber ihrer Tochter oder ihren Enkeln konnte sie ihre »Maske« sehr wohl fallen lassen. »Die Kaiserin«, schrieb später Wilhelm II. über seine Großmutter, »die im allgemeinen einen zeremoniösen Eindruck machte, oft sogar vor Menschen etwas Formelles, ja Steinernes an sich hatte, war im kleinen Kreis oder nur gar unter vier Augen warm und herzlich und liebevoll besorgt.« Doch kaum traten Außenstehende hinzu, so setzte sie die »Maske« wieder auf.

Eine Landesmutter ist Augusta nie geworden. »Sehr geachtet, aber nicht beliebt und volkstümlich«, schrieb die »Kölnische Zeitung« in einem Nachruf am 8. Januar 1890. »Sie war eine geborene Kaiserin, und niemand konnte besser als sie die Majestät repräsentieren, aber es war ihr weniger verliehen, im Umgang sich schlicht, einfach und natürlich zu geben. Man glaubte, etwas Absichtliches zu merken.« Viele haben die Echtheit ihrer Gefühle bezweifelt und Augusta für unaufrichtig gehalten, auch wenn sie einmal höflich, zuvorkommend und liebenswürdig war. Andere wiederum betonten, Augusta sehe starr und zurechtgemacht aus in ihrer meist pompösen Kleidung, bisweilen auch angsteinflößend aufgrund ihrer dunklen, tief zurückliegenden Augen, dem »stechenden« Blick. Der Diplomat Graf Creneville bezeichnete sie nach ihrem Besuch in Wien gar als »lächerliche, schwülstige, geschwätzige Zierpuppe«.

Augusta tat nichts, um ein solch vernichtendes Urteil abzumildern, ihr »Image«, wie wir heute sagen würden, zu verbessern. Ebenso hat sie sich nie um das Verständnis der eher spröden preußischen Wesensart bemüht, sondern in ihren Briefen häufig über die »Minderwertigkeit« der Berliner geklagt, obwohl sie die Berliner im Grunde nie kennengelernt hatte.

Während Wilhelm, nachdem er das »Kartätschenprinz«-Image erst einmal abgestreift hatte, bei seinem Volk zunehmend populärer wurde, war und blieb Augusta der »Drache vom Rhein«.

Ein »Himmelbett« für verwundete Soldaten

Gewiß wird Augusta an all dem schwer zu tragen gehabt haben, doch sie konnte diesen Teufelskreis einfach nicht durchbrechen. Nur in einem Punkt hat Augusta uneingeschränkte Anerkennung erfahren: in ihrem Bemühen, das durch den Krieg entstandene Leid soweit wie möglich zu mildern.

Henri Dunant, ein Genfer Kaufmann, hatte 1859 auf dem Schlachtfeld von Solferino (Anm.: 1859–1861 italienischer Einigungskrieg gegen Österreich) die vielen unversorgten Verwundeten gesehen und ihnen zusammen mit italienischen Frauen Hilfe gebracht. Nach dem Krieg schrieb Dunant seine Erlebnisse nieder. Auf einem internationalen Kongreß, an dem sechzehn Nationen teilnahmen, einigte man sich 1864 über die sogenannte »Erste Genfer Konvention«, um das Los der verwundeten Soldaten im Feld zu erleichtern. Die daraus entstandene Vereinigung nannte sich nach ihrem Symbol »Internationales Rotes Kreuz«.

Noch im selben Jahr wurde von Augusta der »Vaterländische Frauenverein« ins Leben gerufen, ein »Verein zur Pflege verwundeter und erkrankter Krieger«, der seitdem unter ihrem Protektorat stand und bereits während des Krieges von 1866 eine umfassende Tätigkeit entwickeln konnte. Er arbeitete eng mit dem »Roten Kreuz« zusammen. Augusta widmete sich ihrer neuen Aufgabe mit großem Engagement und nahm ernsthaften Anteil am Schicksal kranker und verwundeter Soldaten. Jedesmal, wenn sie sich in England aufhielt, besuchte sie die berühmte Krankenpflegerin Florence Nightingale (1820–1910), die schon während des Krimkrieges (1854–56) im Auftrag der britischen Regierung die Krankenpflege für die Armee organisiert hatte. Allein durch die Durchführung der einfachsten Hygienemaßnahmen hatte man die Sterblichkeitsziffer in den britischen Lazaretten senken können. Aufgrund dieser positiven Erfahrungen wurde das Sanitätswesen Großbritanniens von Grund auf reformiert, und mit der Gründung der Nightingale-Schule in London (1860) wurde die Krankenpflege erstmals zum Lehrberuf.

Von ihren Besuchen in London nahm Augusta stets Anregungen mit nach Hause, die sie dann bei der Gründung des Augusta-Krankenhauses in Berlin in die Praxis umsetzen ließ. Lebhaft interessierte sie sich auch für die wissenschaftliche Seite der Hygiene und Krankenpflege. »Die Kaiserin«, sagte Wilhelm später einmal, »möchte jeden verwundeten Soldaten in ein Himmelbett legen!«

Eine »geborene Kaiserin«

Die Reichsgründung 1871

Preußen war die führende Großmacht in Deutschland geworden, Bismarck hatte einen weiteren Etappensieg errungen, sein Ziel erreicht hatte er indes noch nicht. Und so war klar, daß es nach dem »Bruderkrieg« mit Österreich nicht lange friedlich bleiben würde. Jenseits des Rheins beobachtete man den rasanten Aufstieg Preußens mit großer Skepsis. Bis 1866 war Napoleon III. von Frankreich unbestritten der mächtigste und einflußreichste Herrscher in Europa gewesen. Nun mußte er mit ansehen, wie Preußen durch Bismarcks Machtpolitik zusehends stärker wurde. Es stand zu befürchten, daß Frankreich durch eine mögliche deutsche Einheit seine Hegemonialstellung auf dem Kontinent einbüßen würde. Wollte Bismarck also den deutschen Nationalstaat realisieren, so mußte er fest mit der Möglichkeit eines deutschfranzösischen Krieges rechnen. Den aber bewußt herbeizuführen, lehnte er ab, war er sich doch ganz sicher, daß sich subtilere Methoden ergeben würden.

Tatsächlich führte ein diplomatisches Ränkespiel bekanntlich im Jahr 1870 überraschend schnell zum Krieg. Die Spanier hatten in einer Revolution ihre Königin Isabella (1830–1904) aus dem Hause Bourbon vom Thron gestürzt und die Krone dem Prinzen Leopold von Hohenzollern-Sigmaringen (1835–1905) angeboten, einem süddeutschen katholischen Verwandten Wilhelms I. Für Augusta war ganz klar, daß hier mit dem Feuer gespielt wurde, und selbst der preußische König gab als Chef des Hauses Hohenzollern seine Zustimmung nur äußerst widerwillig. Bismarck hingegen förderte den kühnen Plan von Anfang an – nicht ohne Hintergedanken. Als Frankreich nun von den geheimgehaltenen Verhandlungen erfuhr, erklärte die dortige Regierung unmißverständlich, daß sie einen

Hohenzollern auf dem spanischen Thron unter keinen Umständen dulden werde. Daraufhin zog Leopold mit Wilhelms Zustimmung seine Kandidatur wieder zurück, und den Thron bestieg schließlich Isabellas Sohn Alfons XII. (1857–85), ein populärer Herrscher, dem es schließlich gelingen sollte, den Frieden in Spanien nach einer Zeit lang anhaltender Unruhen wieder zu festigen.

Doch Augusta hatte zu früh aufgeatmet. Nun nämlich stellte der französische Botschafter im Auftrag seiner Regierung an Wilhelm, der sich gerade in Bad Ems zur Kur aufhielt, die Forderung, er solle das Versprechen geben, daß er auch künftig nie mehr einer Kandidatur des Hohenzollern zustimme. Wilhelm lehnte dieses seiner Meinung nach zu weit gehende Ansinnen zwar höflich, aber bestimmt ab. Am 13. Juli 1870 machte er Bismarck telegraphisch davon Mitteilung. Der sah nun endlich seine Stunde gekommen. Er las das Telegramm aus Bad Ems, gab ihm nun aber eine kürzere Fassung, wodurch die Forderungen des französischen Gesandten in ihrer ganzen Schärfe hervortraten und die Zurückweisung durch den König nunmehr wie ein Abbruch der Verhandlungen zu verstehen war. Und genau so wurde die »Emser Depesche« veröffentlicht. Und wieder hatte Bismarck die Reaktion richtig vorausgesehen: Das Nationalgefühl beider Völker war zutiefst verletzt. Frankreich hatte Preußen demütigen wollen, so schien es, jetzt hatte es selbst eine diplomatische Niederlage erlitten. Es sah daher nur noch die eine Möglichkeit: die Vergeltung dieser Demütigung durch die Waffen. Am 19. Juli 1870 erklärte Frankreich Preußen den Krieg. Doch nicht nur die Preußen, alle Deutschen fühlten sich durch die französische Kriegserklärung angegriffen, nationale Begeisterung führte sie zusammen. Gemeinsam marschierten preußische, nord- und süddeutsche Truppen in Frankreich ein. Napoleon III. wurde in Sedan eingeschlossen und mußte sich mit seinem Heer am 2. September 1870 ergeben. Noch aber war der Krieg nicht zu Ende, denn die Bürger von Paris erhoben sich gegen die Niederlage, setzten den gefangenen Napoleon kurzerhand ab und riefen eine neue Republik aus, die dritte. Nun zog das deutsche Heer weiter nach Paris und belagerte die französische Hauptstadt, die sich ebenso wütend wie energisch verteidigte.

Während die Nationalisten die Erfolge der deutschen Truppen feierten, machte Augusta kein Hehl aus ihrer Abneigung gegen diesen Krieg. Bismarck wertete die Haltung der Königin erneut als Beweis ihres mangelnden Nationalgefühls, und als Wilhelm zögerte, Paris sturmreif schießen zu lassen, schrieb er dies Augustas »Einfluß auf ihren hohen Gemahl im Sinne der Humanität« zu. Selbstverständlich war sie gegen eine solch grauenvolle Maßnahme, doch Wilhelms Haltung war davon ganz unabhängig, war ihm doch mehrfach von kompetenter Seite (General von Blumenthal, Generalstabschef Moltke) aus versichert worden, die Beschießung von Paris sei militärisch überflüssig. Trotzdem wurde Paris bombardiert, doch letzten Endes war es eine Hungersnot, die die Bürger von Paris zum Aufgeben und Frankreich zur Kapitulation zwang.

Während des Krieges hatte Bismarck versucht, den Norddeutschen Bund zu einem wirklichen Reich zu erweitern, doch hatten sich die Könige von Bayern und Württemberg noch gesperrt, weil sie möglichst wenig von ihrer Selbständigkeit opfern wollten. Schließlich gelang es Bismarck nach geschickten Verhandlungen aber doch, sie zum Beitritt zu bewegen.

Am 18. Januar 1871 war es schließlich soweit: 22 deutsche Fürsten und Vertreter der drei freien Reichsstädte gründeten im Spiegelsaal des französischen Königsschlosses von Versailles das neue Deutsche Reich und wählten den König von Preußen zum deutschen Kaiser. Der freilich wäre wohl am liebsten geblieben, was er war, denn noch am selben Tag schrieb er an Augusta: »Eben kehre ich vom Schlosse nach vollbrachtem Kaiserakt zurück. Ich kann Dir gar nicht sagen, in welcher morosen Emotion ich in den letzten Tagen war, teils wegen der hohen Verantwortung, die ich nun zu übernehmen habe, teils und vor allem über den Schmerz, den preußischen Titel verdrängt zu sehen! In einer Konferenz gestern ... war ich zuletzt so moros, daß ich drauf und dran war, zurückzutreten und Fritz alles zu übertragen. Erst nachdem ich in inbrünstigem Gebet mich an Gott gewendet habe, habe ich Fassung und Kraft gewonnen!«

Augusta war daheim in Berlin in nicht minder »moroser« Stimmung. Sie hatte die Reichseinigung stets gewollt, doch nicht so! Nicht durch militärische, sondern durch »moralische Eroberungen«, die das Ansehen Deutschlands in den Augen der europäischen Nachbarn festigen sollten, sollte der deutsche Nationalstaat entstehen. Nun aber blickte man in Frankreich voller Haß auf den östlichen Nachbarn, und der Groll über die Niederlage von 1870/71 und den Verlust Elsaß-Lothringens sollte auch in Zukunft nicht schwinden. Augusta fühlte sich erneut geschlagen, diesmal endgültig, wie sie glaubte. Ihr größter Feind, Bismarck, triumphierte wieder einmal, und ihr blieb nichts, als sich den neuen Verhältnissen zu fügen. Vergebens sucht man in ihren Briefen nach einer Äußerung stolzer Freude. Sie konnte dieses Deutsche Reich nicht lieben, es war Bismarcks Werk, ein Werk zudem, das den Samen für den nächsten Krieg bereits in sich trug.

Kulturkampf

Doch Augusta gab ihren Kampf nicht auf, mochten auch Rheuma und andere Krankheiten sie plagen, mochte dem Mann, den sie so haßte, auch alles gelingen. Ihre letzte große »Schlacht« mit Bismarck focht Augusta in den 70er Jahren aus, denn dem Krieg mit Frankreich folgte schon bald ein schwerer innenpolitischer Streit: der sogenannte Kulturkampf.

Der Sieg des evangelischen preußischen Königs über den katholischen Kaiser von Österreich im Jahre 1866 hatte die deutschen Katholiken schwer getroffen. Hinzu kam, daß die technisch-mechanische Lebensgestaltung mit ihrer betonten Diesseitigkeit die Kirche bedrohte. Ihre Dogmenwelt, ihr Wunderglaube hatten sich nun historische wie naturwissenschaftliche Kritik gefallen zu lassen. Auch der moderne Liberalismus nahm kirchenfeindliche Züge an.

Das 1. Vatikanische Konzil stellte daher den »Irrtümern der Zeit« die katholische Lehre entgegen und verkündete 1870 das Dogma von der Unfehlbarkeit des Papstes in Glaubens- und Sittenfragen. In Deutschland schlossen sich die katholischen Wähler zu einer neuen Partei, dem Zentrum, zusammen. Man forderte, die neue Reichsverfassung solle die kirchliche Freiheit in der gleichen Weise verbürgen, wie es die preußische Verfassung tat. Bismarck beschuldigte das Zentrum und seinen Wählerstamm daraufhin einer »reichsfeindlichen Gesinnung« und lehnte die Forderungen ab. Die Liberalen pflichteten ihm bei. Jahrelange Auseinandersetzungen belasteten daraufhin die deutsche Innenpolitik. In der ersten Phase beschloß der preußische Landtag, den katholischen Geistlichen die Schulaufsicht zu entziehen und staatliche Schulinspektionen einzurichten. Den Jesuiten wurden alle Ordensniederlassungen auf deutschem Boden verboten, Geistlichen unter Androhung von Gefängnisstrafen untersagt, staatliche Angelegenheiten in einer Weise zu behandeln, daß der öffentliche Friede gefährdet werde. Diese und weitere Maßnahmen verstärkten die Gegensätze zwischen Staat, Parteien und Kirche.

Augusta stand im Kulturkampf zum ersten Mal gegen ihre bisherigen Gesinnungsgenossen, die Liberalen – für Bismarck ein weiterer Beweis dafür, daß sie grundsätzlich im Gegensatz zur jeweiligen Regierungspolitik stand, daß sie Opposition um der Opposition willen betrieb. Für ihn war sie eine »bornierte Querulantin«, und er mutmaßte, falls die »alte Fregatte« nicht schon zum Katholizismus übergetreten sei, so würde sie dies gewiß bald tun. Tatsächlich aber lag der Kaiserin nichts ferner als das (s. S. 66). Sie sah in den Kulturkampf-Maßnahmen einfach die Ergebnisse despotischer Willkürherrschaft.

So erreichte in den Jahren 1871–1878 die Gegnerschaft der beiden ihren letzten Höhepunkt. Wieder einmal glaubte jeder, im Recht zu sein. Doch diesmal siegte Augusta. Hartnäckig hatte sie auf Wilhelm eingeredet und endlich einmal Erfolge verbuchen können. Der größte war, daß die krankenpflegenden Orden von der ursprünglich geplanten Ausweisung verschont blieben (1875 wurde das Klostergesetz erlassen, das die Auflösung aller Klostergemeinschaften außer der krankenpflegenden binnen sechs Monaten verfügte.) Dieser moralische Sieg zog weitere Kreise. Das Zentrum gewann immer mehr Anhänger, und zum Schluß mußte auch Bismarck die Grenzen staatlicher Macht im konfessionellen Bereich erkennen. Als er die politische Unterstützung des Zentrums im Reichstag brauchte, wurden die Zwangsmaßnahmen gegen die katholische Kirche seit 1878 bis auf einige Ausnahmen wieder abgebaut.

Bismarck hat diesen Kampf persönlich geführt und er hat ihn persönlich verloren. Auch wenn ihn die Nachgiebigkeit des Kaisers verbitterte und er sich im Stich gelassen fühlte, verraten von dem Mann, dem er so lange treu gedient hatte –, seinen Zorn ließ er an der Kaiserin aus. Zum wiederholten Male hetzte er die Presse auf sie, und wenn es nur eben möglich war, mied er Besuche bei Hof, um seine »Todfeindin« nicht zu Gesicht zu bekommen.

Doch dann geschah, was niemand für möglich gehalten hätte: In Augustas letzten Lebensjahren sollte es schließlich doch noch zu einer Annäherung an Bismarck kommen, und sie mußte sich eingestehen, daß sie den nunmehrigen Reichskanzler nicht immer ganz richtig eingeschätzt hatte: Er war nicht nur der »Unheilvolle«, der einen Krieg nach dem anderen vom Zaun brach. Die Reichsgründung hatte seinerzeit viele Beobachter in Sorge versetzt. Sie fürchteten, Deutschland werde seine Kraft künftig zur Unterwerfung Europas einsetzen. Bislang war es Bismarck nicht gelungen, diese Bedenken zu zerstreuen. Nun aber sollte er Gelegenheit erhalten, seine Worte, Deutschland sei »saturiert«, durch eine große Vermittlungsaktion zu beweisen.

1878 fand in Berlin ein Kongreß zur Lösung der Balkanfrage statt. Der Balkan war schon damals ein Pulverfaß gewesen. Im Kampf gegen die Türken versuchten Serben und Bulgaren, die nationale Selbständigkeit zu erlangen, unterstützt von Rußland, das den »kleinen slawischen Brüdern« beistehen wollte. 1877 erklärte es der Türkei den Krieg, und russische Truppen marschierten bis vor die Tore Istanbuls. Das wiederum beunruhigte die Engländer, die eine Ausdehnung des russischen Machtbereichs bis in die Ägäis fürchteten. Auch Österreich-Ungarn war nicht bereit, eine solch weitgehende Ausdehnung hinzunehmen. Es drohte ein unübersehbarer europäischer Krieg –

bis es Bismarck 1878 auf dem Berliner Kongreß gelang, als »ehrlicher Makler« des Friedens Lösungen vorzuschlagen, die die Verhältnisse auf dem Balkan schließlich neu ordneten.

Das Ergebnis dieses Kongresses überzeugte nicht nur die europäischen Nachbarn von der Richtigkeit der Erklärung Bismarcks, Deutschland sei »saturiert«. Auch Augusta erkannte den Friedenswillen ihres Gegners und war schließlich sogar bereit, die Leistungen dieses »genialen Staatsmanns«, wie sie selbst sagte, doch noch anzuerkennen.

Was sie aber im Grunde dazu bewog, näher an Bismarck heranzurücken, hatte weniger mit der Politik des Reichskanzlers zu tun als vielmehr mit innerfamiliären Komplikationen, die sich seit den 70er Jahren verstärkten.

Gegensätze – Augusta und das Kronprinzenpaar

Als Wilhelm 1861 den preußischen Thron bestiegen hatte, war er bereits 63 Jahre alt gewesen, und die Ansicht war weit verbreitet, daß er nicht mehr lange regieren würde, zumal sich erste gesundheitliche Probleme einstellten. Man blickte daher erwartungsvoll auf seinen Sohn, den Kronprinzen Friedrich Wilhelm, die Hoffnung der Liberalen und damit auch die Hoffnung Augustas. Fritz hatte ebenso wie seine Frau Vicky eine liberale Erziehung genossen, und beide, so die weitverbreitete Ansicht, würden in nicht mehr allzu ferner Zukunft die Pläne für eine konstitutionelle Modernisierung Preußens in die Tat umsetzen. Augusta hatte da freilich von Anfang an ihre Zweifel gehabt, ob ihr Sohn wirklich der Richtige für diese schwierige Aufgabe sein würde. Er schien ihr einfach nicht intelligent genug zu sein, zu schwach und zu wankelmütig. Diese Auffassung hatte er in seiner langen Kronprinzenzeit nur allzu sehr bestätigt. Fritz war ein Mensch, der es allen recht machen wollte. Er wollte liberal sein, dabei aber gleichzeitig die Konservativen nicht verprellen. »Profil« hatte er in all den Jahren nur wenig gezeigt. Ob er jemals ein guter Kaiser werden würde, schien Augusta mittlerweile mehr als fraglich – eine Auffassung, die auch von Bismarck geteilt wurde, der den Thronfolger schonungslos als »Kretin« bezeichnete. Auch ihm schien er zu einfältig zu sein, in politischen Fragen zu wenig urteilsfähig – und vor allen Dingen völlig abhängig von den Meinungen und Einflüsterungen seiner klugen englischen Gemahlin. Bismarck hatte dieser Verbindung ohnehin von Anfang an skeptisch gegenübergestanden, während Augusta seinerzeit große Hoffnungen an die Ehe ihres Sohnes mit Vicky geknüpft hatte. Damals freilich hatte sie auch noch geglaubt, die knapp 18jährige junge Frau nach ihren Wünschen und Vorstellungen »zurechtbiegen« zu können, denn, so schrieb sie auch an ihren Bruder, Vickys Erziehung sei doch sehr vernachlässigt worden. Jedoch erwies sich der Glaube, die Schwiegertochter »erziehen« zu können, schon bald als fataler Irrtum. Die junge Frau, begabt und sehr frühreif, war ausgesprochen selbstbewußt, im Grunde genommen ähnlich wie Augusta im gleichen Alter. Der Unterschied aber war, daß Vicky und Fritz einander in zärtlicher Liebe zugetan waren und der junge Ehemann scheinbar alles, was sie sagte und tat, bewunderte. Jede Einmischung Augustas erschien beiden überflüssig und unerwünscht, was diese wiederum kränken mußte, wollte sie doch wieder nur ihre »Pflicht« erfüllen.

Zunächst aber war das Verhältnis noch weitgehend ungetrübt, auch politisch vertrat man die gleichen Ansichten und verfolgte dieselben Ziele. Doch die anfängliche Harmonie zeigte schon bald erste Risse. Dabei hatten Augusta und Vicky so manches gemeinsam: ihre Intelligenz, ihren Ehrgeiz und nicht zuletzt ihren Haß auf Bismarck. Diametral verschieden war jedoch ihr Temperament. Die Ältere war eine unsinnliche, schwermütige Pessimistin, die Jüngere hingegen eine vitale, sinnenfrohe Natur, durchaus natürlich, frisch und herzlich.

Die Unstimmigkeiten zwischen den beiden Frauen begannen mit Takt- und Etikettenfragen und der Erfüllung bzw. Nicht-Erfüllung bestimmter Pflichten. Trotz ihrer liberalen Einstellung in politischen Dingen bestand Augusta stets auf strenger Etikette, während Vicky offiziellen Anlässen hin und wieder einfach fernblieb – ein Verhalten, das ihre Schwiegermutter aufs schärfste mißbilligte. Später kam es zu weiteren Differenzen, beispielsweise als Vicky, entgegen preußischer Tradition, ihre Kinder selbst stillte, oder als Prinz Wilhelm auf ein öffentliches Gymnasium nach Kassel geschickt wurde. Hinzu kamen religiöse Unstimmigkeiten. Vicky war in Augustas Augen zu »freidenkerisch« eingestellt, und sie warf ihr – wenn auch zu Unrecht – »Religionslosigkeit« vor, die sich auch auf ihren Sohn zu übertragen schien. Eine Berliner Zeitung berichtete am 7. März 1880 im Zusammenhang über die freizügige religiöse Einstellung von Vicky: »Es ist durchaus nicht unwahrscheinlich, daß es zu heftigen Auseinandersetzungen zwischen den beiden hohen Damen gekommen sein mag. Dem Kronprinzen fiel als gutem Sohn einerseits und als Gatte andererseits das schwierige Vermittlungsamt zu, und es scheint, daß doch die Gefühle des Gatten stärker gewesen sind ...« Als Vicky schließlich bald darauf das 1881 erschienene Buch »Staat und Kirche« des Italieners Marco Minghetti ins Deutsche übersetzte, ein Buch, das für die entschiedene Trennung von Staat und Kirche eintrat, wird Augusta dies als Schlag ins Gesicht empfunden haben. Langsam, aber stetig, war die Entfremdung zwischen den beiden Frauen gewachsen, auch die Entfremdung zwischen Mutter und Sohn, der seine Frau schier anzubeten schien. Sie sei, so schrieb Fritz in seinem Tagebuch, sein »ganzes einziges irdisches Glück«. Augusta war, mochte sie es sich auch nicht eingestehen, eifersüchtig auf das Glück, das Vicky zuteil wurde und das sie selbst auch nie ansatzweise hatte genießen können. Gleichermaßen war sie verbittert, daß ihr die Schwiegertochter den Sohn entfremdet hatte.

Von seltener Harmonie war hingegen Augustas Verhältnis zu ihrem Enkel Wilhelm, dem späteren letzten deutschen Kaiser. Augusta hat im Leben des jungen Prinzen eine ganz besondere Stellung eingenommen: »Das schönste Verhältnis«, schrieb Wilhelm später in seinen Erinnerungen, »das man sich zwischen Großmutter und Enkel vorstellen kann, hat mich mit Kaiserin Augusta verbunden; es war, möchte ich sagen, so innig, wie man es in Romanen liest ... Nicht nur, daß sie mich außerordentlich verzogen und vorgezogen hat, wie das die richtigen alten Großmütter so gerne tun, sie hat sich auch um meine geistige Entwicklung in der gütigsten Weise bekümmert ...«

Fatalerweise aber wurde Wilhelm zu einem Instrument im Familienkonflikt. Denn während seine ehrgeizige Mutter Vicky ständig etwas an ihrem Sohn auszusetzen hatte und permanent an ihm herumkritisierte, nahm Augusta den Enkel so, wie er war, und gab ihm nicht das Gefühl, ein Versager zu sein. Und je mehr er sich von seinen Eltern entfremdete, desto enger rückte er an die Großeltern heran. Vornehmlich Augusta hat er all die Jahre oft und gerne besucht und stets rege mit ihr korrespondiert, während sowohl seine Mutter als auch seine spätere Frau oft vergeblich auf ein paar Zeilen von ihm warteten.

Es ist nicht ganz klar, ob Augusta bewußt dazu beigetragen hat, die Kluft zwischen Wilhelm und seinen Eltern zu vergrößern. Sie hat sich jedoch nachweislich nicht darum bemüht, in diesem Konflikt zu vermitteln. Und je mehr sie davon überzeugt war, daß sich ihr Sohn nicht zum Kaiser eigne, desto mehr neigte sie zu der Ansicht, der 1859 geborene Wilhelm sei der eigentliche geeignete künftige Monarch – eine Ansicht, die in gleichem Maße von Bismarck vertreten wurde, der auf den jungen Wilhelm großen Einfluß ausübte.

So war Augusta am Ende ihres Lebens doch noch in das politische Lager ihres Gegners übergewechselt. Ihm legte sie das Wohl des Enkels ans Herz, und mit ihm wünschte sie, daß Wilhelm I. ein Wilhelm II. folgen möge. In den letzten Jahren ihres Lebens schien der Haß auf Bismarck vergessen zu sein. In ihrem letzten Brief, den sie an Bismarck schrieb, heißt es:

Baden Baden, den 24. Dezember 1888
Lieber Fürst!
Wenn ich diese Zeilen an Sie richte, so ist es nur, um an dem Wendepunkt eines ernsten Lebensjahres eine Pflicht der Dankbarkeit zu erfüllen. Sie haben unserem unvergeßlichen Kaiser treu beigestanden und meine Bitte der Fürsorge für seinen Enkel erfüllt. Sie haben mir in bitteren Stunden Teilnahme bewiesen, deshalb fühle ich mich berufen, Ihnen, bevor ich dieses Jahr beschließe, nochmals zu danken und dabei auf die Fortdauer Ihrer Hilfe zu rechnen, mitten unter den Widerwärtigkeiten einer vielbewegten Zeit. Ich stehe im Begriff, den

Jahreswechsel im Familienkreise still zu feiern, und sende Ihnen und Ihrer Gemahlin einen freundlichen Gruß.
Augusta

»Nur ihre Energie erhält sie aufrecht ...«

Im Juni 1881 – Augusta hatte fast ihr siebtes Lebensjahrzehnt vollendet – zog sie sich bei einem Sturz derart schwere Verletzungen zu, daß sie sich nie wieder davon erholen sollte. Von nun an konnte sich Augusta nur noch an Krücken fortbewegen, meist jedoch saß sie im Rollstuhl. Zum Rheuma, das sie schon seit Jahren quälte, kamen in den 80er Jahren verschiedene Krebsleiden und die Parkinsonsche Krankheit hinzu, und mehr als einmal meinte der Leibarzt: »Eigentlich müßte die Kaiserin schon längst tot sein, nur ihre Energie hält sie aufrecht und der Wunsch, dem Kaiser bis zuletzt zur Seite zu stehen.« 1882 schrieb ein Vertrauter: »Die Kaiserin scheint der Auflösung entgegenzugehen.«

Doch nach wie vor erfüllte Augusta ihre Pflichten noch mit der gleichen Energie wie in den Jahren zuvor, zwar stets im Kampf mit ihrem gebrechlichen, schmerzenden Körper, geistig aber nach wie vor ausgesprochen rege – und ganz die »geborene Majestät«. Den Hang zu prachtvollen Roben hat sie bis an ihr Lebensende beibehalten, auch wenn sie bisweilen reichlich grotesk aussah, weil sie ihren ausgezehrten Körper mit Gold und Edelsteinen behängte und sich übertrieben schminkte. Ein Beobachter der Feierlichkeiten zum 90. Geburtstag Wilhelms I. 1887 beschrieb Augusta als »ein Wesen, halb Gerippe, halb Hexe, das man aus dem Grab geholt, zweimal geknickt, bemalt und mit Edelsteinen bedeckt hatte«. Und doch rühmte er gleichzeitig »die Schärfe des Geistes und ihrer Zunge«. Aber der »Feuerkopf« war ruhiger geworden. So glätteten sich in den letzten Jahren auch endlich die Wogen ihrer Ehe. Die politischen Meinungsverschiedenheiten hatten sich abgeschwächt, man verstand sich und stützte sich nun gegenseitig. Die letzten Ehrendamen der Kaiserin hatten den Eindruck eines »sich rührend liebenden alten Ehepaares« und wollten kaum glauben, daß es früher einmal anders gewesen war.

Nur das Verhältnis zu Sohn und Schwiegertochter verbesserte sich nicht, im Gegenteil. Als sich in den Jahren 1887 und 1888 die Menschen in ganz Deutschland um den an Kehlkopfkrebs erkrankten Kronprinzen sorgten, hatte sich Augusta ihrem Sohn schon weitgehend entfremdet. In ihren Briefen an den Bruder erwähnt sie die tödliche Krankheit des Thronfolgers kaum mit einem Wort. Gewiß wird auch sie sich gegrämt haben, doch letztlich hielt sie Fritz für einen unfähigen Kaiser und hat sich deshalb im Interesse Deutschlands und der Dynastie seine Genesung im Grunde ihres Herzens nicht gewünscht – was sie gelegentlich auch unmißverständlich zwischen den Zeilen angedeutet hat.

Am 9. März 1888 starb Kaiser Wilhelm I., nach nur 99 Tagen folgte ihm der sterbenskranke Sohn Friedrich III. in den Tod. Augusta erfuhr von der traurigen Nachricht im fernen Baden-Baden, wo sie wieder einmal zur Erholung weilte.

Mit nur kurzer Unterbrechung war Wilhelm I. tatsächlich Wilhelm II. gefolgt. Augustas Wunsch hatte sich damit erfüllt, ihre Aufgabe war beendet. Sie lebte noch achtzehn Monate, in denen sie nach wie vor Gäste empfing und Audienzen erteilte, gleichwohl aber zunehmend dahinsiechte.

Augusta starb am Nachmittag des 7. Januar 1890 und fand ihre letzte Ruhestätte im Mausoleum im Park von Schloß Charlottenburg neben Wilhelm I. Vor ihrer Beisetzung hatte man sie blumenumgeben aufgebahrt, und Vicky schrieb über die tote Kaiserin: »Man hätte denken können, sie wollte gerade zu einem Fest gehen; ihr Gesicht war ruhig und friedlich und sah jünger aus. Sie schien keine Falte zu haben; die Augen, die einen so durchdringend anzublicken pflegten, waren geschlossen; dies gab ihr einen freundlicheren Ausdruck, als ich ihn jemals im Leben an ihr gesehen habe. Ihr falsches Haar lag in Locken um ihre Stirn, die Linie der Augenbrauen und Wimpern war sorgfältig wie im Leben gemalt – ein großer Myrtenkranz lag um ihren Kopf, um den ein breiter Tüllschleier arrangiert war, der bis über ihr Haupt, ihren Nacken und ihre Schultern fiel und ihr Kinn verbarg; ihre Hände waren gefaltet, daran Armbänder und Ehering. Das Kleid mit der goldenen Schleppe und Hermelinbesatz, das sie zur Feier ihrer Goldenen Hochzeit getragen hatte, war sehr gut um ihren Körper und ihre Füße gelegt und floß weit über die vor dem Sarg befindlichen Stufen herab. Sie sah wirklich prachtvoll und wie eine ganz junge Frau aus. Sie war ›die Kaiserin‹ selbst im Tode und mit allem Prunk und aller Feierlichkeit umgeben, die sie so sehr liebte.«

Ein langes Leben hatte sich damit vollendet, ein Leben freilich, über dem kein Glücksstern gestanden hatte. Auch der Komet (Biela, so benannt nach seinem Entdecker), der damals in der Nacht ihrer Geburt am Himmel gestrahlt hatte, war schon vor einem halben Jahrhundert in zwei Teile zerbrochen.

VICTORIA: »KAISERIN FRIEDRICH«

Gemahlin Kaiser Friedrichs III.

Victoria von England

* 21. 11. 1840 in London
⚭ 25. 1. 1858 mit Friedrich Wilhelm von Preußen,
Dt. Kaiser und König 1888
† 5. 8. 1901 in Kronberg/Taunus

»Es ist nicht zuviel behauptet, wenn man sagt, daß meine Mutter eine hochbegabte Frau voller Ideen und Initiative gewesen ist, daß die Schuld aber nicht nur bei den anderen gesucht werden darf, wenn sie nicht das Verständnis gefunden hat, das sie wohl verdient hätte. Ich bin jedoch überzeugt, daß eine spätere Geschichtsschreibung ihr einmal voll die Anerkennung zuteil werden lassen wird, die ihr im Leben versagt geblieben ist – versagt, wie so manches andere ...«

Wilhelm II.
in: Aus meinem Leben

STAMMTAFEL

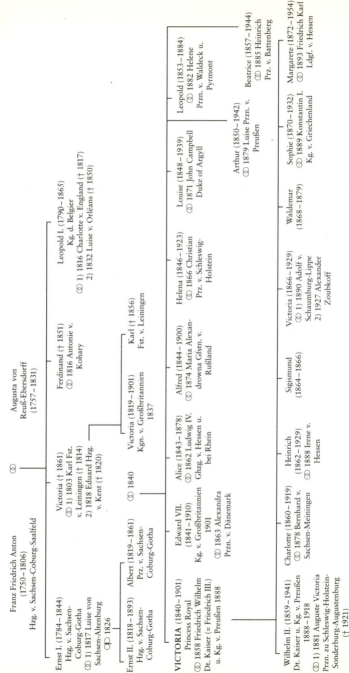

Vicky – »der Kopf eines Mannes und das Herz eines Kindes«

»Ein hübsches kleines Spielzeug«

Als die kleine Princess Royal am 20. November 1840 nach zwölfstündigen Wehen endlich das Licht der Welt erblickt hatte, war die Mutter, Queen Victoria von England, zunächst einmal froh, eine lästige dynastische Pflicht erledigt zu haben, gleichwohl aber enttäuscht, daß es »nur« ein Mädchen geworden war. Auch wenn sie in den folgenden Jahren noch acht weiteren Kindern das Leben schenken sollte, sah sie im Gebären ganz unumwunden die »Schattenseite« der Ehe, waren Kinder für sie eine Art unvermeidliches »Nebenprodukt« und rangierten in ihrer Zuneigung erst lange nach dem über alles geliebten Gatten, ihrem »Engel-Albert« aus dem Hause Sachsen-Coburg-Gotha.

Kinderlieb war die Queen nie. Ohne Umschweife gab sie zu, sie fände alle Babys häßlich, sie sähen aus wie kleine Frösche. Folglich weigerte sie sich auch, die kleine »Pussy«, wie Tochter Victoria anfangs genannt wurde, zu stillen – königliche Mütter, so befand sie, sollten keine Milchkühe sein. Eine Amme wurde engagiert, die nur zweimal am Tag mit dem Baby zu ihr kam. Sechs Wochen vergingen, bis die Queen zum ersten Mal zuschaute, wie ihr Töchterchen gebadet wurde. Erfreut stellte sie dabei fest, daß die Kleine Fortschritte gemacht hatte und nun keine Ähnlichkeit mit einem Frosch mehr aufwies. Das Kind sei jetzt, bemerkte sie mit Genugtuung, »ein hübsches kleines Spielzeug«. Intensivere mütterliche Gefühle indes wollten sich offenbar nicht einstellen: In ihrem Tagebuch nannte sie die kleine »Pussy« stets sachlich »das Kind«.

Es war ein Glück für die kleine Prinzessin, daß zumindest Albert ein überaus begeisterter Vater war, der sich im Kinderzimmer blicken ließ, sooft es seine Zeit nur erlaubte. Belustigt darüber, schrieb die Queen ihrem Onkel Leopold, dem König von Belgien: »Es würde Dich amüsieren zu sehen, wie Albert mit ihr im Arm tanzt. Er würde ein treffliches Kindermädchen abgeben (ich nicht, sie ist mir viel zu schwer zu tragen), und sie scheint so glücklich, wenn sie zu ihm kann.« Das war nur wenige Wochen nach »Pussys« Geburt, doch Albert verfolgte auch weiterhin fasziniert die Entwicklung seiner kleinen Tochter, die ganz erstaunliche Fortschritte machte. So war bereits die Dreijährige in seinen Augen »ganz eine kleine Person«, und nicht ohne Stolz konnte er bald berichten: »Sie spricht Englisch und Französisch mit großer Geläufigkeit und in gewählten Ausdrücken.«

Spötter haben mitunter eingeworfen, Albert sei gar nichts anderes übriggeblieben, als sich der Kindererziehung zu widmen, war er doch von der Teilnahme am politischen Geschehen so gut wie ausgeschaltet. Mochte das auch seine Richtigkeit haben – Alberts Liebe zu dem Kind und sein Interesse an ihrer Entwicklung waren durchaus echt, und die kleine »Pussy« spürte das. Schon früh begann sie, den Vater ebenso zu bewundern, wie es die Mutter tat. Mit einem Anflug von Eifersucht bemerkte die Queen einmal: »Du bist ganz Deines lieben, geliebten Papas Kind.« Tatsächlich hing die Kleine nicht nur mit zärtlicher Liebe an ihrem Vater, sie hatte auch dessen nachdenkliche Art geerbt, und als sie älter wurde, las und grübelte sie ebensosehr wie er. Nicht minder freilich war die Princess Royal das Ebenbild ihrer Mutter: klein, zäh, ungebärdig – und voller Lebenslust. Für die Queen Grund genug, ihre Älteste immer wieder zu tadeln, wenn Vicky, wie sie schon bald genannt wurde, ganz unmajestätisch laut lachte, das Essen in sich hineinschlang oder zum Entsetzen der königlichen Mutter »wie eine Ente watschelte«. Das Muster einer Lady war Vicky ganz offensichtlich nicht. Und mütterliche Kritik konnte sie erst recht nicht ertragen, nicht selten gab sie bissige Antworten und scharfe Widerworte. Das Verhältnis zu ihrer Mutter kann man durchaus als gespannt bezeichnen, Reibereien aller Art waren an der Tagesordnung, und das sollte sich auch erst nach Vickys

Heirat ändern. Auf jeden Fall aber verstand sie es wohl meistens, ihren Willen irgendwie durchzusetzen.

Gemeinsam mit der Mutter teilte sie eigentlich nur die unendliche Liebe und Verehrung für Vater Albert. »Er war der verständnisvollste, unparteiischste und liebevollste Vater«, schrieb sie später einmal, »er war zugleich der Freund und der Herr, immer ein Vorbild für die Lehren, die er einzuprägen suchte.«

Und Vicky lernte mit Fleiß und Vergnügen. Schon in dem frühreifen Kind konnte man erkennen, daß Albert hier eine kongeniale Partnerin heranwuchs. Sein Berater Stockmar, von dem in Kürze noch die Rede sein wird, hielt Vicky ebenfalls für ungewöhnlich begabt, in einigen Bereichen für fast genial. Tatsächlich brillierte sie auf nahezu jedem Gebiet, und als sie 14 Jahre alt war, durfte sie neben Alberts Schreibtisch sitzen und ihm bei seinen zahlreichen Tätigkeiten helfen. »Was sie von ihrem Vater lernt«, notierte die Queen damals, »macht auf sie einen viel tieferen Eindruck als alles andere.« Der stolze Albert indes befand, Vicky habe den Kopf eines Mannes und das Herz eines Kindes. Mit ihr konnte er reden, ihr bisweilen sogar sein Herz weiter öffnen als seiner Ehefrau: Vicky war gewissermaßen Alberts Alter ego. Ohne Zweifel hat er seine Älteste von allen neun Kindern (s. Stammtafel S. 106), die im Laufe von 21 Ehejahren geboren wurden, am meisten geliebt. Und doch stand er all seinen Töchtern und Söhnen viel näher als die Mutter, und das nicht nur, weil er mit ihnen spielte, ihnen vorlas, mitunter auch Schneemänner baute, rodelte oder Schlittschuh lief. Nur das Verhältnis zu seinem ältesten Sohn Bertie, der ein Jahr nach Vicky zur Welt kam, blieb nicht frei von Spannungen, denn bei dem kleinen Thronfolger griffen Alberts bewährte Erziehungsmethoden nicht. Der Junge stand stets im Schatten seiner »großen« Schwester, und wenngleich er sie liebte und bewunderte, so begann er doch schon bald, heftige Minderwertigkeitskomplexe ihr gegenüber zu entwickeln. Albert begriff zwar, daß sein Sohn kein großes Licht war, aber er wollte eines aus ihm machen, um ihn auf seine spätere schwere Aufgabe vorzubereiten. Leider wählte er bei Bertie die falschen Mittel, in dem er sich ironische Kritik nicht immer verkneifen konnte, oder, wenn er hin und wieder Berties Tagebuch las, sich über die vermeintlichen Belanglosigkeiten mokierte, die er darin zu entdecken glaubte. Er wollte den Sohn auf diese Weise anspornen und zu besseren Leistungen motivieren – was er erreichte, war freilich das genaue Gegenteil. Ihm war nicht bewußt, daß er den Jungen gegen sein Naturell erzog. Auch Albert machte den Fehler, den so viele Erzieher von Thronfolgern gemacht haben und den auch Vicky in nicht allzu ferner Zukunft machen sollte. Freilich war auch seine eigene Kindheit alles andere als glücklich gewesen, und als Deutscher hatte er in seiner neuen Heimat ohnehin keinen leichten Stand.

Onkel Leopolds Schachzüge

Die Hochzeit von Victoria (1819–1901), der damals jugendlichen Queen von England, mit ihrem Vetter Albert von Sachsen-Coburg-Gotha (1819–1861) im Jahr 1840 war zunächst einmal ein Schachzug des gemeinsamen Onkels Leopold (1790–1865) gewesen, der sich in jungen Jahren selbst ganz nah an den englischen Thron herangearbeitet hatte. 1816 hatte er Charlotte von England geheiratet, die einzige Tochter von George IV. (König 1820) und Karoline von Braunschweig-Wolfenbüttel, die Thronerbin also. Aus seiner Coburger Heimat hatte Leopold seinen Leibarzt mitgebracht, Dr. Christian Friedrich Stockmar, der an dieser Stelle etwas ausführlicher vorgestellt werden soll. Stockmar, später in den Freiherrenstand erhoben, war nämlich nicht nur Alberts wichtigster geistiger Ziehvater, er sollte später auch Vickys Leben nicht unmaßgeblich beeinflussen. 1787 in Coburg geboren und einer angesehenen Familie entstammend; hatte er von 1805 bis 1810 Medizin studiert und sich danach angeschickt, in seiner Heimatstadt als Arzt Karriere zu machen. Unterdessen aber hatten die Befreiungskriege begonnen, und Stockmar war als Oberarzt dem herzoglich-sächsischen Kontingent zugeteilt worden und schon bald zum Stabsarzt des 5. Armeecorps avanciert. Wieder daheim in Coburg, sah er dem beschaulichen Leben eines Kleinstadt-Arztes entgegen, als ihm Prinz Leopold anbot, als sein Leibarzt mit an den englischen Hof zu kommen. Stockmar überlegte nicht lange und sagte zu. Eine Stadt wie Coburg war zu klein für eine Kapazität wie ihn, zudem steckten in seinem Kopf nicht nur medizinische Kenntnisse.

Als Kind der Aufklärung war er in liberalen Studentenkreisen daheim gewesen, mit dem Dichter Friedrich Rückert (1788 – 1866) verband ihn eine enge Freundschaft. Nicht zu Unrecht fürchtete Stockmar daher, in einem Deutschland preußisch-Metternichscher Prägung seine Ideen und Fähigkeiten nicht entfalten zu können. In England, so hoffte er, würde er sie möglicherweise besser nutzen können, einem Land, in dem die Industrialisierung schon vor geraumer Zeit begonnen hatte.

Stockmar fand ein neues Zuhause in Claremont, einem Landsitz südlich von London, wohin sich auch Leopold und Charlotte nach ihrer Hochzeit 1816 zurückgezogen hatten. Das junge Paar war freundschaftlich mit »Stocky«, wie man ihn nannte, verbunden, doch die ländliche Idylle war nur von kurzer Dauer.

Nicht lange, und Charlotte wurde schwanger. Als Arzt betreute Stockmar zwar beide Ehegatten, doch nun brach er die Behandlung der Thronfolgerin ab. Leopold war zwar ein wenig verstimmt, aber Stockmars Entschluß war durchaus weise und weitsichtig gewesen. Es hätte Englands gesamten medizinischen Berufsstand, ja, die ganze Nation brüskieren müssen, hätte ein ausländischer Arzt das Wochenbett der künftigen Königin überwacht, und sollte gar etwas schiefgehen, dann war es klar, wem alle Schuld zugeschrieben werden würde. Es wurden also zwei englische Ärzte bestellt, und Stockmar hielt sich, wenngleich ihm deren Behandlungsmethoden nicht zusagten, bewußt abseits. So kam es zur Katastrophe: Charlotte lag 52 Stunden in den Wehen, ohne daß die beiden Ärzte andere Eingriffe als Aderlässe vorgenommen hätten, die damals noch immer als Allheilmittel galten. Die Thronfolgerin gebar schließlich ein totes Kind und verblutete selbst fünf Stunden nach der Geburt, woraufhin sich einer der behandelnden Ärzte erschoß.

Es war in jeder Hinsicht ein furchtbarer Schlag: für Leopold persönlich, für die englische Thronfolge – und für die eben noch so glänzenden Zukunftsaussichten des Hauses Coburg. Leopold war zutiefst verzweifelt, und Stockmar, der nun seine einzige Stütze war, mußte noch an Charlottes Totenbett versprechen, ihn fortan nicht mehr zu verlassen.

Stockmar war dem drei Jahre Jüngeren, was die geistigen Fähigkeiten betraf, zweifelsohne überlegen. Nun wurde er Leopolds Privatsekretär, Kanzleichef, Ratgeber – und sein Freund. Er überredete den unglücklichen Witwer, der eigentlich zurück nach Coburg wollte, zum Bleiben in England. Hier lebte auch Leopolds verwitwete Schwester Victoire mit ihrer kleinen Tochter Victoria (* 1819). Sie war in zweiter Ehe mit Edward, dem Herzog von Kent, verheiratet gewesen, der 1820 überraschend starb. Nun kümmerte sich Leopold um die kleine Nichte.

Unterdessen vertiefte Stockmar sein Interesse am Zeitgeschehen, er studierte Englands soziale Einrichtungen, seine Verfassungsprobleme und die über Jahre andauernde Diskussion einer Parlamentsreform. Aufmerksam verfolgte er zugleich die Vorgänge auf dem Kontinent, und in dieser Zeit rundeten sich seine liberalen Überzeugungen ab. Derart umfassend informiert, war Stockmar als Berater und Privatsekretär, als »graue Eminenz« allgemein anerkannt. Lord Melbourne meinte einmal: »Baron Stockmar ist nicht nur ein sehr guter Mann, sondern auch einer der gescheitesten, die mir je begegnet sind.« Leopold und er ergänzten sich vortrefflich, zumal sich nun auch auf politischem Parkett wieder manches zu bewegen schien.

1825 bot man Leopold die griechische Krone an, doch er zog, nachdem er wohl etwas vorschnell zugesagt hatte, seine Kandidatur umgehend wieder zurück, offensichtlich in der Befürchtung, daß das Pulverfaß Griechenland kein bequemes Dasein ermöglichen werde (s. auch S. 181 ff.). Doch schon bald sollte er eine weitere Chance bekommen: 1830 brach in Paris die Juli-Revolution aus, die auch im übrigen Europa hohe Wellen schlug.

Als der Wiener Kongreß seinerzeit das Königreich der Vereinten Niederlande konstruiert hatte, waren Holländer, Flamen und Wallonen bekanntlich nicht nach ihrer Meinung gefragt worden. Erwartungsgemäß erwies sich die Konstruktion als unhaltbar. Belgien erklärte sich nun für unabhängig.

Leopold wurde vom belgischen Parlament zum König gewählt und legte am 28. Juli 1831 den Eid auf die Verfassung ab. Schon bald zeigte sich, daß man eine gute Wahl getroffen hatte. Der neue König besaß die Fähigkeit, realistisch, nüchtern und einsichtsvoll zu regieren, und der junge belgische Staat konnte sich rasch festigen und auch wirtschaftlich entwickeln. Privat faßte Leopold ebenfalls wieder Fuß, auch wenn es eine der üblichen politischen Heiraten war: 1832 heiratete er die Tochter des französischen »Bürgerkönigs« Louis Philippe (König von 1830–1848), Louise, mit zwanzig Jahren nur halb so alt wie er. Frankreich murrte, mußte es doch nun seine territorialen Ansprüche auf Belgien endgültig begraben, doch in Belgien war man mit der Entwicklung mehr als zufrieden. Auch die königliche Ehe gestaltete sich harmonisch, vier Kinder gingen daraus hervor.

Stockmar hatte eine offizielle Stellung am belgischen Hof abgelehnt und war 1834 zu seiner Familie zurückgekehrt. Für einige Zeit beschränkte sich seine Beziehung zu Leopold auf eine intensive Korrespondenz, bis dieser begann, weiter an der Familienpolitik seines Hauses zu basteln.

Noch zwanzig Jahre zuvor war Coburg in Deutschland kaum ein Begriff gewesen, geschweige denn in Europa. Nun aber schickte sich das Haus an, zum »Gestüt Europas« zu werden, wie Bismarck später über die Coburger spotten sollte. Wenn daher Queen Victoria mit einigem Recht als »Europas Großmutter« gilt, dann darf auch Leopolds Name nicht ungenannt bleiben. In unserem Zusammenhang ist freilich nur eine Verbindung von Interesse, ein Eheprojekt, das der familienbewußte König im Jahr 1836 in Angriff nahm: sein Neffe Albert, zweiter Sohn von Leopolds Bruder Ernst I., sollte Leopolds Nichte Victoria heiraten, die kleine Halbwaise, die in England aufgewachsen war.

Stockmar erhielt den Auftrag, diesbezüglich zu sondieren, und wie Leopold war auch er der Ansicht, man müsse durch geschickte Familienpolitik das Ansehen des Hauses Coburg weiter festigen. Albert, der auserwählte künftige Bräutigam, war damals 17 Jahre alt und hatte eine unglückliche Kindheit hinter sich. Weil er ohne Mutter aufgewachsen war – Ernst I. hatte sich von seiner Gemahlin Louise nach der Geburt der Kinder getrennt –, fehlte ihm eine weibliche Bezugsperson, der Vater war ihm zeitlebens fremd, der lebensfrohe Bruder ganz anders geartet. Albert, ein ebenso gescheiter wie sensibler Junge, war ein sehr introvertiertes Kind gewesen, das die Natur liebte, Steine und Pflanzen sammelte. Stockmar war sich daher nicht sicher, ob Albert wirklich der richtige Mann für die Aufgabe war, die ihm sein Onkel Leopold in England zugedacht hatte. Doch die Zeit drängte, denn Heiratskandidaten für die junge Victoria gab es mehr als genug, seitdem sie, Tochter des vierten Sohnes Georgs III. (1738–1820), völlig unerwartet zur Thronerbin geworden war. Doch schon das erste Treffen der potentiellen Brautleute, das man 1836 arrangiert hatte, war zur allgemeinen Zufriedenheit verlaufen, und Victoria hatte ihrem Onkel geschrieben: »Albert ist außerordentlich hübsch ... Erlaube mir, liebster Onkel, Dir zu sagen, wie entzückt ich von ihm bin und wie er mir in jeder Hinsicht gefällt.« Leopold konnte also aufatmen. Kurz nach Victorias 18. Geburtstag starb am 30. Juni 1837 der englische König William IV., ihr Onkel. Mit seinem Tod endete die Personalunion mit dem Königreich Hannover, in dem nur männliche Erbfolge herrschte. Nun aber wurde Victoria mangels männlicher Thronprätendenten Königin von England. Daß sie einmal den Thron besteigen würde, hatte wohl kaum jemand geahnt. Fern vom Hof in einer mehr deutschen als englischen Umgebung aufgewachsen, hatte sie nicht mehr als die übliche konventionelle Erziehung eines jungen Mädchens aus aristokratischen Kreisen genossen. Ihr Vater Edward war bereits 1820 an einer Lungenentzündung gestorben, woraufhin Onkel Leopold so etwas wie Victorias Ersatzvater wurde. Der aber sorgte auch gleichzeitig für eine sorgfältige Ausbildung seines Neffen Albert und ließ ihn an der Bonner Universität Jura studieren.

Nun aber war es an der Zeit, daß die junge Queen einen Ehemann bekam. Albert hätte sich glücklich schätzen können, denn Victoria war unübersehbar in ihn verliebt, doch seine Gefühle waren eher nüchterner Natur. Im Grunde hatte er weder an England noch an seiner Königin besonderes Interesse, gleichwohl aber wollte er seine Pflicht erfüllen, auch wenn das nicht leicht sein würde. Schließlich war sein künftiges Heimatland keineswegs geneigt, die Begeisterung seiner Königin über den künftigen Gemahl zu teilen. Ein Parvenü, ein Prinz aus einem so unbedeutenden Ländchen schien für die Queen nicht genug zu sein. Und dennoch: Die Ehe, die am 10. Februar 1840 geschlossen wurde, sollte nun in ganz Europa zur Legende werden ...

Doch während Victoria gewissermaßen im siebten Himmel schwebte, bekam Albert schon bald die weniger angenehme Realität zu spüren. Er war ein ungeliebter Ausländer, und als solcher insbesondere beim englischen Adel schon bald ein Außenseiter. Der »Punch«, die beliebteste satirische Zeitschrift, wählte ihn zu seiner Zielscheibe und machte sich jahrelang über ihn lustig. Doch auch Albert verabscheute London mitsamt seinem Gesellschaftsrummel und der müßigen Aristokratie, die ihn wiederum verabscheute und als »over educated« abqualifizierte. All das ertrug er ohne erkennbare Gefühlsregungen, doch er fühlte sich unausgefüllt und unterfordert. Als Prinzgemahl fand er keine angemessene und sinnvolle Beschäftigung, und was die Politik anging, so ließ ihn seine königliche Gemahlin Victoria außen vor. Dabei steckten in Albert ganz ungewöhnliche Talente, und hinzu kam, daß Stockmar sein Berater geworden war.

Der »Coburger Plan«

Vickys Geburt neun Monate nach der Hochzeit gab Albert endlich die ersehnte Aufgabe: die Erziehung der Princess Royal und später auch die ihrer Geschwister. Gemessen an anderen europäischen Herrscherhäusern, führte die sich rasch vermehrende englische Königsfamilie ein erstaunlich »normales« Leben, insbesondere dann, wenn man den offiziellen Residenzen entfliehen konnte. Vicky wuchs also in einer vergleichsweise ungezwungenen Atmosphäre auf. Oft saß man abends gemeinsam im Salon, und Albert spielte Klavier, las vor oder zeigte der Familie wieder einmal ein neues Spiel, bisweilen vertrieb man sich auch die Zeit mit dem wohlbekannten »Blindekuh«. Gesprochen wurde Deutsch, was die Kinder alle fast ohne Akzent taten. Weihnachten wurde stets in Windsor gefeiert, und zwar ebenfalls nach deutscher Sitte, so wie es auch Queen Victoria von Kind auf gewohnt war. Viele kleine Tannenbäume wurden geschmückt: für die Kinder, die Eltern, die Queenmum, für das Personal, und es gab jede Menge Geschenke.

Auf der Isle of Wight besaß die Familie mit Schloß Osborne so etwas wie ein »Privathaus«, ihr eigentliches Heim, in dem man regelmäßig die Ferien verbrachte. Für die Kinder war eigens im Park ein »Schweizerhaus« erbaut worden, eine Blockhütte mit kleinen Räumen, in denen Vicky und ihre Geschwister sowohl spielen als sich anderweitig beschäftigen konnten. Während die Brüder gerne schreinerten, lernten die kleinen Prinzessinnen kochen und backen. Einer, der meist mit dem Hof mitwanderte, war Alberts Berater, Baron Stockmar. Im Buckingham Palace, in Windsor und Osborne standen ihm eigene Räume zur Verfügung, die ständig für ihn bereit waren. Er kam bis zum Winter 1856/57 – da war er 70 –, wann immer er gebraucht und gerufen wurde. Und er wurde oft gebraucht: mitunter als Arzt, dann wieder als politischer Ratgeber oder um einen Streit zu schlichten. Er war nicht nur ein einfacher Vertrauter, er war ein Hausfreund im besten Sinne des Wortes. Über Albert pflegte er zu sagen: »Ich habe ihn lieb wie einen Sohn.«

Im Jahre 1845 machte die königliche Familie einen Deutschlandbesuch, und natürlich gab es auch einen Abstecher nach Coburg, wo sich Stockmar meist den Sommer über aufhielt. Insbesondere Albert war froh, endlich einmal wieder in der Heimat, endlich einmal wieder »zu Hause« zu sein. Hier konnte er zudem mit Verwandten ausgiebig die deutschen Angelegenheiten erörtern, denn man lebte in einer unruhigen Zeit, und es galt, einige brennende Probleme zu lösen. In Deutschland war die nationale Frage nach wie vor ungelöst – es bestand aus 39 souveränen Einzelstaaten –, und man hatte zudem gerade erst begonnen, am industriellen Fortschritt teilzunehmen. Die meisten Länder, insbesondere Österreich und Preußen weigerten sich, ihrem Volk endlich eine Verfassung zu geben. Das waren die Probleme, die Albert beschäftigten und nicht nur ihn. Und so entstand in jenem Sommer der sogenannte »Coburger Kreis«, ein Zusammenschluß von Persönlichkeiten, die zum einen aktiv an der nationalen Einigung Deutschlands mitwirken, zum anderen aber eine deutsch-englische Allianz realisieren wollten, also ein enges Zusammengehen zwischen einem geeinten Deutschland und dem politisch fortschrittlichen England.

Zum Kern des »Coburger Kreises« gehörten neben Albert, seinem Bruder Ernst, seit 1844 Herzog von Sachsen-Coburg-Gotha, auch ihr Vetter Fürst Karl von Leiningen, Queen Victorias Halbbruder aus Victoires erster Ehe mit Karl Emrich Fürst zu Leiningen (1763–1814). Karl, in München Präsident der Ersten Kammer der Reichsräte, war einer der einflußreichsten Männer in Bayern, der 1848 für kurze Zeit Ministerpräsident werden sollte. Weitere Beteiligte waren natürlich Stockmar, daneben der preußische Gesandte in London, Freiherr von Bunsen, und mit gewissen Einschränkungen auch Onkel Leopold. Gemeinsam hatte man große Pläne. Zunächst einmal aber sollte Albert auf den preußischen König Friedrich Wilhelm IV. einwirken und ihn drängen, seinem Staat endlich eine verfassungsmäßige Grundlage zu geben und schließlich die Führung in Deutschland zu übernehmen. Eigentlich hätte man viel lieber auf das Haus Habsburg gesetzt, doch mußte man bald erkennen, daß mit Österreich nicht zu rechnen war. Politisch konservativ ausgerichtet waren beide Länder, doch in Preußen schien die Chance einer Liberalisierung in absehbarer Zeit größer zu sein. Doch Friedrich Wilhelm IV. war zwar ein Bewunderer des protestantischen England, schwankte jedoch unsicher zwischen Liberalität und konservativer Tradition hin und her. Als Taufpate von Bertie stand er England zwar nahe, problematisch war jedoch, daß er sich für ein Bündnis mit Rußland einsetzte und Rußland gerade dabei war, der stärkste Gegner des britischen Empire zu werden.

Große Hoffnungen hingegen setzte man in Kronprinzessin Augusta, die im folgenden Jahr, 1846, nach England reiste und schon bald zu einer treuen Bundesgenossin Alberts und engen Freundin der Queen wurde, die von der liberalen Weimarerin schon so mancherlei gehört hatte. Nach deren Besuch schrieb Victoria an Onkel Leopold: »Es wird gemunkelt, sie sei falsch, aber ... ich kann und will es nicht glauben. Ihre Lage ist sehr schwierig, sie ist zu aufgeklärt und liberal für den preußischen Hof, um keine Feinde zu haben; ich glaube aber, daß sie uns und unserer Familie eine Freundin ist, und ich bin der festen Meinung, daß ich in ihr eine Freundin habe, die uns von größtem Nutzen sein könnte.«

Zunächst aber einmal war das englische Königshaus bekanntlich von Nutzen für das preußische, denn während der 1848er Revolution hielt sich Kronprinz Wilhelm, Taufpate des kleinen Alfred (»Affie«), drei Monate lang am englischen Königshof auf, nachdem er daheim in Berlin seines Lebens nicht mehr sicher sein konnte (s. S. 60 f.). In England nun lernte er die königliche Familie näher kennen und schätzen, und auch die Kinder wuchsen ihm ans Herz. Ganz besonders aber hatte es ihm die kleine Vicky angetan, die schon jetzt auf ihre zukünftige Rolle auf europäischem Parkett vorbereitet wurde und zu den schönsten Hoffnungen Anlaß gab.

Derweil nutzte Albert die Gelegenheit, Wilhelm mit den Einzelheiten des »Coburger Plans« vertraut zu machen, dem Vorhaben, Preußen in eine konstitutionelle Monarchie nach englischem Vorbild umzuwandeln. Der Kronprinz hörte aufmerksam zu, stand den Ideen aber mit einer gewissen Skepsis entgegen. Und doch war er nachdenklich geworden.

Besuch aus Preußen –
die Weltausstellung 1851 in London

Unterdessen war Vicky zehn Jahre alt geworden und hatte – nicht zuletzt dank Alberts Bemühungen – alle in sie gesetzten Hoffnungen erfüllt und war ihrem Alter weit voraus. Albert freilich war in den Augen der Briten nach wie vor der ungeliebte Ausländer. Doch nun sollte er endlich Gelegenheit bekommen, seine Fähigkeiten der breiten Öffentlichkeit unter Beweis zu stellen: die Weltausstellung, die 1851 in London stattfand, war im wesentlichen sein Projekt.

»Die Weltausstellung von 1851«, erklärte Albert, »soll uns ein wahres und lebendiges Bild von dem Stand der Entwicklung, den die Menschheit erreicht hat, geben.« Ihr Thema war »Fortschritt«. Der Gedanke des Fortschritts spielte im 19. Jahrhundert eine große Rolle – und das nicht ohne Grund. Nie zuvor war das Bewußtsein des Menschen, Herr über die Welt zu sein, ausgeprägter gewesen. Die Menschen sahen sich plötzlich einer erregenden neuen Zeit gegenüber, wie ihre Großeltern sie sich nicht hätten vorstellen können, einer Welt aus Eisen, Dampf, Maschinen, Eisenbahnen und Telegraphendrähten. Jeden Tag, so schien es, erweiterten neue wissenschaftliche Erkenntnisse das Wissen der Menschen von der Welt, und auch in der Bekämpfung von Krankheiten stand die Medizin vor großen Fortschritten. Hier hatte auch Queen Victoria gewissermaßen Pionierarbeit geleistet: Ebenso wie sie als erste der königlichen Familie geimpft worden war, ließ sie sich auch als erste unter Chloroform entbinden – bei der Geburt von Leopold 1853 – und machte damit die schmerzfreie Geburt in den Augen ihrer Umwelt achtbar.

Es schien, als gäbe es keine Grenzen für den menschlichen Erfindungsgeist, der sich auf dieser Weltausstellung manifestierte. Das erste, was dem Besucher ins Auge fiel, war das ungewöhnliche Ausstellungsgelände. Joseph Paxtons berühmter Kristallpalast umfaßte 77 000 Quadratmeter des Hyde Parks. An die 300 000 Glasscheiben waren in mehr als 5000 Säulen und Träger eingelassen. Und nicht nur die Ausstellung in seinem Inneren, auch der Kristallpalast selbst war Ausdruck der führenden Rolle Großbritanniens im industriellen Zeitalter.

Auch Prinz Wilhelm von Preußen und seine Familie waren zu Besuch gekommen, um die Ausstellung zu bewundern. Die zehnjährige Vicky wurde mit der Aufgabe betraut, den Sohn Friedrich Wilhelm, genannt Fritz, durch die Ausstellung zu führen, nachdem sie zuvor von ihrem Vater gründlich über die Technik der zahllosen Ausstellungsobjekte unterrichtet worden war. Besonders interessant waren für den jungen Preußen natürlich die deutschen Erzeugnisse, zum Beispiel die isolierten Telegraphendrähte von Werner Siemens, durch die die Verlegung eines transatlantischen Kabels ermöglicht wurde, oder eine sechspfündige gegossene Stahlkanone von Alfred Krupp aus Essen. Diese Kanone war mit einer Goldmedaille ausgezeichnet worden und erwies sich nun als Zuschauermagnet, freilich eher als Kuriosität. 1851 wurden in Europa Kanonen noch aus Bronze oder Eisen gegossen, und Krupp konnte für seine Erfindung keinen Käufer finden. Noch ahnten wohl nur wenige, in welchem Maße sie die Kriegstechnik revolutionieren sollte.

Doch Vicky zeigte ihrem interessierten Besucher noch mehr Erstaunliches, wie beispielsweise ein »Alarm-Bett«, das den Schläfer jederzeit aus dem Bett heraus in ein kaltes Bad schleudern konnte, einen preußischen Ofen in Form eines Ritters in voller Rüstung und nicht zuletzt den sagenhaften Kohinoor-Diamanten, der in einem einbruchsicheren Kasten aus vergoldetem Stahl aufbewahrt wurde und mehr wert sein sollte als die gesamte übrige Ausstellung. Mit einigem Recht konnte Vicky stolz auf ihren Vater und auf ihr Land sein, denn was sie Fritz hier zeigte, war nicht zuletzt ein Beweis für die britische Vorrangstellung. Tatsächlich war der 20jährige Preußenprinz von dem, was er sah, schier überwältigt, Englands Macht und Größe hätten ihm nicht eindrucksvoller vorgeführt werden können.

England hatte nicht nur seine eigene Industrie aufs höchste entwickelt, es beherrschte überdies auch ein Drittel des Welthandels. Mit zahlreichen Wasserwegen im Inneren des Landes und dem Zugang zur See verfügte Großbritannien über billige und bequeme Transportmöglichkeiten, um die Rohmaterialien, die ihm fehlten, einzuführen und die Waren, die es produzierte, nach allen Häfen der Welt zu verschiffen. Doch abgesehen von den natürlichen Gegebenheiten, herrschten auf dem Insel-Königreich auch günstigere soziale und politische Voraussetzungen als auf dem Kontinent, wo bis zum Ende des 18. Jahrhunderts noch die Zünfte das Sagen gehabt hatten, Preise diktierten, Neuerungen verhinderten und die Freizügigkeit der Arbeiter einschränkten.

Doch mochte Fritz auch von dem, was ihm seine kleine Führerin zeigte und erklärte, überaus beeindruckt gewesen sein – noch faszinierender fand er zweifelsohne das junge Mädchen selbst. Vor seinem ersten Besuch in London hatte er sich bemüht, möglichst gut Englisch zu lernen, und hatte die Princess Royal auch in ihrer Muttersprache angeredet – woraufhin sie ihm in fließendem Deutsch antwortete. Und wie gut man sich mit ihr unterhalten konnte! Den Altersunterschied von nahezu zehn Jahren schien es überhaupt nicht zu geben.

Noch vier Wochen blieb die Hohenzollern-Familie in England, und die letzten Tage verbrachte man gemeinsam mit Victoria, Albert und den Kindern auf Schloß Osborne. Hier fiel Fritz der Unterschied zu den vergleichsweise ungemütlichen Schlössern daheim in Preußen noch mehr ins Auge, ebenso wie der natürliche und ungezwungene Umgang, den man miteinander pflegte. Mit Wohlgefallen betrachteten die Queen und Augusta ihre beiden Ältesten, ein höchst ungleiches Paar: der hochgewachsene Fritz und die kleine und eher pummelige Vicky. Doch beide verstanden sich ausnehmend gut und schienen nahezu pausenlos in intensive Gespräche vertieft zu sein. Man freute sich, daß sich die beiden so gut verstanden – und insgeheim dachte man schon weiter.

Nach vier Wochen galt es Abschied zu nehmen, doch die Familien blieben in ständigem Briefkontakt. Nicht nur die Queen und Augusta korrespondierten eifrig miteinander, auch Vicky schrieb ihrem neugewonnenen Freund aus England: »von Deiner Dich liebenden, ganz ergebenen Vicky«, woraufhin Fritz umgehend antwortete: »Ich denke immer an das schöne Osborne und London, wo ich mit Euch so schöne Stunden verlebte. Dein Dich liebender Friedrich Wilhelm.«

Die »Coburger« aber waren voller Hoffnung, die geplante preußisch-englische Allianz in nicht mehr allzu ferner Zukunft mit einem preußisch-englischem Ehebündnis besiegeln zu können.

Die neue Heimat

Heimliche Verlobung

Doch in den nächsten Jahren zogen dunkle Wolken am politischen Horizont auf, die den »Coburger Plan« ernsthaft bedrohten: der Krimkrieg 1854–1856. Während Rußland die Gründung selbständiger Balkanstaaten und die Herrschaft über die Meerengen anstrebte, sah England seine Mittelmeerstellung aufs schärfste bedroht und stieg gegen den ausdrücklichen Willen des Königspaares in den Krieg ein, mit Frankreich als willkommenem Helfer, während Preußen Rußland die Stange hielt. Der Wind blies den »Coburgern« damit heftig ins Gesicht, nur die Queen schrieb voller Zuversicht: »Ich glaube aber, es werden auch wieder bessere Zeiten kommen« – und sie sollte recht behalten.

Unterdessen war Vicky vierzehn Jahre alt geworden, brillierte mit überdurchschnittlicher Intelligenz, umfassendem Wissen und rascher Auffassungsgabe. Mit klopfendem Herzen bereitete sie sich auf das bevorstehende Wiedersehen mit Friedrich Wilhelm vor, der nach vier Jahren zum ersten Mal wieder englischen Boden betreten sollte. Ob sich seine Zuneigung zu der damals noch kindlichen Vicky wohl verändert haben mochte? Doch auch Fritz war nicht minder aufgeregt, als er am 14. Oktober 1855 in Schottland eintraf. Hier, dicht am Dee-Fluß im schottischen Hochland, war soeben das neue Schloß Balmoral fertig geworden, wie Osborne Feriensitz der englischen Königsfamilie. Noch am selben Abend schrieb Fritz seinen Eltern: »Um halb 7 sind wir hier eingetroffen, von der Königin in Begleitung sämtlicher Kinder an der Haustür mit der gewohnten Gnade und Freundlichkeit empfangen. Der Prinz kam mir drei Stunden entgegen.

Princess Royal hat sich sehr formiert, und obwohl nicht viel

größer als die Königin, sieht sie doch viel hervorragender aus wie sie. Ihr Ausdruck ist seelenvoll und spricht von Verstand; besonders viel sagen die Augen; Haltung und Gang sind sehr graziös, ohne gemacht zu sein. Kurz, das ganze Auftreten ist vorteilhaft und zeigt ein Gemisch kindlicher Unbefangenheit wie einiger Gewohnheit, sich unter Menschen zu bewegen.«
Der Abend verlief in gewohnt ungezwungener Atmosphäre, man hatte sich viel zu erzählen, und sowohl Fritz als auch Vicky konnten erleichtert feststellen, daß ihre gegenseitige Sympathie auch nach vier Jahren noch gleich groß war. Fritz fand Vicky ganz »allerliebst«, wie er seinem Tagebuch anvertraute.

Auch die Eltern konnten aufatmen. Die Queen hatte nämlich schon befürchtet, ihre älteste Tochter sei dem schmucken Preußenprinzen möglicherweise nicht hübsch genug, doch davon konnte gar keine Rede sein. »Wenn sie nur wachsen wollte«, notierte dieser in sein Tagebuch, »sie ist merkwürdig stark für ihr Alter, was sie erwachsener aussehen läßt.« Ansonsten aber war er »ganz entzückt von der Unterhaltung, die so unbefangen und natürlich ging, bei ihrem allerliebsten Ausdruck«. Und zwei Tage später, am 18. September: »Princess Royal drückt mir immer mit großer Herzlichkeit die Hand morgens und abends und sehr fest; es ist viel Anmut in ihrem Wesen, und das Kindliche an ihr gefällt mir. Nie hätte ich sie wiedererkannt, wenn ich an 1851 denke, denn besonders der Mund ist viel hübscher geworden und geschlossener. Der Königin sieht sie gar nicht ähnlich, und ohne eine Beauté zu sein, finde ich ihre Züge, so wie ich's gern habe bei jemandem, auf dessen brillierendes Äußeres es nicht ankommt...«

Am 20. September bat er endlich die Queen und Albert offiziell, Vicky heiraten zu dürfen, freilich nicht ohne zuvor die Erlaubnis seiner Eltern und des Königs von Preußen eingeholt zu haben. Erwartungsgemäß gaben beide freudig ihre Zustimmung, meinten jedoch, zunächst müsse man Vickys Konfirmation abwarten. Fritz war ganz außer sich vor Freude: »Ich empfinde eine Seligkeit, die ich nie gekannt«, schrieb er noch abends nach Hause, »und unbeschreiblich ist meine Dankbarkeit gegen Gott, der alles so gnädig und wunderbar leitete...«

Auch wenn Vicky noch ein wenig zu jung zum Heiraten war, Fritz konnte und wollte seine Gefühle nicht länger verbergen. Als beide wenige Tage später gemeinsam über die Höhen des Craig-na-Ban ritten, sprang Fritz unvermittelt vom Pferd, pflückte einen Strauß weißes blühendes Heidekraut – in ganz Schottland als Glückszeichen bekannt – und überreichte ihn der gerührten Princess Royal. Vicky erkannte die Geste sogleich als das, was sie tatsächlich war: eine heimliche Verlobung. Man schrieb den 29. September. Nur einen Tag später mußte Fritz wieder nach Berlin, und Vicky blieb in ihrer Heimat zurück, wo sie schon bald miterleben mußte, wie ihre junge Liebe erneut zwischen den Mühlsteinen der Politik zermahlen zu werden drohte.

Die geheime Verlobung war nämlich keineswegs so geheim geblieben, und angesichts dieser bevorstehenden Eheverbindung mit Preußen brach in ganz England ein Sturm der Entrüstung los. Der Krimkrieg währte nach wie vor, und während England und Frankreich Seite an Seite gegen Rußland kämpften, vertrat man in Preußen die Position des Feindes. Und wieder einmal war es Albert, der ins Kreuzfeuer der Kritik geriet. Allen voran gab sich die »Times« als Sprachrohr der deutschfeindlichen Parteigänger her. Freilich sah es auch in Preußen nicht wesentlich besser aus. Bismarck formulierte, was auch andere Konservative empfanden: »Sie fragen mich, was ich zu der englischen Heirat sage. Ich muß beide Worte trennen, um meine Meinung zu sagen; das Englische daran gefällt mir nicht, die Heirat aber mag ganz gut sein, denn die Prinzessin hat das Lob einer Dame von Geist und Herz ... Gelingt es ihr, die Engländerin zu Hause zu lassen und Preußin zu werden, so wird sie ein Segen für das Land sein ... Bleibt unsere künftige Königin auch nur einigermaßen Engländerin, so sehe ich unseren Hof von britischen Einflußbestrebungen umgeben ... Bei uns wird britischer Einfluß in der servilen Bewunderung des deutschen Michels für Lords und Gemeine ... den fruchtbarsten Boden finden ... Wie wird das erst werden, wenn die erste Frau im Lande eine Engländerin ist!«

Die Ehe war also noch gar nicht geschlossen, da war sie bereits mit einer schweren Hypothek belastet. Die beiden Verlobten freilich ließen sich nicht davon beirren. Dutzende von Liebesbriefen überquerten den Kanal in beide Richtungen – die einen für »meinen teuren, fürchterlich geliebten Fritz von seiner eigenen Vicky«, die anderen an die Princess Royal von einem, »der beständig an sie denkt« und sie als seinen »guten Engel« ansieht.

Zugleich bereiteten sich beide Brautleute intensiv auf ihre künftigen Aufgaben vor: Vicky lernte beim Vater, Fritz ging daheim in die Ministerien, um einen besseren Einblick in die innere Verwaltung seines künftigen Reiches zu bekommen. Und natürlich begann man sich konkrete Gedanken über die bevorstehende Hochzeit zu machen. Nach Vickys Konfirmation im April 1856 wurde am 17. Mai die Verlobung nun endlich auch offiziell bekanntgegeben.

Zwar konnte die junge Prinzessin die Hochzeit einerseits kaum abwarten, aber andererseits fürchtete sie sich vor dem »schmerzlichen schrecklichen Scheiden« von zu Hause. »Die liebsten Eltern! Von ihnen getrennt zu sein kann und will ich mir nicht vorstellen«, schrieb sie im Februar 1857. Und es war nicht nur der bevorstehende Abschied von ihrer Familie, der Vicky ängstigte, es war gleichermaßen die Angst vor ihrer neuen Heimat im fernen Berlin – auch die vor ihrer zukünftigen Schwiegermutter. »Mama ist von so wechselhaften Launen bewegt«, schrieb ihr Fritz im November 1857, »daß man manchmal bei Dingen, in denen man entgegengesetzter Meinung ist, so tun muß, als ginge man darauf ein, nur um sie nicht noch mehr zu reizen ... Papa sucht ihr alles recht zu machen, aber Mama erkennt es nicht an ... Ihr Charakter ist zu autokratisch, als daß sie es lange vertrüge, jetzt nicht in alles Einsicht zu haben.«

Vicky ahnte sehr wohl, daß sie in Berlin alles andere als ein harmonisches Zusammenleben der Hohenzollern-Familie erwarten würde, gleichwohl aber blickte sie freudig in die Zukunft: »Mein höchster Begriff irdischer Glückseligkeit ist«, schrieb sie im gleichen Monat an den Verlobten, »Dir eine gute Frau sein zu können.«

»Es kommt nicht jeden Tag vor, daß man die älteste Tochter der Königin von England heiratet!«

Die Kette der strittigen Punkte schien nicht abzureißen. Weitere Schwierigkeiten gab es, als man den Ort festlegen wollte, an dem die Hochzeit stattfinden sollte. Der preußische Hof wünschte selbstverständlich Berlin, denn das, so die Argumentation, sei bei preußischen Prinzen so Sitte. Ein Ansinnen allerdings, das die heftigste Entrüstung der Queen erregte, die darin geradezu einen Affront gegen die Princess Royal erblickte: »So etwas ist ganz absurd!« konterte sie, »es gibt keinen Schatten eines Zweifels, daß der Prinz nach London kommen muß, um seine Braut einzuholen. Was immer bei preußischen Prinzen üblich und Sitte sein mag, es kommt nicht jeden Tag vor, daß man die älteste Tochter der Königin von England heiratet! Und damit Schluß!«

Und so war es auch. Zwar murrte man in Preußen, doch der Bestimmung der mächtigen Königin von England wollte man sich nicht widersetzen. Die Gegner dieser Ehe freilich hatten allen Grund, ihre Befürchtungen bestätigt zu sehen: die bevorstehende Ankunft Vickys am preußischen Hof schien nichts anderes zu sein als das Eindringen eines fremden und feindlichen Elements.

Als der Hochzeitstag herannahte, schwankte Vicky zwischen Freude und Angst. Fritz, der bereits zwei Tage zuvor in London angekommen war, hatte seiner zukünftigen Frau bereits die Mitglieder ihres künftigen Hofstaats vorgestellt, unter ihnen auch die Gräfin Walburga (»Wally«) von Hohenthal, eine offensichtlich genaue Beobachterin und ausgezeichnete Menschenkennerin. Ihren ersten Eindruck von der jungen Braut beschrieb sie folgendermaßen: »Die ganze kindliche Rundlichkeit war noch an ihr und ließ sie kleiner erscheinen, als sie wirklich war. Sie war auf eine Weise gekleidet, die auf dem Kontinent lange nicht mehr in Mode war, nämlich in ein pflaumenfarbiges seidenes Kleid, das auf dem Rücken geschlossen wurde. Ihr Haar war aus der Stirn gekämmt. Am meisten berührten mich ihre Augen, die Iris schimmerte grün wie die See an einem sonnigen Tag, und das Weiße hatte einen besonderen Glanz, der zugleich mit ihrem Lächeln, das kleine und schöne Zähne zeigte, alle bezauberte, die sich ihr nahten. Die Nase war ungewöhnlich klein und leicht nach oben gewandt, ihr Teint war nicht allzu zart, erweckte aber den Eindruck völliger Gesundheit und Kraft. Der Fehler des Gesichts lag in der Viereckigkeit der unteren Züge, um das Kinn war sogar ein Zug von Entschlossenheit sichtbar. Die außerordentlich liebenswürdigen Manieren der Prinzessin hinderten indessen, daß man ihn sogleich bemerkte. Ihre Stimme war entzückend und verlor sich niemals in hohen Tönen, sondern verlieh dem leichten fremdländischen Akzent, mit dem die Prinzessin sowohl englisch wie deutsch sprach, einen besonderen Reiz.«

Zugleich aber war der Gräfin etwas bei der jungen Prinzessin aufgefallen, das auch schon die Queen mit Besorgnis erfüllt hatte: Vicky bedachte die Menschen entweder mit heftiger Zuneigung oder mit ungeteilter Ablehnung. »Sie war keine Menschenkennerin«, schrieb die Gräfin, »und würde es nie sein, denn ihr eigener Standpunkt war der einzige, den sie zu sehen vermochte.« Worin Vicky auf verblüffende Weise ihrer künftigen Schwiegermutter glich.

Am 25. Januar 1858 fand die Hochzeit in der königlichen Kapelle des St.-James-Palasts statt. Die junge Braut war ganz in weiße Moiréseide gekleidet und trug einen Schleier, der mit weißen Rosen besteckt war. Nach der Zeremonie und im Anschluß an die nun folgenden Feierlichkeiten durften sich Fritz und Vicky – so war es üblich – eine »Flitterwoche« in Windsor gönnen, um in den ersten Tagen der Ehe möglichst ungestört zu sein. Die Queen dachte mit einiger Besorgnis an ihre älteste Tochter, denn Vicky war – anders hätte es in diesem prüden Zeitalter auch kaum sein können – vor ihrer Hochzeit nicht aufgeklärt worden. Hatte die Gesellschaft des ausgehenden Absolutismus ihre erotischen Bedürfnisse noch ungehemmt ausgelebt, so war im 19. Jahrhundert das Thema »Sexualität« allgemein verpönt, zum Tabu geworden. Zumindest nach außen hin gab man sich verschämt, und dieser Verschämtheit entsprach auch die allgemeine Ausdrucksweise. Wenn es schon nicht zu vermeiden war, über den Körper zu sprechen, hatte man sich tunlichst vager Umschreibungen zu bedienen. Schenkel und Waden fielen unter den Sammelbegriff »Bein«, die Brust wurde zum Hals, der Bauch zum Magen. Die unteren Körperteile wurden schamhaft ignoriert. Als Vickys Schwiegervater seinerzeit die Neuigkeit von der Schwangerschaft seiner Frau berichtete, hatte er diese erfreuliche Tatsache mit einem verlegenen »Augusta ist – hops« wiedergegeben. Und auch für die Queen war ein Gespräch über Sexualität selbstverständlich kein Thema gewesen, auch wenn sich nun ihr mütterliches Gewissen regte und sie ihrer Tochter beschwichtigend vor der Hochzeitsnacht schrieb, Vicky solle ihrem Mann vertrauen und das tun, was er ihr sage, so seltsam ihr dies auch erscheinen möge. Ganz offensichtlich aber erwiesen sich die königlichen Befürchtungen als unbegründet, denn die junge Braut schien in jenen Tagen vor Glück geradezu zu strahlen.

Am 2. Februar hieß es dann endgültig, von der Familie und der englischen Heimat Abschied zu nehmen, was Vicky genauso schwerfiel, wie sie es zuvor befürchtet hatte. Mit gemischten Gefühlen, Ängsten, Freude und Hoffnungen fuhr Vicky ihrem neuen Zuhause entgegen. Mit an Bord war Ernst von Stockmar, der Sohn des alten Barons. Denn wie der Vater Albert und die Queen beraten hatte und es immer noch tat – inzwischen war er fast siebzig –, so sollte nun der Sohn die gleiche Aufgabe bei dem jungen Paar übernehmen – und natürlich dafür sorgen, daß der »Coburger Plan« nicht in Vergessenheit geriet.

Zwischen zwei Stühlen

Daß die Reise von Vicky und Fritz nach Preußen einem einzigen Triumphzug glich, konnte jedoch nicht über die Tatsache hinwegtäuschen, daß diese Ehe von Skeptikern auf beiden Seiten mit Argusaugen beobachtet wurde. Insbesondere auf Vicky ruhten hohe Erwartungen, um nicht zu sagen Forderungen.

Während man in Berlin hoffte, die Prinzessin würde rasch eine vollständige Preußin werden, verlangte man in England das genaue Gegenteil. Die »Times« mahnte ihre Princess Royal eindringlich, Herkunft und Heimatland nie zu vergessen. Vicky saß also gewissermaßen zwischen zwei Stühlen. Hinzu kam, daß der geliebte Vater sie mit der schwierigen Aufgabe betraut hatte, gemeinsam mit Fritz und dem jungen Stockmar an der baldigen Realisierung des »Coburger Plans« zu arbeiten. Das war etwas viel für eine gerade erst 17jährige, auch wenn sie sich durch überdurchschnittliche Intelligenz und Auffassungsgabe auszeichnete. Schließlich war Preußen nach 1848 immer reaktionärer geworden, während England sich mehr und mehr liberalen und fortschrittlichen Ideen zugewandt hatte. Doch nicht nur in innenpolitischer Hinsicht klaffte eine breite Lücke zwischen beiden Ländern. Das Land, das nun Vickys neue Heimat wurde, war 1858 noch kein europäischer Staat ersten Ranges und konnte in bezug auf Reichtum, Macht und Sicherheit mit England nicht verglichen werden. Doch Vicky träumte davon, aus Preußen ein ähnliches »Eldorado« zu machen, wie sie es von zu Hause zu kennen glaubte. Die Preußen sollten einmal ebenso stolz auf ihr Land sein, wie es die Engländer bereits waren. Mit Fritz' Liebe und Hilfe glaubte sie damals noch, diese ehrgeizigen Ziele auch erreichen zu können.

Am 8. Februar zog man feierlich in Berlin ein. Unter dem Donner von Kanonen fuhr das Paar in einer achtspännigen Staatskarosse durch das Brandenburger Tor, und Vicky wurde vom Volk mit ehrlicher Herzlichkeit begrüßt.

Nicht lange, da kamen von daheim die ersten Briefe mit guten Ratschlägen. Vater Albert erkundigte sich, welche deutsche Zeitung Vicky lese, und mahnte: »Lasse es eine ordentliche sein, die Kölner * zum Beispiel. Du mußt wissen, was das Volk, dem du nun angehörst, denkt und fühlt.« Und so ging es weiter. Doch während der Vater in seinen Briefen die liberalen Ideale hochhielt, bekam Vicky nur zu bald die reaktionären Kräfte zu

---

* Die »Kölnische Zeitung« war schon im Vormärz eines der wichtigsten liberalen Blätter gewesen.

spüren, die sich um den preußischen Thron geschart hatten und ihre ersten Schritte mißtrauisch beäugten. Schon bald merkte sie, die es nicht gewohnt war, bei der Äußerung ihrer Meinung ein Blatt vor den Mund zu nehmen, daß sie viel vorsichtiger sein mußte, wollte sie mit ihren Ansichten nicht in ein Wespennest treffen.

Glücklicherweise hätte das Verhältnis zu Fritz nicht besser sein können. Doch der junge Ehemann hatte andere Pflichten und mußte schon bald zu einer längeren militärischen Fortbildung, so daß Vicky sich weitgehend allein zurechtfinden mußte.

Die erste Zeit verbrachte sie im Alten Schloß in Berlin. Hier hatte man dem jungen Paar eine Reihe reich ausgestatteter, aber dunkler, unfreundlicher Räume hergerichtet, und Vicky vermißte die Behaglichkeit, die sie von daheim gewohnt war. Auch ein Badezimmer gab es nicht und sollte es auch in absehbarer Zeit nicht geben. Ihrem Schwiegervater Wilhelm erschien die Einrichtung eines Badezimmers als überflüssiger Luxus. Zeit seines Lebens ließ er an jedem Samstag aus einem nahe gelegenen Hotel eine Badewanne ins Schloß bringen.

Vicky fühlte sich in dieser Umgebung reichlich unwohl und empfand auch die Etikette des preußischen Hofes als unerträgliche Einschränkung. »Zu Hause«, wie sie sehr bald unklugerweise von England zu reden begann, war so vieles anders gewesen. Unterdessen hielt der Briefwechsel mit den Eltern an. Dauernd ermahnten sie die Prinzessin, ihre Pflichten gegenüber dem neuen Land zu erfüllen, gleichzeitig aber auch die Ratschläge von »zu Hause« zu berücksichtigen. Auch wenn sie es gewiß nicht wollten – in dem die Eltern ihren starken Einfluß auf die junge Prinzessin beibehielten, schürten sie den Loyalitätskonflikt, dem Vicky ohnehin unvermeidlich ausgesetzt war. So versuchte sie die Quadratur des Kreises, bemüht, Preußin zu werden und Engländerin zu bleiben. Aber wie? »Zu Hause« war sie von Kindheit an daran gewöhnt gewesen, alle Gedanken frei auszusprechen und sicher zu sein, nicht mißverstanden zu werden. Diskretion entsprach ohnehin nicht ihrem Naturell. Und nun schien ihre gewohnte Ehrlichkeit und Offenheit Anlaß zur Kritik zu geben. Selbst ihre Schwiegermutter Augusta, die ihre Ehe mit Fritz doch so befürwortet hatte, hatte mittlerweile allerhand an ihr auszusetzen, nun, da sie aus Koblenz wieder nach Berlin gekommen war (s. S. 73 f.). Vicky mußte erkennen, daß Fritz ganz recht gehabt hatte, in dem er seine Mutter als schwierige und launische Person schilderte. Nun spürte sie selbst, wie Augusta sie nach ihrem Willen »zurechtbiegen« wollte, und anstatt ihr eine mütterliche Vertraute zu sein, wie Vicky gehofft hatte, zeigte sich nun, daß die Ältere in ihrer Schwiegertochter eine Untergebene sehen wollte, die ebenso wie der Sohn unter ihrem übermächtigen Einfluß zu stehen hatte.

Vicky verlor bald ihre anfänglichen Illusionen. »Ich kann Dir gar nicht sagen, lieber Papa«, schrieb sie an Albert, »wie sehr mir auf so vielen Gebieten die Schuppen von den Augen gefallen sind, seitdem ich verheiratet bin.«

Zum Glück änderte sich zumindest die unbefriedigende Wohnungssituation schon bald, denn bereits nach wenigen Monaten konnten Vicky und Fritz nach Potsdam umziehen, in eine nach englischem Stil eingerichtete Wohnung in Schloß Babelsberg, das einst mit Augustas Dazutun im neugotischen Stil erbaut worden war. Als Albert Anfang Juni 1858 das junge Ehepaar hier besuchte, konnte er feststellen, daß seine geliebte Tochter in der neuen Heimat doch recht glücklich geworden war und mit ihrem Fritz nahezu perfekt harmonierte. Erfreut konnte er der Queen berichten: »Ich habe mit ihnen, einzeln und zusammen, gesprochen, unsere Unterhaltungen haben mich im höchsten Maße befriedigt.« Auch die Königin selbst konnte sich bei einem Besuch im August davon überzeugen, daß Vicky mit ihrem Preußenprinzen allen Widrigkeiten zum Trotz offenbar das große Los gezogen hatte. Und nun wurde das Glück der beiden gekrönt: Vicky war schwanger, und aller Kummer trat vorerst in den Hintergrund.

Enttäuschte Hoffnungen – Sorgenkind Wilhelm

Auf Leben und Tod: die Geburt des Thronfolgers

Die Schwangerschaft versetzte Vicky in eine regelrecht euphorische Stimmung, und sie begann schon jetzt, große Pläne zu entwerfen. Ihr Sohn – sie hoffte doch innigst, daß es ein Sohn werden würde – sollte all ihre Kritiker zum Verstummen bringen, hatte sie doch dann ihre wichtigste Pflicht erfüllt. Doch sie wollte noch mehr, das ungeborene Kind war bereits jetzt zu Großem ausersehen: Es sollte einst, als ein liberaler Friedrich der Große gewissermaßen, Preußen in ihrem und ihres Mannes Sinne verändern. Der »Coburger Plan«, der sich wie ein roter Faden durch Vickys Leben zog, sollte auch dem Neugeborenen mit auf den Lebensweg gegeben werden. Das Kind war noch nicht geboren, da projizierte die ehrgeizige Prinzessin bereits all ihre Träume, Pläne und Hoffnungen in es hinein.

Während Vicky solch großartige Zukunftsvisionen entwarf, sorgte sich derweil die Queen um naheliegendere Dinge, die Gesundheit ihrer Tochter. Sie bedauerte, bei der Geburt nicht persönlich dabeisein zu können, und da sie der ärztlichen Ausbildung in Deutschland mißtraute, schickte sie vorsichtshalber den königlichen Leibarzt Sir James Clark nach Berlin, wo dieser am 10. Januar 1859 eintraf. In seiner Begleitung kam auch Mrs. Innocent, Königin Victorias persönliche Hebamme, die ihr nur zwei Jahre zuvor bei der Geburt des letzten Kindes Beatrice beigestanden hatte.

Auf preußischer Seite war der Leibarzt des Prinzenpaares Dr. August Wegner zuständig, Allgemeinmediziner zwar, aber mit gründlicher Ausbildung in Geburtshilfe. Assistiert wurde er von der Hebamme Fräulein Stahl. Die größte Verantwortung jedoch lag bei Prof. Dr. Eduard Martin, Ordinarius für Frauenheilkunde und Geburtshilfe in Berlin, einem der führenden Frauenärzte Deutschlands, der als erster Arzt hierzulande 1848 die Chloroform-Anästhesie angewandt hatte, die erst seit einem Jahr mit Erfolg eingesetzt wurde. Als die Wehen schließlich einsetzten, schien alles bestens vorbereitet zu sein. Ganz entgegen den Gepflogenheiten jener Zeit hatte sich auch Fritz, der zukünftige Vater, entschlossen, bei der Geburt seines ersten Kindes anwesend zu sein.

Die Untersuchung durch Dr. Wegner hatte eine Steißlage ergeben, Komplikationen waren daher nicht auszuschließen. Schon bald wurden die Wehen sehr schmerzhaft, jedoch nur wenig wirksam, und da Vicky ganz offensichtlich furchtbaren Qualen ausgesetzt war, beschloß man schließlich, ihr eine Chloroform-Inhalation zu verabreichen. Fritz beschrieb diese Phase der Geburt wenige Tage später in seinem Tagebuch: »Immer heftiger wurden die Schmerzen und das entsetzliche Schreien und Jammern Vickys, die jedoch stets, wenn eine Pause eintrat, alle um Verzeihung bat, daß sie so schrie ... Als nun die eigentlichen Stoß-Wehen begannen, hatte ich mich mit aller Gewalt anzustrengen, ihren Kopf zu halten, daß der Hals sich nicht zu sehr ausdehnte, wobei es bei jeder Wehe förmlich Kämpfe zwischen ihr und mir gab. Zur Vermeidung des Zähneknirschens und Beißens steckten wir ihr stets ein Schnupftuch in den Mund; zuweilen mußte ich ihr mit aller Gewalt die Finger aus dem Mund reißen und hielt ihr auch die meinigen in den Mund. Mit Riesenstärke stieß sie zuweilen zwei Personen von sich, und so steigerten sich die entsetzlichen Qualen, bis die Entscheidung nahe war, daß eine Betäubung mit Chloroform vorgenommen wurde. Vicky wurde nun quer ins Bett gelegt, ein entsetzlich langer Schrei, und nun ward sie betäubt.«

Alle anwesenden Ärzte waren, was man nach Fritz' eindrucksvoller Schilderung gut nachvollziehen kann, mit der Anwendung von Chloroform einverstanden gewesen. Freilich wurde der werdenden Mutter in der letzten Phase der Geburt noch eine weitere Substanz verabreicht, als sich zeigte, daß die Preßwehen nicht stark genug waren: das berühmt-berüchtigte Mutterkorn. Dabei handelt es sich um eine Substanz, die aus

Roggen gewonnen wird, der von einer Pilzinfektion befallen ist und nach einem Fermentierungsprozeß violett-schwarze Körner produziert. Schon lange, bereits im Mittelalter, war Mutterkorn, das auf die Gebärmutter zusammenziehend wirkt, als Abtreibungsmittel bekannt, bevor es erstmals 1808 in der wissenschaftlichen Medizin angewandt wurde. Freilich wußte man auch um die Nebenwirkungen: Es reduziert den Puls bei gleichzeitiger Erhöhung des Blutdrucks. Schon 1824 war daher vor der Anwendung des Mutterkorns gewarnt worden, das schon früher aufgrund seiner äußerst schwierigen Dosierung zahllose Frauen das Leben gekostet hatte.

Doch Vicky hatte Glück: Sie brachte schließlich einen Sohn zur Welt – Wilhelm, den ersehnten Thronfolger und späteren letzten deutschen Kaiser. Allgemein war man sich jedoch einig, daß dieses Kind nur dank des ungewöhnlichen Geschicks Prof. Martins lebte, denn Wilhelm tat seine ersten Atemzüge erst nach mehreren Wiederbelebungsversuchen des Arztes.

Wilhelms Behinderung

Die jungen Eltern waren dankbar und glücklich über ihren kleinen Sohn, der am 27. Januar 1859 das Licht der Welt erblickt hatte, und ganz Preußen freute sich mit ihnen. Drei Tage später jedoch, Vicky hatte sich von den Strapazen der Geburt noch längst nicht erholt, stellten die Ärzte fest, daß Wilhelms linker Arm gelähmt, die Schulter verletzt und die umliegende Muskelpartie stark angeschwollen war. Nachdem man zunächst geglaubt hatte, es handele sich lediglich um eine vorübergehende örtliche Quetschung oder Zerrung, die man mit Massagen, Waschungen und gymnastischen Übungen zu beheben können hoffte, stellte sich jedoch schon bald heraus, daß die Verletzung ernsterer Natur war. Offenbar war in der letzten Phase der Geburt beim Herunterziehen des linken Arms »nicht ohne erhebliche Anstrengung« das Nervengeflecht im Hals des Kindes zerrissen, das für die Armbewegung verantwortlich war. Es sah aus, als würde Wilhelms linker Arm auf Dauer unbrauchbar bleiben. Was schon in einer bürgerlichen Familie schrecklich genug gewesen wäre, geriet beim Thronfolger fast zu einer Katastrophe, insbesondere in einer Dynastie wie der der Hohenzollern, der das Militärische über alles ging, deren Könige die Uniform als »Berufskleidung« trugen und sie nur zum Schlafengehen ablegten. Wie, so fragte man sich, sollte ein derart behinderter preußischer König jemals ohne Schwierigkeiten reiten? Wie sollte er all die Dinge tun, die für einen Soldatenprinzen so wichtig waren? Um es vorwegzunehmen: Wilhelm hat später gelernt, lernen müssen, mit seiner Behinderung – der linke Arm war 15 cm kürzer als der rechte – zu leben. Er konnte reiten, schießen und mit einem eigens für ihn angefertigten Besteck mit Messer und Gabel essen. Leichter wäre ihm dies gewiß gefallen, hätte man ihn in seinen ersten Lebensjahren als das behandelt, was er schließlich war, als kleines Kind, und ihn nicht nahezu ausschließlich auf seinen kranken Arm reduziert.

Vicky machte sich natürlich große Sorgen um ihren Sohn, in den sie solch große Hoffnungen gesetzt hatte und der doch möglichst »perfekt« hätte sein sollen, um ihren Kritikern am Hof keinen Anlaß zu irgendwelchen Beanstandungen zu geben. Nun aber, so wird sie empfunden haben, »enttäuschte« er sie bereits nach drei Tagen zum ersten Mal, in dem er ihr diesen »Makel« präsentierte. Doch Vicky ließ mit dem ihr eigenen Optimismus und dem ausreichenden Vertrauen in die ärztliche Kunst den Mut vorerst nicht sinken. Sie hoffte, die Ärzte würden die Verletzung mit der Zeit doch noch heilen und die Behinderung beheben können.

Die in der Folgezeit angewandten Heilmethoden hatten also nicht nur den Zweck, dem kleinen Sohn ein Leben ohne Handikap zu ermöglichen, sie sollten aus Wilhelm doch noch den »perfekten« Thronfolger machen. Doch auch wenn Vicky es weder wollte noch ahnte: die Anwendungen quälten nicht nur Wilhelms kleinen Körper, sondern in weit größerem Ausmaß auch seine Kinderseele. Massagen und gymnastische Übungen brachten nicht den gewünschten Erfolg. Daher griff man zu einer Therapie, die nicht nur uns heutzutage schockiert, sondern auch die Zeitgenossen damals in Erstaunen versetzte: die

Anwendung von »animalischen Bädern«. Von nun an mußte Wilhelm seinen kranken Arm zweimal wöchentlich eine halbe Stunde lang in einen frisch geschossenen Hasen stecken. Offenbar hoffte man, die Wärme und Kraft des frisch geschlachteten Tieres auf den unterkühlten Arm zu übertragen, ein Ritual, dessen Anwendung man vielleicht für die Zeit des Mittelalters vermuten würde. Auch Vicky zeigte sich zunächst von dieser barbarischen Maßnahme entsetzt, glaubte dann aber feststellen zu können, daß ihr Kind offenbar Gefallen an der Prozedur fand. Zumindest schrieb sie ihrer Mutter: »Baby hat für seinen Arm zwei ›Animalische Bäder‹ gehabt, eine ganz widerliche, abscheuliche Idee. Sie stecken den Arm in ein warmes, gerade geschlachtetes Tier, einen Hasen, und halten ihn eine halbe Stunde lang da drin. Das soll den Arm stärken. Er liebt die Wärme so sehr wie ich, er lacht und plappert auf seine Art die ganze Zeit und findet den ganzen Vorgang herrlich.« Gedanken, welche psychischen Folgen diese ekelhafte Prozedur für den kleinen Wilhelm haben könnte, hat sich Vicky offenbar nicht gemacht. Doch der Leidensweg des Kindes war noch lange nicht beendet, wobei die Behandlung keineswegs fachmännischer wurde.

Zunächst band man den gesunden rechten Arm am Körper des Jungen fest, wodurch man hoffte, den kranken Körperteil zu kräftigen. Für die Bewegungsfreiheit des Kindes war dies freilich ausgesprochen hinderlich. Als »Willie« im April 1860 seine ersten Schritte machte, waren diese Gehversuche ungleich schmerzhafter und frustrierender als die seiner Altersgenossen, denn wenn er fiel – und er fiel oft –, konnte er sich mit dem kranken Arm nicht abstützen. Es steht außer Frage, daß Vicky mit ihrem kleinen Sohn litt, doch sie wagte nicht, den ärztlichen Rat anzuzweifeln, und klammerte sich an den sprichwörtlichen Strohhalm, in der Hoffnung, daß das Richtige für Willie getan würde. Zudem stand fest, daß sie und ihr Mann nichts unversucht lassen wollten, um eine andauernde Behinderung des Kindes zu verhindern – wobei sich zumindest bei Vicky in die Motive elterlicher Sorge auch persönlicher Ehrgeiz mischte. Malzbäder brachten Wilhelm ebensowenig Besserung wie eine

»Elektrisierung« des Arms. Zudem machte sich, als der Thronfolger vier Jahre alt war, ein weiteres Leiden bemerkbar: der sogenannte Schiefhals, dessen Ursache möglicherweise im psychischen Bereich zu suchen ist. Um die andauernde Seitenneigung des Kopfes zu beheben, steckte man den Kleinen in eine »Kopfstreckmaschine«, anschließend malträtierte man ihn mit einer »Armstreckmaschine«, um die zunehmende Steifheit des linken Arms zu beheben. Als Willie schließlich sechs Jahre alt war, durchtrennte man in zwei operativen Eingriffen eine Sehne, die zumindest die Kopfhaltung des Kindes verbesserte. »Seitdem er auf der Welt ist«, klagt Vicky in einem Brief an ihre Mutter, »hat er mir unablässig Sorgen bereitet.« Fast, so scheint es, empfand sie ihre eigenen Sorgen gravierender als die Qualen ihres Kindes, und vor lauter Sorge um den kranken Arm drohte der kleine Mensch fast in Vergessenheit zu geraten.

So wurde Wilhelm jahrelang falsch behandelt, und nicht nur das, er wurde regelrecht mißhandelt, und beherzte Eltern hätten der sinnlosen Qual irgendwann Einhalt gebieten müssen. Ob man Vicky freilich dafür verurteilen kann, daß sie es nicht tat, weil sie ein »perfektes« Kind haben wollte? Als Wilhelm geboren wurde, war sie gerade achtzehn Jahre alt, noch immer fremd am Berliner Hof und in medizinischen Dingen völlig unwissend. Zudem wußte sie genau, daß ihre Gegner nur darauf warteten, sie bei einem Fehler zu ertappen, und Willies verkrüppelter Arm, so mußte sie es sehen, war ihr erster »Fehler« gewesen, den sie möglichst wiedergutzumachen suchte. Schließlich war ein preußischer Thronfolger kein Kind wie jedes andere.

Scham und Stolz

Sigmund Freud hat 1932 behauptet, Vicky habe »dem Kind die Liebe wegen seines Gebrechens« entzogen und damit das zeit ihres Lebens gestörte Mutter-Sohn-Verhältnis verursacht, über das schon so viel geschrieben worden ist. Doch gegen Freuds Behauptung sprechen zahlreiche Briefe Vickys, in denen sie

Wilhelm als »meine ganze Freude« und« süßen kleinen Liebling« bezeichnet. Ihr Leben lang hat sie sich um Wilhelms Wohl gesorgt, ihn überbehütet, auch wenn das nicht immer, so wie sie es eigentlich wollte, tatsächlich zu seinem Besten war. Vielleicht hätte sie ihrem Kind die Liebe stärker zeigen müssen, denn der kleine Wilhelm, der in jungen Jahren so viel durchmachen mußte, hätte gewiß ganz besonderer zärtlicher Zuwendung bedurft. Hinzu kam, daß der Junge während der Geburt höchstwahrscheinlich auch einen Sauerstoffmangel erlitten und somit einen leichten Hirnschaden davongetragen hatte. Heute würde man ihn wohl als MCD-Kind bezeichnen. Solche Kinder fallen durch Hyperaktivität, Konzentrationsmangel, Reizüberempfindlichkeit und ein gestörtes Sozialgefühl auf und brauchen besonders viel Geduld, Aufmerksamkeit – und Nestwärme. Gleichwohl sind sie in ihrer Unrast nur schwer zu lieben, und nicht selten entsteht ein frustriertes Verhältnis zur Umwelt, speziell zur Mutter. So kam es auch bei Vicky und Wilhelm nicht zu jener unbedingten Bindung zwischen Mutter und Kind, die Grundlage eines gesunden Selbstwertgefühls ist. Wie es seinerzeit bei ihrem Vater und Bertie der Fall gewesen war, so fand auch Vicky nicht den richtigen Zugang zu ihrem Kind, die Liebe, die sie zweifellos empfand, kam bei dem kleinen Jungen nicht in ihrem vollen Ausmaß an.

Hinzu kam: Vicky schämte sich fürchterlich wegen der Behinderung ihres Sohnes, gab sich die Schuld daran. Vielleicht konnte sie auch deshalb mit ihm nicht so ungezwungen umgehen, wie es ansonsten ihre Art gewesen wäre. Ihre eigenen Eltern hatten den erstgeborenen Enkel noch nicht gesehen, als er schon achtzehn Monate alt war – und das lag nicht an der großen Entfernung. Im Mai 1860 sah sich Albert veranlaßt, seiner Tochter vorzuwerfen, sie würde das Kind förmlich vor ihnen »verstecken«, was Vicky natürlich bestritt, obwohl sie andererseits unumwunden zugab, daß sie sich wegen des verkürzten Arms ihres Sohnes schämte. Als die englischen Großeltern endlich im September 1860 ihren kleinen Enkel kennenlernten, waren sie völlig entzückt, nur Vicky stöhnte wieder einmal: »Er ist wirklich ein kluger kleiner Kerl für sein Alter – wenn nur der unglückliche Arm nicht wäre – ich wäre so stolz auf ihn!« Die Großeltern aber taten das, was Vicky nicht konnte: Sie ignorierten die Behinderung des Enkels und behandelten ihn wie einen ganz normalen Jungen, den sie bedingungslos liebten.

Charakteristisch für Vickys Einstellung zu ihrem Kind war das Schwanken zwischen Hoffnung und Stolz einerseits und tiefer Niedergeschlagenheit, Ratlosigkeit und Verzweiflung andererseits. Willies Arm, so gestand sie einmal, »verdirbt mir jede Freude und jeden Stolz, den ich an ihm haben sollte«. Freilich hat Vicky von ihrer unmittelbaren Umgebung – von Fritz selbstverständlich abgesehen – keinerlei Ermutigung und Unterstützung erfahren, als sie diese schwierige Zeit durchmachte – im Gegenteil. Insbesondere Augusta gab wiederholt zu verstehen, daß sie mit der Entwicklung des Enkels unzufrieden war, auch wenn sie ihre Kritik natürlich nicht offen aussprach, sondern hinter der Behauptung versteckte, Wilhelm sei so »klein«. Dabei wußte sie genau, wie empfindlich ihre Schwiegertochter auf solche Bemerkungen reagierte.

Schon bald nach der Geburt des ersten Kindes sehnte sich Vicky nach einem zweiten – es sollte unbedingt wieder ein Junge werden –, denn, so schrieb sie, sie wünsche ein Kind zu haben, »das in jeder Beziehung perfekt ist wie jedes andere ...«

Als im Sommer 1860 Tochter Charlotte zur Welt kam, war Vicky denn auch zunächst überglücklich, doch schon bald sollte sich zeigen, daß auch dieses Kind nicht ihren ehrgeizigen Vorstellungen entsprach.

Freud und Leid

»*Das höchste Glück im Frauenleben ...*«

Im Gegensatz zu ihrer Mutter, die Kinder hauptsächlich als »unvermeidliches Nebenprodukt der Ehe« ansah, war Vicky ausgesprochen gern schwanger. Sie empfand nur Mitleid für Frauen, die das Mutterglück nicht erleben konnten, und erklärte voller Überzeugung: »Ein Baby an der Brust ... ist doch das höchste Glück im Frauenleben.« In dreizehn Jahren brachte sie acht Kinder zur Welt: Nach Wilhelm und Charlotte (24. Juli 1860) kamen Heinrich (14. August 1862), Sigismund (15. September 1864), Victoria (12. April 1866), Waldemar (10. Februar 1868), Sophie (14. Juni 1870) und schließlich Margarete (22. April 1872). Gegen den erheblichen Widerstand am Hof stillte sie ab dem vierten Baby die Neugeborenen selbst, obgleich man dieser »Manie« in der preußischen Königsfamilie mit unverhüllter Feindseligkeit begegnete. Und wiederum war es Augusta, die ihre Schwiegertochter heftig kritisierte.

Vicky hatte die Neigung, das jeweils jüngste Kind zu bevorzugen, es hübscher und lieber zu finden als die anderen. Darunter litten vor allem die drei Ältesten, die nun miterleben mußten, daß die jüngeren Geschwister eindeutig bevorzugt wurden, zu denen die Mutter auch ein weitaus engeres und liebevolleres Verhältnis entwickelte als zu den »Großen«. Mag sein, daß Vicky unterdessen gereift war und daß auch der Druck, der auf ihr lastete, mit der Zeit geringer geworden ist. Tatsache ist jedoch, daß diese in der frühen Kindheit geschaffenen Fronten ein Leben lang Bestand haben sollten: Weder zu Wilhelm noch zu Charlotte und Heinrich, die sich eng an den Bruder anschlossen, fand Vicky je den rechten Zugang, die Kinder blieben ihr weitgehend fremd. Später gestand sie sogar einmal, sie komme sich vor »wie eine Henne, die Küken ausgebrütet« habe.

Noch ein Sorgenkind – die Tochter Charlotte

Als Charlotte geboren wurde, gesund und ohne jeden sichtbaren »Makel«, war Vicky selig, und auch Wilhelm, der auf das kleine Schwesterchen zunächst mit wütender Eifersucht reagiert hatte, freute sich schon bald über die neue Spielgefährtin. Endlich glaubte Vicky, das Familienleben einmal genießen zu können, doch das Glück war nur von kurzer Dauer. Bereits im Frühjahr 1862, »Ditta«, wie die Tochter allgemein genannt wurde, war noch keine zwei Jahre alt, begannen Vickys Sorgen und Klagen über die »gefährlichen Anlagen« und »schlimmen Eigenschaften« der ältesten Tochter. Tatsächlich erwies sich das Mädchen als ähnlich schwierig wie ihr großer Bruder Wilhelm, von dem sie auch stark beeinflußt wurde. Wie er war wohl auch »Ditta« ganz offensichtlich hyperaktiv, nervös, unruhig, mit auffallenden Schlaf- und Verdauungsproblemen, aufbrausend und häufig krank. Auch noch als Sechsjährige neigte sie zu heftigen Wutausbrüchen, rollte sich zornig auf dem Boden herum, »schrie und schlug, als ob sie am Spieß wäre«, wie Vicky reichlich zermürbt ihrer Mutter berichtete. Zu ihrem großen Kummer war die Tochter auch ansonsten nicht so, wie sie es sich gewünscht hätte. »Ditta« war recht langsam, las und lernte nicht gern, für Vicky ein Grund, das Mädchen wieder und wieder zu kritisieren. Auch Charlotte konnte sie nicht so nehmen, wie sie war, und das Verhältnis zur ältesten Tochter gestaltete sich daher nicht weniger schlecht als das zu Wilhelm. Man fragt sich, ob nicht der Vater als Vermittler hätte auftreten können, aber: Friedrich Wilhelm, ohnehin eine recht schwache Persönlichkeit, stand voll und ganz hinter seiner Frau und teilte ihre Meinung in jeder Hinsicht.

Von Augusta hingegen wurden beide Enkelkinder maßlos verwöhnt. Es schien, als wolle die preußische Großmutter die Kluft, die sich zwischen Vicky und ihren ältesten Kindern aufzutun begann, bewußt vergrößern. Denn auch wenn sie Wilhelm und Charlotte nicht direkt zum Widerspruch gegen Mutter und Vater ermutigt hat, sie tat auch nichts, um das gestörte Verhältnis zu verbessern, ein Umstand, der Vickys Position am preußischen Hof nicht gerade einfacher machte. Unterdessen nämlich war Augusta Königin geworden und als solche für die Enkel ohnehin eine ganz besondere Autorität.

Vickys Sorgen wurden nicht kleiner, als Charlotte größer wurde. Zwar verliebte sich die Tochter mit siebzehn Jahren in Prinz Bernhard von Sachsen-Meiningen, einen Studienfreund Wilhelms, den sie 1878 heiratete. Doch auch wenn sie fortan als überaus elegante Erscheinung auf gesellschaftlichem Parkett tonangebend war, sie blieb schwierig, launisch und unzufrieden. Es ist anzunehmen, daß diese Charaktereigenschaften auf eine Krankheit zurückgingen, die sie von Vicky geerbt hatte und die bei Charlotte 1885 ausbrach, als sie 25 Jahre alt war.

Die »Königskrankheit«

Als die Schriftstellerin Isabel Allende 1994 einen Roman über das lange Sterben ihrer Tochter Paula geschrieben hatte, wurde die Weltöffentlichkeit auf eine seltene Erbkrankheit aufmerksam: die Porphyrie. Dabei handelt es sich um eine Stoffwechsel-Entgleisung, die zu verschiedenen Symptomen führt, unter anderem zu Magen-Darm-Krämpfen, Nervenlähmungen, Kopfschmerzen und zu Empfindlichkeitsreaktionen der Haut. Mit hoher Wahrscheinlichkeit litt auch Vicky an dieser geheimnisvollen, im britischen Königshaus nicht unbekannten »Königskrankheit«, die offenbar schon ihren Urgroßvater George III. von England befallen hatte und die erst in unserem Jahrhundert den Namen »Porphyrie« erhielt.

Ein Blick in Vickys Tagebuch zeigt, daß ihr immer wieder »rasende und aufreibende Nervenschmerzen« zu schaffen machten, manchmal im Kopf, dann wieder an der linken Körperhälfte, mitunter in der Bauchgegend, und nicht selten so schmerzhaft, daß Vicky zu Morphium greifen mußte. Ein Heilmittel, das ihr Linderung hätte verschaffen können, gab es nicht. Oft hielt eine solche »Neuralgie«, wie Vicky das geheimnisvolle Leiden in ihrem Tagebuch bezeichnete, wochenlang an und machte sie zu einem normalen Leben unfähig.

Gewiß hat auch Charlotte an dieser Erbkrankheit gelitten und sie an ihr einziges Kind, die im Mai 1879 geborene Feodora vererbt, die 1898 den Prinzen Heinrich XXX. von Reuß heiratete und 1919 kinderlos starb – nur wenige Monate bevor auch Charlotte mit 59 Jahren einem Krebsleiden erlag.

Freilich war das schlechte Verhältnis Vickys zu ihrer Tochter nicht nur durch die zermürbende Krankheit zu erklären. Vicky konnte und wollte einfach nicht akzeptieren, daß sich ihre Kinder nicht so entwickelten, wie sie es sich vorgestellt hatte.

Das Todesjahr 1861

Nach Wilhelms Geburt war die junge Familie erneut umgezogen, diesmal nach Potsdam in das Neue Palais. Der gewaltige Schloßbau war in den Jahren 1763–1769 unter der Leitung von J. G. Büring und Karl von Gontard errichtet worden. Das fast 240 m lange Wohnschloß besaß kostbar ausgestattete Räume wie den Marmor- oder den Muschelsaal – ein Zuhause, das sowohl Vicky als auch Fritz stets geliebt haben.

Gut zwei Jahre waren seit der Hochzeit vergangen, doch Preußin war Vicky immer noch nicht geworden. Derweil fuhr Vater Albert fort, seine nun 20jährige Tochter in die Finessen der Politik einzuweihen, indem er ihr zahllose lange Briefe aus England schrieb. Vicky erwies sich erwartungsgemäß als gelehrige Schülerin. Im Dezember 1860 verfaßte sie ein Memorandum über Ministerverantwortlichkeit, das Albert mit großer Genugtuung las und ihn in der Ansicht bestärkte, Vicky sei gewiß in der Lage, dem »Coburger Plan« zum Durchbruch zu verhelfen. Nun war es aber ganz offensichtlich so, daß Vicky keineswegs diplomatisch und einfühlsam agierte, wenn sie ihre Ideen vertrat. Das lag möglicherweise auch daran, daß sie sich in Preußen nach wie vor fremd fühlte und ihre neue Heimat bislang noch nicht liebengelernt hatte. Dieses Gefühl des Fremdseins bewirkte, daß alles Erlebte einen negativen Beigeschmack erhielt, und so war sie weit davon entfernt, die Dinge objektiv und unbefangen zu betrachten. Nach wie vor pflegte sie von

»Ohne Illusionen der Zukunft entgegen ...« Prinzessin Augusta war noch keine zwanzig Jahre alt, als sie sich eingestehen mußte, daß sie in einer Ehe ohne Liebe gefangen war.

»Ein Schmeichler bin ich nicht, liebe Augusta.« Schon vor der Hochzeit warnte Prinz Wilhelm von Preußen seine junge Braut nachdrücklich vor allzu großen Erwartungen.

Am 18. Oktober 1831 brachte Augusta im Neuen Palais zu Potsdam den ersehnten Sohn und späteren Thronfolger Friedrich Wilhelm (»Fritz«) zur Welt.

Der kleine Fritz war ein friedfertiges und fügsames Kind, in den Augen seiner Mutter Augusta aber nicht intelligent genug. Schon früh beklagte sie »seinen Mangel an geistiger Energie«.

Das 1835 fertiggestellte Schloß Babelsberg zu Potsdam war in englisch-gotischem Stil nach Augustas Vorstellungen erbaut worden. Auch auf die Ausgestaltung der weiträumigen Parkanlage nahm sie entscheidenden Einfluß.

Das Koblenzer Schloß, in dem Augusta von 1850 bis 1858 die wohl schönsten Jahre ihres Ehelebens verbrachte – fern vom Berliner »Fegefeuer«.

Mit großem Engagement widmete sich Augusta der Arbeit beim 1864 gegründeten »Vaterländischen Frauenverein« und war bemüht, das durch die ihr verhaßten Kriege verursachte Leid zumindest ansatzweise zu mildern. Ausgefüllt hat sie diese Tätigkeit freilich nicht, viel lieber hätte Augusta das politische Schicksal Preußens und Deutschlands bestimmt.

Einer der wenigen Vertrauten Augustas war ihr Bruder Karl Alexander, dem sie in zahlreichen Briefen ihren Kummer privater und gesundheitlicher Art anvertraut hat.

Auch mit Tochter Luise (1838–1923), die 1856 den Großherzog Friedrich von Baden heiratete, verband Augusta zeitlebens ein besonders inniges Verhältnis.

Augustas »Todfeind« Bismarck zum Vortrag bei Kaiser Wilhelm I. In späteren Jahren belauschte sie oft heimlich die Unterredungen ihres Mannes, um ihn gegebenenfalls vor falschen Entscheidungen »warnen« zu können. Doch der Kaiser ließ sich von einmal gefaßten Beschlüssen nicht mehr abbringen, und Bismarck haßte die »alte Fregatte«, wie er Augusta gerne bezeichnete, dafür um so mehr.

»Eine geborene Kaiserin«: Augusta galt als personifizierte Pflichterfüllung, wirkte aber auf ihre Umgebung kalt und gefühllos. Bei ihrem Volk war sie weder als Königin noch als Kaiserin wirklich beliebt.

Kaiserin Augusta (1811–1890), Gemahlin Kaiser Wilhelms I.

Victoria: »Kaiserin Friedrich« (1840–1901), Gemahlin Kaiser Friedrichs III.

»Um das Kinn herum war sogar ein Zug von Entschlossenheit sichtbar ...« Victoria, hochbegabte und selbstbewußte Prinzessin von England, wußte bereits als junges Mädchen ihren Willen durchzusetzen.

Victorias Eltern: Queen Victoria von England und Albert von Sachsen-Coburg-Gotha. Während sich das Verhältnis zur Mutter erst nach ihrer Hochzeit mit Friedrich Wilhelm von Preußen weitgehend harmonisch gestaltete, war der geliebte Vater für sie von Anfang an Freund, Lehrer und Mentor.

»Flitterwoche« in Windsor: Mit siebzehn Jahren heiratete »Vicky« Prinz Friedrich Wilhelm von Preußen. Es war eine Liebesehe, auch wenn sie aus politischen Gründen angebahnt worden war.

Kinder bezeichnete Vicky als »das höchste Glück im Frauenleben«. Fatalerweise neigte sie dazu, das jeweils jüngste zu bevorzugen. Insbesondere zu den drei ältesten – Wilhelm, Charlotte (beide rechts stehend) und Heinrich (links) – fand sie nie den rechten Zugang. Auch Friedrich Wilhelm (hier mit Margarete) war als Vater anscheinend nicht in der Lage, die daraus erwachsenen Konflikte abzumildern.
Sitzend: Viktoria, Sophie und Waldemar. Foto: 1875

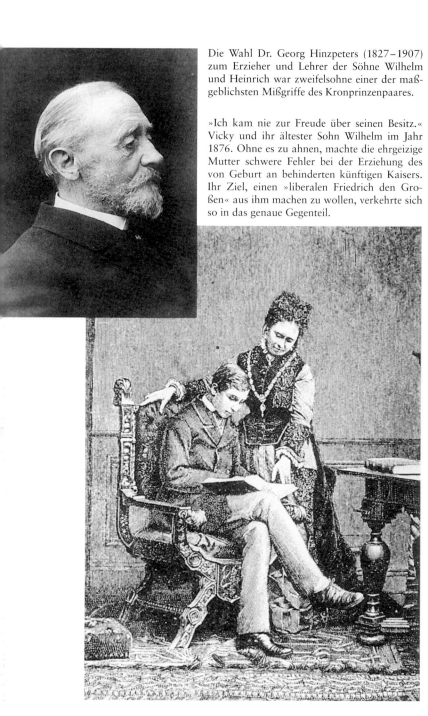

Die Wahl Dr. Georg Hinzpeters (1827–1907) zum Erzieher und Lehrer der Söhne Wilhelm und Heinrich war zweifelsohne einer der maßgeblichsten Mißgriffe des Kronprinzenpaares.

»Ich kam nie zur Freude über seinen Besitz.« Vicky und ihr ältester Sohn Wilhelm im Jahr 1876. Ohne es zu ahnen, machte die ehrgeizige Mutter schwere Fehler bei der Erziehung des von Geburt an behinderten künftigen Kaisers. Ihr Ziel, einen »liberalen Friedrich den Großen« aus ihm machen zu wollen, verkehrte sich so in das genaue Gegenteil.

Das Kronprinzenpalais war der offizielle Wohnsitz Friedrich Wilhelms und seiner Familie in Berlin. Aufgrund seiner jahrelangen politischen Isolierung hielt sich das Kronprinzenpaar jedoch nur selten in der Hauptstadt auf.

Deutscher Kaiser für nur 99 Tage: Friedrich III., Hoffnung der Liberalen. Ob er bei längerer Regierungszeit die in ihn gesetzten Erwartungen je erfüllt hätte, ist indes fraglich.

»Ich muß auf meinem Weg allein weiter wanken ...« Vickys Trauer um ihren 1888 verstorbenen Gemahl war unendlich groß.

Neuen Lebensmut fand »Kaiserin Friedrich«, wie sich Vicky nun nannte, auf ihrem Wohnsitz Schloß Friedrichshof in Kronberg/Taunus, wo sie ihre letzten Jahre verbrachte.

| | | Se. Kgl. Hoheit
Herzog von Connaught. | Se. Grossh. Hoheit
Obgrossherzog von Baden. | | Se. Kgl. Hoheit
Prinz Wilhelm. | | *Se. Kgl. Hoheit
Grossherzog v. Hessen. | Se. Kais. Hoheit Kronprinz
des Deutschen Reichs. |

| Se. Majestät
König von Serbien. | | Ihre Grossh. Hoh. Prinzess
Elisabeth von Hessen. | | Ihre Grossh. Hoh. Prinzess
Irene von Hessen. | | Ihre Kgl. Hoheit
Herzog von Cambridge. | | |

| Hoh. Erbgross-
sehen-Weimar. | Ihre Kgl. Hoheit
Herzogin von Connaught. | | Se. Kgl. Hoheit
Prinz von Portugal. | | Ihre Kgl. Hoheit Prinzess
Victoria von Preussen. | | Se. Kgl. Hoh. Grossherzog
von Sachsen-Weimar. | Se. Kgl. Hoheit
Prinz von Wales. |

| Ihre Grossh. Hoh. Prinzess
Victoria von Hessen. | | | Se. Majestät
Kaiser von Deutschland. | Se. Majestät
König von Spanien. | | Ihre Kais. Hoheit Kronprinzess
des Deutschen Reichs. | | Se. Majestät
König von Sachsen. |

Die Mitglieder der europäischen Fürstenhäuser waren auf die eine oder andere Art alle miteinander verwandt.

Familientreffen anläßlich des 70. Geburtstags der Queen am 24. Mai 1889. Vorn sitzend: Kaiser Wilhelm II., Queen Victoria, Kaiserin Friedrich. Hinter dem Kaiser von links: Erbprinz Alfred von Coburg, der Prinz von Wales (der spätere Edward VII.), Großfürst-Thronfolger Nikolaus von Rußland (der spätere Zar Nikolaus II.), mit seiner Ehefrau Alix von Hessen, einer Nichte Vickys.

Von vielen Deutschen bereits vergessen, starb Kaiserin Friedrich im August 1901 an den Folgen eines Krebsleidens.

An der Seite ihres 1888 verstorbenen Gemahls fand die Kaiserin im Mausoleum der Potsdamer Friedenskirche ihre letzte Ruhestätte.

Kaiserin Auguste Viktoria (1858–1921), Gemahlin Kaiser Wilhelms II.

»Kaiserwetter«: Auguste Viktoria mit Wilhelm II. und ihren Söhnen beim Spaziergang in den Gärten von Sanssouci. Ölgemälde von William Pape, 1891.

Ein »Mädchen vom Lande«. Anfangs gab es zahlreiche Stimmen gegen eine Ehe Wilhelms von Preußen mit Auguste Viktoria von Schleswig-Holstein-Sonderburg-Augustenburg. Unter den Skeptikern waren zunächst auch Kaiser Wilhelm I. und Reichskanzler Otto von Bismarck.

Die Trauung des Prinzen Wilhelm mit Auguste Viktoria in der Kapelle des königlichen Schlosses in Berlin durch Oberhofprediger Kögel am 27. Februar 1881. Wider Erwarten gelang es »Dona« schon bald, die Herzen der Berliner Bevölkerung zu gewinnen.

Kronpr. Friedr. Wilhelm   Auguste Viktoria
Prinz Eitel Friedrich   Prinz August
Prinz Adalbert   Wilhelm II.   Prinzess Victoria
Prinz Joachim   Prinz Oscar

Ein Leben für die Kinder: Dona ging in ihrer Rolle als Ehefrau und Mutter vollkommen auf. Von ihren Kindern wurde sie bedingungslos geliebt, während Wilhelm insbesondere auf die Söhne einschüchternd wirkte.

Als Kaiserin begleitete Dona ihren Mann auf zahlreichen Auslandsreisen, wie hier nach Palästina (1898). Trotz aller Anstrengungen wird der frommen Protestantin der Weg von Jaffa nach Jerusalem gewiß große Freude bereitet haben. (Zeichnung von Fritz Bergen)

Siehe rechts oben:
Nach der Jahrhundertwende vergrößert sich die Familie des Kaiserpaares erneut: Kronprinz Wilhelm (links neben dem Kaiser) heiratete 1905 Cecilie von Mecklenburg-Schwerin, Eitel Friedrich (zweiter von links) vermählte sich ein Jahr später mit Sophie Charlotte von Oldenburg. (Neben Eitel Friedrich steht Adalbert, neben der Kaiserin Joachim, vor dem Kaiser Viktoria Luise, rechts neben ihm August und Oskar.)

Kronprinz Wilhelms Schwester Königin Sophie von Griechenland mit ihrer Familie. Ihr Übertritt vom Protestantismus zum griechisch-orthodoxen Glauben löste in der Kaiserfamilie heftigste Aufregung aus, in deren Folge Donas jüngster Sohn Joachim etliche Wochen zu früh zur Welt gekommen sein soll.

Dona war ausgesprochen glücklich, als ihr ältester Sohn die bildhübsche Cecilie von Mecklenburg-Schwerin heiratete. Daß dies aber auch das Ende seiner zahlreichen Amouren bedeutete, hoffte die Kaiserin vergeblich.

Noch schien die Monarchie gesichert: die Kaiserenkel Wilhelm (geb. 1906) und der 1907 geborene Louis Ferdinand, späterer Chef des Hauses Hohenzollern.

Insbesondere nach der »Daily-Telegraph-Affäre« sah Kaiser Wilhelm II. in Dona seine zuverlässigste Stütze, auf die er sich jederzeit bedingungslos verlassen konnte.

Einer der letzten Glanzpunkte vor Ausbruch des Ersten Weltkriegs: 1913 heiratete die einzige Kaisertochter Viktoria Luise von Preußen den Prinzen Ernst-August von Braunschweig-Lüneburg. Gleichzeitig mit der Hochzeit feierte man im Berliner Schloß die Aussöhnung des Hauses Preußen mit dem der Welfen.
Im Bild links der Tafel v. l. n. r.: Kronprinz Wilhelm, Kaiser Wilhelm II., Königin Mary von England, Herzog von Cumberland, Kronprinzessin Cecilie. Rechts neben der Tafel v. d. Mitte n. r.: Großherzogin Witwe Luise von Baden, Zar Nikolaus II., Viktoria Luise mit Bräutigam, Kaiserin Auguste Viktoria, der König von England George V.

»Uns treibt nicht Eroberungslust, uns beseelt der unbeugsame Wille, den Platz zu bewahren, auf den Gott uns gestellt hat, für uns und alle kommenden Geschlechter«, betonte Wilhelm in einer Ansprache vom Balkon des Berliner Stadtschlosses am 4. August 1914, kurz nach Ausbruch des Ersten Weltkriegs. Tatsächlich aber waren die Tage des Deutschen Kaiserreiches bereits jetzt gezählt.

Während des Krieges erwies sich Dona mehr denn je als leidenschaftliche Patriotin und war unermüdlich im Einsatz, um Lazarette zu besuchen und »alle, denen es nicht vergönnt ist, für die geliebte Heimat zu kämpfen« zur tätigen Mithilfe aufzurufen. Daß unterdessen der Thron bedenklich zu wackeln begonnen hatte, entging der national gesinnten Kaiserin jedoch vollkommen.

Nach Wilhelms Abdankung 1918 und Flucht nach Holland fanden er und Dona schließlich mit Schloß Doorn eine neue Heimat im Exil.

Wilhelms Arbeitszimmer in Schloß Doorn: Während sich der Ex-Kaiser durch zahlreiche körperliche Aktivitäten von seinem Schicksal ablenkte, verbrachte Dona ihre Zeit mit Lektüre, Briefeschreiben und Spaziergängen.

Ein letzter Lichtblick im Leben der von schwerer Krankheit gezeichneten ehemaligen deutschen Kaiserin: der Besuch ihres Enkels Franz Joseph im Herbst 1920. Nur wenige Monate zuvor war Sohn Joachim durch Selbstmord aus dem Leben geschieden.

Ende eines Weges: Monarchisten hatten versucht, Donas Tod im April 1921 und die Beisetzungsfeierlichkeiten in Potsdam zu Propagandazwecken auszunutzen. Tatsächlich bewegte der Tod der sehr beliebten ehemaligen Landesmutter die Republik zutiefst. Tausende nächtigten damals im Park, um dabeisein zu können, als die letzte Kaiserin zu Grabe getragen wurde. Wilhelm hingegen mußte der Beisetzung fernbleiben.

Beisetzungsfeierlichkeiten der Deutschen Kaiserin.

Von links nach rechts: Prinz Eitel Friedrich mit der Kronprinzessin, Prinz August Wilhelm, Prinz Adalbert und Prinz Oskar, dahinter die Prinzessinnen mit den Kronprinzensöhnen.

Trügerische heile Welt beim Weihnachtsfest auf Schloß Öls in Schlesien (1924): Die Ehe des ehemaligen Kronprinzenpaares Wilhelm und Cecilie hatte die Kriegs- und Nachkriegsjahre nicht unbeschadet überstanden. Links außen der Sohn Louis Ferdinand.

Der 1994 verstorbene Kaiser-Enkel Louis-Ferdinand mit seinem Enkel Prinz Georg Friedrich Ferdinand, dem heutigen Chef des Hauses Hohenzollern. (Foto: 1992)

England als ihrem »Zuhause« zu sprechen, und diese Einstellung konnte sie einfach nicht unterdrücken. So machte sie auch keinen Hehl daraus, daß ihr in Preußen allerlei auf die Nerven ging: der Mangel an Badezimmern, deutsche Stiefel und Uniformen, zu dünne Silberteller und vieles mehr. Das waren Kleinigkeiten, gewiß, doch sie erweckten den Eindruck bei ihrer Umgebung, als sei in England alles besser, und verstärkten den Haß auf »die Engländerin«, wie sie von ihren konservativen Gegnern von nun an bezeichnet wurde.

Dabei hatte Vicky nach wie vor den festen und guten Willen, das Vaterland ihres vergötterten Ehemanns ebenso liebzugewinnen wie ihre englische Heimat, und wünschte nichts mehr, als daß in Preußen und Deutschland einmal ähnliche Bedingungen herrschen sollten wie im vergleichsweise fortschrittlichen England. Dafür wollte sie sich engagiert einsetzen, schließlich war sie ja von ihrem Vater eigens dafür »auserwählt« worden. 1858, in dem Jahr, als sie nach Preußen gekommen war, standen die Sterne günstig für den Siegeszug des liberalen Gedankenguts. König Friedrich Wilhelm IV., nach einer Reihe von Schlaganfällen regierungsunfähig, hatte die Herrschaft an seinen damals 61jährigen Bruder Wilhelm übergeben, der sich vom ehemals verhaßten »Kartätschenprinzen« zu einem nach eigenem Bekenntnis »gemäßigten Liberalen« entwickelt hatte, der einer konstitutionellen Monarchie in Preußen nicht mehr ganz so abweisend gegenüberstand. Das neue Kabinett bestand aus Männern, die liberale Ideen vertraten, und gab allen Anlaß zur Hoffnung. Als Friedrich Wilhelm IV. am 2. Januar 1861 starb und Wilhelm I. den Thron bestieg, schien die Verwirklichung dieser Ziele nach wie vor zum Greifen nahe zu sein. Der neue König war 63 Jahre alt, mit seiner Gesundheit stand es nicht zum besten, und Vicky, nunmehr Kronprinzessin von Preußen, konnte sich berechtigte Hoffnungen machen, in nicht mehr allzu ferner Zukunft selbst Königin zu sein. Zudem waren in Preußen nicht nur auf der allerhöchsten Ebene der Regierung, sondern auch in der Bevölkerung die liberalen Prinzipien auf dem Vormarsch, die reaktionären Kräfte im Parlament auf eine Handvoll Abgeordneter zusammengeschrumpft. Die »Coburger« hatten allen Grund zum Jubeln. Doch dann ereignete sich die erste Katastrophe: Am 14. Dezember 1861 starb Albert, Vickys über alles geliebter und verehrter Vater, im Alter von nur 42 Jahren an Typhus. Die Kronprinzessin hatte am 21. November soeben ihren 21. Geburtstag gefeiert, als aus England die traurige Nachricht von der ernsthaften Erkrankung des Vaters eintraf. Albert hatte sich schon seit geraumer Zeit unwohl gefühlt – Rheumatismus, Erkältungen, Magen- und Zahnschmerzen – nichts Ernstes zwar, doch die Zeichen mehrten sich, daß er verbraucht und »ausgebrannt« war, wie wir heute sagen würden. Es fehlten ihm sowohl die Kraft als auch der Wille zum Widerstand. »Ich hänge nicht am Leben«, hatte er erst unlängst niedergeschlagen verlauten lassen. »Ich bin überzeugt, daß ich, wenn ich eine schwere Krankheit bekäme, mich sofort ergeben und nicht mit dem Leben ringen würde.« Und genauso war es gekommen. Albert hat seinen Tod geahnt, vielleicht hat er ihn, unbewußt, sogar gewollt. Er starb schließlich an einem »gastritischen Unterleibsfieber«, die Umschreibung von Typhus, an dem damals noch jeder dritte starb.

Vicky war untröstlich. Sie hatte mit ihm nicht nur ihren Vater, sondern auch ihren Freund und Mentor verloren. Der Schicksalsschlag traf Mutter und Tochter gleichermaßen. »Was soll aus uns allen werden?« fragte die Queen verzweifelt ihre älteste Tochter, »aus dem unglücklichen Land, aus Europa, aus allem? Für Dich ist der Verlust eines solchen Vaters absolut irreparabel.« Tatsächlich war das Band, das Vicky mit ihrem Vater verband, viel stärker gewesen als die übliche Liebe zwischen Eltern und Kindern. Doch Alberts Tod war nicht nur eine menschliche, er war gleichermaßen eine politische Katastrophe. Resignierend schrieb der alte Baron Stockmar: »Hier sehe ich vor meinen Augen zusammenstürzen jenes Gebäude, für das ich zwanzig Jahre meines Lebens gegeben habe, um es aufzubauen, getrieben von der Sehnsucht, etwas Gutes und Großes zu vollbringen.« Noch war das Gebäude nicht zusammengestürzt, doch ein wichtiger Stützpfeiler war weggebrochen. Die Verwirklichung des »Coburger Plans« war mehr als fraglich geworden.

Am Scheideweg

Ein erster Lichtblick in Vickys Leben war acht Monate nach Alberts Tod die Geburt ihres dritten Kindes: Am 14. August erblickte Heinrich das Licht der Welt, und Vicky hatte endlich wieder allen Grund zur Freude, zumindest in privater Hinsicht. Was die Politik betraf, so schien es ihr, als fehle seit Alberts Tod der »gute Geist«, der die Entwicklung vorantrieb.

Mitte März 1862 hatte der König nach der gescheiterten Heeresreform das Parlament aufgelöst und kurz darauf die liberalen Minister entlassen (s. S. 75 f.). Die von so vielen Hoffnungen getragene »Neue Ära« war damit offensichtlich zu Ende, zumal Gerüchte laut wurden, Otto von Bismarck, seit der Revolution von 1848 als royalistischer Hardliner bekannt, solle nach Berlin geholt werden. »Nur um Gottes willen nicht den zum Minister!« schrieb Vicky entsetzt an ihre Mutter, doch noch war nichts entschieden. Wilhelm I. wollte Bismarck ursprünglich gar nicht zum Ministerpräsidenten machen, hegte er doch, wie er selbst zugab, »einen geheimen Widerwillen gegen diesen Menschen«. Mit Bismarck wollte er nicht, ohne ihn konnte er nicht – in dieser Situation sah der König momentan nur einen Ausweg: abdanken und die Krone »dem recht- und gesetzmäßigen Nachfolger zu übergeben, der noch keine geschichtliche und bindende Vergangenheit hat«, seinem Sohn.

Fritz befand sich in einem Loyalitätskonflikt, und auch Vicky riet vorerst zur Zurückhaltung: »Gegen ihn opponieren kannst und sollst Du nicht, und Deine liberalen Ansichten opfern darfst Du nicht; es gibt also nur ein Mittel, die beiden zu vereinigen: schweigen!« Doch dann, als sie sah, daß es ihrem Schwiegervater mit seinem Rücktrittsangebot wirklich ernst zu sein schien, beschwor sie Fritz schließlich doch, auf das Thronangebot einzugehen: »Wenn Du es nicht annimmst, glaube ich, daß Du es einst bereuen wirst, jedenfalls möchte ich nicht die Verantwortung auf mich nehmen, abgeraten zu haben.«

Friedrich Wilhelm, knapp 31 Jahre alt, stand vor der wohl wichtigsten Entscheidung seines Lebens. Die Verwirklichung seiner liberalen Ideale war zum Greifen nah – doch Fritz hatte

Angst vor der eigenen Courage. Über den Vater hinweg wollte er den Thron nicht besteigen. Die Frage war freilich nur, ob er die Macht überhaupt wollte, denn Vickys Mann war alles andere als eine Kämpfernatur. Und dennoch: Hätte er 1862 den Thron bestiegen, wäre ein liberales Ministerium berufen worden, und die Reorganisation der Armee, Grund für die Verfassungskrise, wäre ohne Verletzung des Verfassungsrechts vonstatten gegangen. So aber war der 19. September 1862 nicht nur ein schwarzer Tag für Fritz persönlich, sondern auch für den deutschen Liberalismus, der eine zum Greifen nahe Chance verlor. Der »Coburger Plan« war nur noch Makulatur.

Nachdem Fritz freiwillig das Feld geräumt hatte, trat Bismarck auf den Plan. Wilhelm I. sah keinen anderen Ausweg mehr. Augusta hatte ihn eindringlich beschworen, auf keinen Fall den ihrer Meinung nach in die Sackgasse führenden Rechtskurs einzuschlagen, nicht zuletzt aus Angst vor einer Gefährdung der Dynastie, aber Wilhelm hatte nicht auf sie gehört. Es kam zu einem erbitterten Streit, den er mit der Erklärung beendete, die »Privatansichten« seiner Frau gingen ihn nichts an. Und auch Vicky, die schon 1859 in Bismarck »einen falschen und gefährlichen Gegner« erkannt zu haben glaubte, konnte den König natürlich nicht umstimmen. Am 22. September 1862 wurde Bismarck zum preußischen Ministerpräsidenten ernannt. Vicky war zutiefst entsetzt, sah sie doch in der Berufung weit mehr als eine Wende zur Reaktion hin: sie fürchtete eine verhängnisvolle Absonderung Preußens vom übrigen Europa. Und wie ihre Schwiegermutter Augusta, so verfolgte auch Vicky Bismarcks Schachzüge voller Antipathie und Mißtrauen. Bismarck selbst schrieb in seinen Erinnerungen: »Schon bald nach ihrer Ankunft in Deutschland, im Februar 1858, konnte ich durch Mitglieder des königlichen Hauses und durch eigene Wahrnehmungen die Überzeugung gewinnen, daß die Prinzessin gegen mich persönlich voreingenommen war. Überraschend war mir dabei nicht die Tatsache, wohl aber die Form, wie ihr damaliges Vorurteil gegen mich im engen Familienkreis zum Ausdruck gekommen war: sie traute mir nicht. Auf Ablehnung wegen meiner angeblich anti-englischen Gesinnung und wegen

Ungehorsams gegen englische Einflüsse war ich gefaßt; daß die Frau Prinzessin sich aber in der Folgezeit bei der Beurteilung meiner Persönlichkeit von weitgehenden Verleumdungen beeinflussen ließ, muß ich vermuten, als sie in einem Gespräche ... sagte, ich hätte den Ehrgeiz, König zu werden oder wenigstens Präsident einer Republik.«

Die Abneigung war also gegenseitig. Vicky war für Bismarck vornehmlich »die Engländerin«, Bismarck für die Kronprinzessin der »böse Mann«, dem sie zutiefst mißtraute. Doch ihr waren und blieben die Hände gebunden. Mit der Ernennung Bismarcks zum preußischen Ministerpräsidenten im September 1862 begann die politische und auch gesellschaftliche Isolierung des Thronfolgerpaares, die die nächsten 25 Jahre bestimmen sollte.

Vickys Anteil an der Politik

Beklommen beobachtete Vicky, wie sich in Preußen nun wieder die reaktionären Kräfte zu den Schalthebeln der Macht vorarbeiteten und nichts unversucht ließen, ihren Mann, den Kronprinzen, entweder für sich zu gewinnen – oder auszuschalten. Sie freilich sah weder in dem einen noch in dem anderen eine Alternative, denn mochte die Situation auch alles andere als günstig sein, von ihren politischen Idealen und Zielen wollte sie sich nicht abbringen lassen. Am 1. Juni 1863 wurde die verfassungsmäßig garantierte Pressefreiheit aufgehoben – ein Schlag ins Gesicht aller fortschrittlichen Kräfte. Zum ersten Mal gab der Kronprinz die bislang für ihn so unverzichtbare Loyalität zugunsten seines königlichen Vaters auf und zeigte so etwas wie Zivilcourage: In einer in Danzig gehaltenen Rede nahm er öffentlich gegen das Vorgehen der Regierung Stellung, erstmalig wurde der politische Gegensatz zwischen ihm und Wilhelm I. an die Öffentlichkeit gebracht. Die Zeitungen verbreiteten die Worte des Kronprinzen, die allgemeines Aufsehen und Erstaunen hervorriefen. Verärgert rügte der König das Verhalten seines Sohnes, befahl ihm, seine Worte in den Zeitungen zurückzunehmen, und drohte, ihn im Wiederholungsfalle seiner militärischen und staatsrechtlichen Ämter zu entheben. Fritz hatte der Mut ohnehin schon wieder verlassen, er stimmte der väterlichen Anordnung zu und verpflichtete sich, in Zukunft wieder zu schweigen.

Geschwiegen hätte er wohl ohnehin, wäre nicht Vicky die treibende Kraft gewesen, die die Danziger Rede nicht nur veranlaßt, sondern im wesentlichen auch inhaltlich mitbestimmt hatte. Dazu schrieb sie an ihre Mutter: »Ich tat, was ich konnte, um Fritz zu bewegen, dies zu tun, da ich wußte, wie notwendig es war, daß er seinen Empfindungen öffentlichen Ausdruck verleihen und erklären sollte, daß er keinen Anteil an den letzten Regierungsverfügungen habe.« Hatte Vicky geglaubt, Fritz könne sich durch sein mutiges Auftreten nun ein für allemal als Liberaler profilieren, so sah sie sich nun in ihren Erwartungen getäuscht, auch in den Erwartungen, die sie in ihren Mann gesetzt hatte. Bismarck war über das Verhalten des Kronprinzen und der »Engländerin« natürlich zutiefst empört gewesen und hatte dem König geraten, »Majestät möge mit dem Knaben Absalom säuberlich verfahren«. (Anm. d. Verf.: Eine Anspielung auf den alttestamentarischen Königssohn, der sich gegen seinen Vater David erhoben hatte und schließlich getötet wurde. 2. Sam. 13–19)

Von nun an riß die Kette der Gegensätze zwischen dem Kronprinzenpaar und Bismarck nicht mehr ab. »So bleiben wir«, klagte Vicky, »von Leuten umgeben, die entschlossen sind, vor allem, was wir in freiheitlichem Sinne unternehmen wollen, eine unüberwindliche Schranke aufzurichten und uns förmlich das Leben aus dem Leibe zu quälen.« Fritz, des Kämpfens müde, auch wenn er im Grunde genommen noch gar nicht gekämpft hatte, hätte am liebsten auf sein zukünftiges Amt verzichtet und wäre als Privatmann nach England gegangen. So aber zog er sich resigniert aus dem politischen Geschehen zurück. Weder gegen Bismarck noch gegen seinen Vater hat er je wieder öffentlich Stellung bezogen, und doch schwebte bis zum Tod Wilhelms I. im Jahr 1888 das Damoklesschwert der Enterbung über Fritz, und in Militärkreisen wurde bereits erwogen, seinen Vetter Friedrich Karl als Thronfolger aufzubauen. Aber auch wenn der Kronprinz den ihm verpaßten Maulkorb willig akzeptierte, Vicky dachte nicht daran, so leicht aufzugeben. Wie jede Persönlichkeit, die von der Richtigkeit der eigenen Meinung überzeugt ist, alles daransetzt, ihren Ansichten auch weiterhin Geltung zu verschaffen, so tat es auch die Kronprinzessin. Nach wie vor hatte sie zweierlei Forderungen im Auge: innenpolitisch die konstitutionelle Regierungsform nach englischem Muster, außenpolitisch einen antirussischen und proenglischen Kurs der preußischen Politik. Und da sie hartnäckig bei ihrer einmal gefaßten Meinung blieb und sich nicht von ihren Prinzipien abbringen ließ, war es klar, daß sie für Bismarck und dessen »Realpolitik« keinerlei Verständnis aufbringen konnte. Daß sich ihr Schwiegervater, dem sie, wenn auch nicht politisch, so doch menschlich recht nahestand, mehr und mehr von Bismarck beherrschen zu lassen schien, machte sie tieftraurig. »Das liebe Gesicht des Königs«, berichtete sie im März 1864 ihrer Mutter, sehe ganz bedrückt aus, denn »sein böses Genie Bismarck verfolgt ihn auf Schritt und Tritt wie ein Schatten«.

Vicky erkannte nicht, daß die Uhren in Preußen anders gingen als »zu Hause« in England. Sie, die keine Kompromisse eingehen und die nun einmal gesetzten Schranken mit Gewalt brechen wollte, mußte mit ihren politischen Reformplänen zwangsläufig scheitern. Ähnlich wie ihre Schwiegermutter Augusta hat sie daher ihre »Lebensaufgabe« letztlich nicht lösen können. Auch Vicky war zu sehr »Visionärin« mit zu wenig Einsicht in das, was tatsächlich politisch machbar war.

»Für uns Deutsche ...«

In einem Punkt aber unterschied sich Vicky von Augusta: Während die Königin jede Art von Krieg grundsätzlich ablehnte, sah Vicky darin durchaus ein Mittel der Politik, das eingesetzt werden mußte, wenn es keinen anderen Weg mehr gab. Als Bismarck 1864 den wegen der ungelösten Schleswig-Holstein-Frage stattfindenden Krieg gegen Dänemark provoziert hatte

(s. S. 80f.), stimmte sie, was die Notwendigkeit des Krieges betraf, vollkommen mit Bismarck überein, auch wenn sie dadurch in Gegensatz zu ihrer englischen Familie geriet. (Ihr Bruder, Kronprinz Bertie, war ja mit Alexandra von Dänemark verheiratet.) »Ich hoffe und bete«, schrieb Vicky nach Hause, »daß der Krieg für unsere braven Truppen ehrenvoll endigen und alle Resultate zeitigen möge, welche Deutschland erwartet.« In diesem Krieg wandelte sich Vicky plötzlich zur glühenden deutschen Patriotin, auch wenn sie England keinen Vorwurf machen wollte, weil man dort ihrer Ansicht nach die Schleswig-Holstein-Frage nicht verstehe, »aber für uns Deutsche bleibt sie vollkommen einfach und durchsichtig. Für ihre Lösung sind wir gern bereit, jedes Opfer zu bringen.« (Brief an die Queen)

So sehr sich Vicky aber für die Abtrennung Schleswig-Holsteins von Dänemark begeisterte, nicht zuletzt weil Herzog Friedrich von Augustenburg ein Studienfreund von Fritz aus Bonner Tagen war, so sehr mußte ihr mißfallen, daß Bismarck gleich von Anfang an die Einverleibung der Herzogtümer im Auge gehabt hatte. Doch für ihn stand hinter der Schleswig-Holstein-Frage die deutsche, und deren Lösung hätte Vicky am liebsten ähnlich ihrer Schwiegermutter nicht durch »Blut und Eisen«, sondern durch das »Schwert des Geistes« herbeigeführt gesehen. Nun war Bismarck für sie wieder »der böse Mann, der alles Gute verdirbt, indem er alles dreht und wendet, bis es seinen Absichten entspricht«. Doch auch wenn der Krieg Preußens gegen Österreich im Jahr 1866 ebenfalls Bismarcks Absichten entsprach, so hielt das Vicky keineswegs davon ab, die Erfolge der Truppen – und natürlich die Erfolge von Fritz, der sie anführte – als echte Preußin zu erleben. Wiederum sprach sie mit Stolz und Bewunderung von der preußischen Armee und dem preußischen Volk als einer »höherstehenden Rasse in Bezug auf Intelligenz und Menschlichkeit, Erziehung und Herzensgüte«. »Trotz mancher Absonderlichkeiten« gewann ihr dieses Volk nun durch seine »wertvollen und guten Eigenschaften« Achtung ab. Doch die Freude darüber, sich endlich mit ihrer Heimat identifizieren zu können, wurde noch während des Krieges von großem Kummer überschattet.

»Ich kam nie zur Freude ...«

Trauer um Sigismund

Kaum hatte sich die kronprinzliche Familie wieder einmal vergrößert – am 12. April 1866 wurde das fünfte Kind Victoria geboren –, da starb am 18. Juni Vickys kleiner Sohn Sigismund im Alter von nur 21 Monaten an einer Gehirnhautentzündung. Vicky war mit ihrem Schmerz allein, denn Fritz war an der Front im Hauptquartier in Neisse. So mußte Vicky zunächst ohne ihn mit ihrer unendlichen Trauer fertig werden.

Beide Eltern waren in den kleinen Prinzen vernarrt gewesen, der insbesondere in den Augen der Kronprinzessin so viel intelligenter zu sein schien als die anderen Kinder. Vicky, die geglaubt hatte, der Kleine würde Albert, ihrem geliebten Vater ähneln, war untröstlich und schrie den Schmerz in einem Brief heraus: »Mein Stolz, meine Freude, meine Hoffnung ist tot, tot!« Und wenige Tage später schrieb sie an ihre Mutter: »Wie habe ich den Kleinen geliebt! Vom ersten Augenblick seiner Geburt an bedeutete er mehr für mich als seine Brüder und Schwestern; er war so hübsch, so lieb, so froh und so glücklich – wie stolz war ich auf meinen kleinen Sohn, und gerade dieser teuerste Schatz ist mir genommen worden! Das Leid scheint größer, als daß ich es tragen kann. Ihn so furchtbar leiden und sterben zu sehen, seinen letzten jämmerlichen Schrei zu hören war eine Qual, die ich nicht beschreiben kann, sie verfolgt mich Tag und Nacht ... Nun muß ich sein kleines leeres Bett sehen, muß ihn jede Stunde vermissen und sehne mich so tief und bitterlich, ihn noch einmal an mein Herz drücken zu können.«

Vickys schmerzliche Gefühle lassen sich unschwer nachempfinden. Doch sie konnte sich ihrer Trauer nicht vollends überlassen, das Leben mußte weitergehen: Wilhelm, Charlotte, Heinrich und die kleine Victoria brauchten ihre Mutter.

Mißgriffe

Nicht nur der Tod Sigismunds, die Behinderung Wilhelms und die »schlimmen Eigenschaften« Charlottes machten Vicky Kummer, auch Heinrich entsprach nicht ihren Vorstellungen. Nachdem sie in gewohnter Manier zunächst hellauf begeistert gewesen war und ihrer Mutter stolz berichtet hatte, Heinrich sei der Schlaueste von allen, enttäuschte auch der zweite Sohn schon bald die hohen Erwartungen seiner Mutter, und nun ergriff Vicky jede Gelegenheit, sowohl seine Intelligenz als auch sein Verhalten zu kritisieren. Kurz bevor er vier Jahre alt wurde und ein Besuch bei der englischen Großmutter bevorstand, schrieb sie nach Hause: »Ich bin sicher, Du wirst das arme Kind mögen. Er kann nicht dafür, daß er so häßlich ist. Er ist wirklich nicht dumm und kann auch ganz witzig sein.« Nun wandte sich Vicky wieder einem Neugeborenen zu, der kleinen Victoria, die sie, da ihre Schwester Alice ebenfalls ein Töchterchen gleichen Namens hatte, zur besseren Unterscheidung »Moretta« oder »Möhrchen« nannte. Moretta war »dick und gesund« und endlich das, was sich Vicky erhofft hatte, ein liebes und unkompliziertes Kind, auf das sie zudem all ihre Liebe für den toten Sigismund übertragen konnte: »Ich denke mitunter, meine kleine Victoria sei Siggy, und ich habe bloß geträumt, daß ich ihn bekommen und verloren habe«, schrieb sie zwei Wochen nach dem Tod ihres Sohnes.

Für die künftige Ausbildung von Wilhelm und Heinrich wurden im gleichen Jahr 1866 entscheidende Weichen gestellt, indem man die Erziehung der beiden Prinzen fortan Dr. Georg Hinzpeter anvertraute, einem calvinistischen Philologen aus Bielefeld, dessen Wahl freilich verwundert. Der junge Hinzpeter war zwar fachlich hervorragend begabt, nach Gesinnung und Charakter aber alles andere als liberal. Und doch hofften Vicky und Fritz, der Mann mit dem asketisch-spartanischen Naturell sei geeignet, den Charakter der beiden Söhne nach ihren Vorstellungen zu formen. Was Hinzpeter letzten Endes erreichte, war freilich das genaue Gegenteil.

Der Alltag der beiden jungen Prinzen war ausgesprochen

freudlos. Nie hörten sie ein Wort des Lobes von ihrem Erzieher, wenngleich er stets mehr von ihnen zu fordern pflegte, als sie zu leisten vermochten. Nicht selten hat Heinrich, der sehr an seinem großen Bruder hing, aus Mitleid und ohnmächtiger Wut geweint, als der unerbittliche Hinzpeter dem achtjährigen Wilhelm das Reiten beibrachte. Mit dem verkürzten Arm war eine Störung des Gleichgewichts verbunden, dauernd fiel das Kind vom Pferd, und der erbarmungslose Erzieher hob ihn sofort wieder hinauf, ohne ein Wort des Trostes oder der Ermutigung – bis der Prinz endlich gelernt hatte, ohne Bügel die Balance zu halten. Und so ging es weiter. Wurde gewandert, gab es unterwegs keinen Schluck Wasser zu trinken, kam Besuch und wurde Obst oder Gebäck gereicht, durften die Prinzen selbst keinen Bissen davon nehmen.

Es ist völlig unklar, was Vicky und Fritz zu diesem »Mißgriff« bewogen hat und warum sie so lange nicht merkten, daß sie mit der Ernennung Hinzpeters einen schwerwiegenden Fehler gemacht hatten. Vicky hatte unterdessen eine neue Aufgabe gefunden: Am 10. Februar 1868 war Waldemar zur Welt gekommen, und seine Geburt hatte endlich geholfen, die Lücke zu füllen, die Sigismunds Tod hinterlassen hatte. Nun wurde Waldemar zum Lieblingssohn des Kronprinzenpaares. Denn anders als seine Brüder lernte er gerne und rasch, auch wenn er nicht gerade ein Bücherwurm war. Dabei hatte er einen fröhlichen Charakter, war ehrlich, sensibel und begabt. Ein Ölporträt des jungen Prinzen, das Vicky um 1878 selbst gemalt hat, zeigt einen hübschen Jungen mit dunklen und intelligenten Augen. Er war endlich der Sohn, von dem Vicky immer geträumt hatte.

Am 14. Juni 1870 wurde Sophie geboren, ein weiteres Lieblingskind Vickys, das offenbar nur bei seiner Taufe für einige Aufregung gesorgt hat. Am 24. Juli schrieb Vicky an ihre Mutter: »Meine süße kleine Sophie benahm sich sehr gut, aber Waldi und Vicky schrien dafür um so mehr, und es gefiel ihnen gar nicht; sie fürchteten sich vor der Stille und den energischen Gesten des Pfarrers, und Vicky schluchzte: ›Laß den Mann unserem Baby nichts tun!‹«

Weitere Probleme verursachte Sophie offensichtlich nicht,

ebenso wie Margarete, Vickys letztes Kind, das zwei Jahre später am 22. April zur Welt kam, »so gut und begabt«, wie die glückliche und stolze Mutter schrieb, »so ein lieber Sonnenstrahl«.

Differenzen gab es hingegen, als es um die weitere Erziehung der beiden ältesten Söhne ging: Hinzpeter hatte für Wilhelm das Gymnasium in Kassel vorgeschlagen, und Heinrich sollte seinen älteren Bruder begleiten. Während den Großeltern eine Teilnahme an öffentlichem Schulunterricht unvorstellbar zu sein schien, hielten Vicky und Fritz ein solches Vorgehen für durchaus erzieherisch und setzten ihren Willen schließlich durch (1874). Damit ging das ebenso asketische wie beschwerliche Leben für die kronprinzlichen Söhne weiter. Beide mußten morgens um fünf Uhr aufstehen, und besonders auf Wilhelm wartete ein überaus umfassendes Programm, das weit über die Erfordernisse der Schule hinausging. Und wie Hinzpeter, so sparte auch Vicky nicht mit Kritik an ihrem ältesten Sohn. Schließlich hatte sie das Ziel, einen »liberalen Friedrich den Großen« aus ihm zu machen, bislang nicht aus den Augen verloren. Und nach wie vor glaubte sie, für Wilhelm nur das Beste zu tun.

Schickte Hinzpeter negative Berichte aus Kassel – und in der Regel waren sie negativ –, war das für Vicky Grund genug, den Druck auf den ohnehin hoffnungslos überforderten Sohn nur weiter zu verstärken. Er sollte in seiner freien Zeit, die tatsächlich überhaupt nicht vorhanden war, umfangreiche Romane lesen, seine Englisch- und Französischkenntnisse verbessern und sich überhaupt auf seine Aufgaben als künftiger König und Kaiser vorbereiten. Vicky, die schon in Wilhelms jungen Jahren wenig Einfühlungsvermögen gezeigt hatte, versagte auch beim Heranwachsenden. Von seinem inneren Zustand, der Krise, die der Sohn durchmachte, der permanenten Überforderung, der er ausgesetzt war, machte sich Vicky offenbar überhaupt keine Vorstellung. Ansonsten hätte sie ihn nicht ständig unbarmherzig kritisiert: wegen schlechter Leistungen, schlechter Schrift, unzureichender Rechtschreibung, mangelnder geistiger Interessen, ebenso wegen nicht geputzter Zähne. Die Folge war, daß sich Wilhelm mehr und mehr in sich selbst zurückzog und sich von seinen Eltern, besonders aber von der Mutter, mehr und mehr abkehrte, einer Frau, die so wenig Verständnis für ihn aufzubringen schien. Dabei liebte er seine Mutter, doch da seine Gefühle nicht für ihn spürbar erwidert wurden, blieb ihm nichts als die Flucht in die Einsamkeit hinter einen Panzer von scheinbar kalter Gefühllosigkeit. Verschärft wurde die Situation noch dadurch, daß Hinzpeter hinter dem Rücken der Eltern in Wilhelm eine tiefe Verehrung für Bismarck und seine Politik weckte, was Vicky freilich erst erkannte, als sie mit ihrem Ältesten schon so zerstritten war, daß ein offenes Gespräch nicht mehr möglich war. »Für Heinrich kann ich nur von beschränktem, für Wilhelm von gar keinem Nutzen sein«, seufzte sie resigniert, doch sie selbst war daran nicht unschuldig.

»Ich kam nie zur Freude über seinen Besitz«, hatte Vicky schon 1871 geschrieben – ein Satz, der viel über die Ursache der Disharmonie zwischen Mutter und Sohn aussagt. Sie betrachtete Wilhelm ganz offensichtlich als ihren »Besitz« und zog daraus die Schlußfolgerung, sie habe das Recht, den Sohn nach ihren Idealen und Vorstellungen zu formen. Als dies mißlang, mißlingen mußte, war sie enttäuscht. Das Ergebnis war also die Frustration einer überaus ehrgeizigen Mutter, die ihrem Sohn einen großartigen Auftrag für die Zukunft geben wollte und nun feststellen mußte, daß er sich dieser Aufgabe nicht gewachsen zeigte. Fatalerweise machte sie aus ihrer Unzufriedenheit keinen Hehl, so daß Wilhelm nur sehr wenig Selbstvertrauen entwickelte und später diesen Mangel durch ein übertrieben forsches Auftreten zu kompensieren suchte.

Nicht minder fatal als die ständig wiederholte Kritik wirkten sich Vickys Versuche aus, Wilhelm gegen das vorherrschende preußische System und für England einzunehmen. Was sollte der 16jährige künftige deutsche Kaiser denken, wenn ihm seine Mutter, »die Engländerin«, von *ihrem* Nationalstolz schrieb? Er identifizierte sich mit seinem deutschen Vaterland, war stolz auf Preußen, schon seit dessen Sieg über Österreich und besonders 1871 über Frankreich, und ebenso stolz war er auf seinen Großvater, den Kaiser, den er nicht minder bewunderte als den nunmehrigen Reichskanzler Bismarck. Und so mußte er Vickys diesbezügliche Äußerungen einfach falsch verstehen und sie als Kritik an Deutschland auffassen, was die »zur Freiheit geborene Britin« gar nicht bezweckte. Ungewollt stürzte Vicky ihren Sohn in einen unerträglichen Zwiespalt und legte damit den Grundstein für seine spätere Haßliebe zu England. Vorerst aber reagierte er mit jugendlichem Trotz und zog sich nach und nach aus dem Konflikt mit seiner Mutter zurück.

Vickys angebliche Deutschlandfeindlichkeit, die ihr ihre zahlreichen Feinde zeitlebens unterstellt haben, existierte überhaupt nicht. Spätestens seit dem Krieg gegen Dänemark fühlte sich Vicky mit ihrer neuen Heimat eng verbunden. Wäre dies nicht der Fall gewesen, hätte sie sich wohl kaum so engagiert für die Realisierung des »Coburger Plans« einzusetzen versucht. Ähnlich wie ihre Schwiegermutter Augusta hatte auch Vicky geglaubt, Preußen erhielte durch die Einführung eines liberalen Verfassungssystems geradezu einen moralischen Führungsanspruch in Deutschland, der ihr nun durch den gegen Frankreich provozierten Krieg in Frage gestellt schien. Und doch fühlte sie sich als Deutsche, wenngleich sie ihre englische Herkunft nicht verleugnen konnte und wollte. Ihr Bruder Bertie bemerkte dazu einmal, daß Vicky, wenn sie in England sei, alles Deutsche lobe, in Deutschland aber sei es genau umgekehrt.

»Eine gescheite Person«

Nach wie vor aber vermißte Vicky die Freiheit ihres früheren Lebens in England. Das »Käfigleben« am Berliner Hof empfand sie als unerträglich öde und leer. »Aus Vergnügungen, Theater, Gesellschaften etc. ... mache ich mir nichts – hasse und fliehe das alles vielmehr. Die frivole, nutzlose Existenz, die man hier führt, in ihrer tötenden Monotonie finde ich geradezu vernichtend für Geist und Körper«, schrieb sie ihrer Mutter. Am frühen Nachmittag in voller Abendtoilette zu dinieren war ihr unangenehm, die langwierigen und scheinbar bedeutungslosen Zeremonien ein Greuel.

Berlin erschien ihr als ähnliches »Fegefeuer«, als das es ihre Schwiegermutter stets empfunden hatte. Am liebsten verbrachte Vicky ihre Zeit gemeinsam mit Fritz fern von Berlin. Sie reiste dann nicht nur nach England zu ihrer Mutter, sondern hielt sich auch mit Vorliebe in der Rhein-Main-Gegend auf. Am meisten aber zog es sie über die Alpen nach Italien. Die oberitalienischen Seen und Berge, Venedig, Florenz und die Riviera wurden für sie, Fritz und die drei jüngeren Töchter Schauplätze eines erholsamen Urlaubs und ungestörten Familienlebens. An Italien liebte Vicky alles: die Schönheit der Landschaften, die Lebensweise der Menschen, die Sonne und nicht zuletzt die zahlreichen historischen Bauten und Kunstwerke, die sie nicht müde wurde zu besichtigen.

Zurück in Preußen zog sich Vicky nach Potsdam zurück, um in der Ruhe des Neuen Palais ihren eigenen zahlreichen Interessen nachzugehen. Diese Haltung aber mußte zwangsläufig ihre Schwiegermutter Augusta gegen sie aufbringen, die das Zeremoniell und die Etikette so ausgesprochen hochhielt, und so begann sich das Verhältnis der beiden Frauen zueinander in den 70er Jahren zunehmend zu verschlechtern. Von Anfang an hatte sich Vicky von Augusta nichts sagen lassen, wohingegen diese den unbedingten Eindruck hatte, die junge Frau noch nach ihren Vorstellungen erziehen zu müssen. Fatal, daß keine der beiden mit der Kunst der Diplomatie gesegnet war und daß so zwei Ansichten unversöhnlich aufeinanderprallten.

Doch auch Vicky sah ihre Mission in der Erziehung, und nicht nur in der ihrer Kinder. Von Anfang an hatte sie es sich mit der Hilfe ihres Beraters Stockmar zur Aufgabe gemacht, nicht nur den eigenen politischen Horizont zu erweitern, sondern auch den ihres Mannes. Fritz akzeptierte die geistige Überlegenheit seiner jungen Frau und ließ sich willig von ihr leiten. Schon bald hatte Vicky daher allen Grund zur Freude darüber, daß die politische »Nacherziehung« von Erfolg gekrönt war. 1864 schrieb sie ihrem Mann: »Welchen Sprung hast Du in diesen sechs Jahren gemacht! Diesen Sommer müssen wir uns vornehmen, recht fleißig zu sein und recht viel Nützliches zu lesen.« Und Vicky las. Schon in den ersten Jahren ihrer Ehe studierte sie diejenigen Werke des englischen Nationalökonomen John Stuart Mill, die sie nicht schon in England gelesen hatte, arbeitete das »Kapital« von Karl Marx durch, verschlang La Rochefoucault, Heine, Goethe und Lessing. Von ihrem Vater hatte sie das Credo übernommen, daß Fürsten engen Kontakt zu den Größen der Wissenschaft pflegen sollten, um von ihnen zu profitieren, und so suchte sie gern die Gesellschaft geistreicher Männer. Zu Vickys Freundeskreis gehörten Männer wie Conrad Ferdinand Meyer, Gustav Freytag, Max Duncker und Moritz August von Bethmann Hollweg.

Mit der Zeit konnte die Kronprinzessin ein enormes Wissen aufweisen. Ausgestattet mit einem fabelhaften Gedächtnis, hatte sie wohl alles von Bedeutung gelesen – und sie behielt es auch. Zudem sprach sie Deutsch, Französisch und Italienisch genauso gut wie ihre Muttersprache Englisch. Ihr Stil, schriftlich wie mündlich, war ausgezeichnet, ihre Handschrift ebenso. Daß Vicky eine weitaus überdurchschnittlich intelligente Frau war, konnten auch ihre Gegner nicht leugnen. Selbst Bismarck mußte zugeben: »Was ihren Verstand anbetrifft, so ist sie eine gescheite Person.« Wobei er allerdings hinzufügte: »Aber gescheit, wie Frauen das sind.«

Entspannung fand Vicky beim Malen und Zeichnen. Meist malte sie Aquarelle und Ölbilder: Landschaften, Stilleben und Porträts, darunter auch die ihrer Kinder. Nur ihren Hofmarschall, Baron Reischach, hat sie wohl nicht so gut getroffen. Der nämlich berichtet in seinen Erinnerungen, der Hofmaler Heinrich von Angeli (1840–1925) habe das von Vicky gemalte Porträt mit den folgenden Worten kommentiert: »Aber was habens denn da angestellt, Majestät? Der Baron Reischach ist doch ein ganz gutaussehender Mensch, und das eine Aug' habens ihm ganz schich gemalt. Lassens doch das Portraitieren, das könnens halt nit. Bleibens bei ihren Stilleben, die machens sehr nett. Unter die könnt man die Namen von einem großen Künstler setzen.«

Zusammen mit ihrem Gemahl engagierte sich Vicky auch für den Ausbau der Berliner Museen, besonders am Herzen aber lagen ihr die sozialen Aufgaben der Zeit, die Arbeiter- und auch die Frauenfrage. 1866 übernahm sie das Protektorat über den Lette-Verein. Um für diejenigen Frauen, meist Witwen und Waisen, die auf eigenen Unterhalt angewiesen waren, Bildungs- und Erwerbsmöglichkeiten zu schaffen, hatte der Liberale Wilhelm-Adolf Lette in Berlin diesen Verein »zur Förderung der Erwerbstätigkeit des weiblichen Geschlechts« ins Leben gerufen. Angeregt worden war er durch eine entsprechende positive Entwicklung in England. Dort hatte sich gezeigt, daß sich die durch die Industrialisierung bedingte Beteiligung der Frauen am Arbeitsleben durchaus gewinnbringend für die gesamte Gesellschaft auswirken konnte. Freilich muß betont werden, daß es nicht das Ziel des Lette-Vereins gewesen ist, für die »politische Emanzipation und Gleichberechtigung« der Frauen Sorge zu tragen, angestrebt wurde nur deren wirtschaftliche Selbständigkeit.

Gleichermaßen engagiert setzte sich Vicky für die Ausbildung der jungen Mädchen ein. Ihr unterstanden sowohl das Victoria-Lyzeum, das Lette-Haus und die »Heimatstätte für Töchter höherer Stände«. Nicht weniger dachte die Kronprinzessin an die Berliner Kinder, die in einer immer größer werdenden Stadt immer weniger Spielräume fanden. Für sie wurden öffentliche Spielplätze errichtet, insbesondere im Herzen der Stadt, im Tiergarten.

Waldemars Tod

Am 24. März 1879 erkrankte der jüngste Sohn Waldemar an Diphtherie. Seine Mandeln waren so geschwollen, daß er kaum noch schlucken und seinen Mund nicht mehr schließen konnte. Vor wenigen Monaten erst, am 14. Dezember 1878, waren Vikkys Schwester Alice sowie deren Tochter an der gleichen Krankheit gestorben. Alice war nur 35 Jahre alt geworden, und Vicky trauerte noch immer um ihre Schwester, die wie sie in Deutschland gelebt hatte und mit Ludwig von Hessen verheiratet gewesen war.

Obwohl sie um die Ansteckungsgefahr dieser schrecklichen

Krankheit wußte, bestand Vicky darauf, ihren so entsetzlich leidenden Lieblingssohn selbst zu pflegen. Als Vorsichtsmaßnahme aber ließ sie ihn isolieren und sich selbst mit Karbol einsprühen, bevor sie das Krankenzimmer verließ und zu den anderen Kindern ging. Doch all ihre Liebe konnte dem Kind nicht helfen. Vier Tage lang quälte sich der Kleine röchelnd mit schweren Erstickungsanfällen, bis er am 28. März mit erst elf Jahren starb.

Wieder trauerte Vicky um einen Sohn, und wieder um den »liebsten, hübschesten und vielversprechendsten«. Es sollte lange dauern, bis sie diesen neuen Schicksalsschlag auch nur ansatzweise überwunden hatte. Monatelang befand sie sich in einem Zustand von Schock und Depression und empfand nichts als eine unendliche Leere. Zwanzig Jahre lang, so schrieb sie ihrer Mutter, hatte sie immer einen kleinen Jungen gehabt, den sie abends ins Bett bringen konnte. Nun war alles vorüber. Fritz litt nicht minder: bei Waldemars Beerdigung warf er sich auf den kleinen Sarg, der mit weißem Satin ausgeschlagen und mit Kamelien und weißen Rosen bedeckt war. Unmittelbar danach mußte er zur Kur nach Bad Kissingen geschickt werden, denn er nahm den Tod seines kleinen Sohnes so schwer, daß ihm ein normales Leben nicht mehr möglich schien.

Auch Vicky erkrankte erneut »an schwerem Rheumatismus und Neuralgien«, und bei allem Leid mußte sie auch noch in der Zeitung lesen, daß ein Priester einer streng protestantischen Religionsgemeinschaft in Berlin Waldemars Tod als »Gottes Art und Weise« auslegte, »das stolze und fühllose Herz der Kronprinzessin zur Demut zu zwingen«. Feinde hatte Vicky also nicht nur auf dem Gebiet der Politik. Daß sie zugab, zwar gläubig, aber »freidenkend und freigesinnt im besten Sinne des Wortes« zu sein, stieß nicht nur bei ihrer streng protestantischen Schwiegermutter auf höchste Ablehnung, es bot auch ihren Gegnern eine willkommene weitere Angriffsfläche.

Ein kleiner Lichtblick war in jener Zeit nur die Geburt ihrer Enkelin Feodora im folgenden Mai 1879, dem ersten und einzigen Kind ihrer Tochter Charlotte, die Vicky mit 38 Jahren zur Großmutter gemacht hatte.

Wilhelm und Dona

Zu Beginn des Jahres 1880 verlobte sich Wilhelm mit Auguste Viktoria von Schleswig-Holstein-Sonderburg-Augustenburg, der Tochter jenes Herzogs Friedrich, der nach der Einverleibung Schleswig-Holsteins durch Preußen seinen Thron verloren hatte, ein Studienfreund von Fritz zudem, der die gleichen gemäßigt liberalen Anschauungen teilte. Diese Verbindung war nicht nur eine »Wiedergutmachung« für den Verlust des Herzogtums, sie war von Vicky ganz bewußt eingefädelt worden, obwohl sie wußte, wie sie ihrer Mutter schrieb, daß die Verlobung Wilhelms mit der Holstein-Prinzessin »in Berlin nicht sehr gut aufgenommen werden dürfte, da die armen Holsteins ›mal vu‹ sind und außerdem eine weitverbreitete, aber falsche Ansicht besteht, daß sie nicht ›ebenbürtig‹ sind«. Sie selbst freilich war von der unbedingten Richtigkeit ihrer Entscheidung ohne jeden Zweifel überzeugt und sah sich bestätigt, als auch die Mutter ihre Ansicht teilte: »Ich bin entzückt, daß Du Viktoria nett, liebenswürdig und hübsch findest. Ich habe sie immer dafür gehalten und bin sicher, daß sie aller Herzen gewinnen wird. Ihr Lächeln, ihr Wesen und ihr Ausdruck müssen sogar die borstigen, dornigen Berliner mit ihren scharfen Augen und ihrem schneidenden Sarkasmus über jeden und alles entwaffnen.«

Tatsächlich aber hatte Vicky noch ein weiteres Ziel im Auge. »Dona«, wie die künftige Schwiegertochter allenthalben genannt wurde, sollte nicht nur die »borstigen Berliner entwaffnen«, sie sollte gleichermaßen dafür sorgen, daß sich Wilhelm dem offensichtlichen Einfluß Bismarcks wieder entzog und nun doch noch einen liberalen Kurs einschlug, den seine Eltern ihm nicht hatten nahebringen können.

Als Wilhelm 1880 mit 21 Jahren als Leutnant des 1. Garderegiments aus Potsdam wieder nach Hause kam, hatte sich gezeigt, daß seine militärische Umgebung einen Einfluß auf ihn gewonnen hatte, der insbesondere Vicky zutiefst bekümmerte. Zudem waren die berauschenden Ereignisse dreier gewonnener Kriege nicht ohne Folge für sein Weltbild geblieben. Die liberalen Anschauungen seiner Eltern waren ihm mehr denn je ein

Greuel, und von Bismarck und seinem Großvater Kaiser Wilhelm I. wurde er in dieser Sicht nur allzu bestätigt.

Trotz aller Meinungsverschiedenheiten zwischen Mutter und Sohn war Vicky der Gedanke, daß Wilhelm sie nun verlassen sollte, alles andere als leicht. So schrieb sie am 1. Januar 1881 an ihre Mutter: »Es sind die letzten Tage, an denen wir Willy unverheiratet im gleichen Hause, in seinem alten Zimmer bei uns haben. Er hält mich für ganz töricht sentimental, daß ich dies bemerke, und sagt, daß es ihm ganz gleichgültig wäre, in welcher Stadt oder welchem Haus oder welchem Zimmer er wohne. Es ist mir entsetzlich, die Worte ›zum letzten Mal‹ ebenso wie die Worte ›Lebe wohl‹ aussprechen zu müssen. Es ist in der Tat sehr unbequem, ein weiches Herz zu haben, aber man kann nichts dafür; die, welche es nicht besitzen, fühlen sich viel wohler.«

Wilhelm war durchaus nicht herzlos, doch während er nach Unabhängigkeit strebte und die mütterliche Bevormundung ein für allemal hinter sich lassen wollte, schickte sich Vicky an, ihren ältesten Sohn durch seine zukünftige Frau auch weiterhin an das Elternhaus zu binden. Dona, so glaubte Vicky damals noch, würde gewiß eine einsichtige und gefügige Schwiegertochter sein, die wie sie denke und die mit ihr an einem Strang zöge.

Mut- und Machtlosigkeit

Die Ehe von Vicky und Fritz war trotz aller Schicksalsschläge und enttäuschten Hoffnungen auch nach zwanzig Jahren noch ungewöhnlich glücklich. Gustav Freytag, Schriftsteller und Freund der kronprinzlichen Familie, charakterisierte das Verhältnis einmal mit folgenden Worten: »Er begann von seiner Gemahlin zu sprechen, voll zärtlicher Hingabe. Er rühmte ihr reiches Wissen und ihren Geist, zu dem er immer aufsehen müsse, und klagte, daß eine solche Frau nicht überall in ihrem Wert Anerkennung finde ... Seine Hingabe und Unterordnung unter die geliebte Frau war eine völlige. Diese Liebe war das

Höchste und Heiligste in seinem Leben, das ihn ganz erfüllte. Sie war die Herrin seiner Jugend, die Vertraute all seiner Gedanken, seine Ratgeberin überall, wo Rat zu geben sie geneigt war. Anlage der Gärten, Schmuck der Wohnung, Erziehung der Kinder, das Urteil über Menschen und Ereignisse, alles richtete sich nach ihrer Persönlichkeit ...«

Auch wenn Gustav Freytag den Sachverhalt etwas überspitzt formuliert haben wird, den Kern der Sache hat er zweifelsohne getroffen. Fritz war im Grunde genommen ein schwacher Mensch, der sich an seine starke Frau klammerte. Allein hätte er seinen Weg nicht gefunden. Viele, und nicht nur seine konservativen Gegner, kritisierten, Friedrich Wilhelms Charakter sei »aus Kleinlichkeit und Schwäche« zusammengesetzt. Tatsächlich zeigte er bisweilen einen enormen dynastischen Dünkel, der in krassem Widerspruch sowohl zu seinen liberalen Ansichten als auch zu seiner faktischen Machtlosigkeit stand. So beschwerte er sich beispielsweise, daß sein Sohn Wilhelm zwei Gardeuniformen habe, während er selbst nur eine besitze. Und über seine Mutter Augusta klagte er: »Sobald sie da ist, kümmert sich kein Mensch um meine Frau und mich. Meine gute Mutter will, bis sie ins Grab steigt, herrschen.« Es schien, als habe Fritz zwei Seelen in einer Brust, und dies mag auch ein Grund dafür gewesen sein, daß er mit fortschreitendem Alter zunehmend depressiver wurde. Mehr und mehr setzte sich der Gedanke in ihm fest, daß sein langes Warten auf den Thron nutzlos gewesen, daß seine Zeit bereits vor Beginn der Regierung abgelaufen war. Diese Antriebsschwäche verstärkte sich dramatisch nach dem Tod des jüngsten Sohnes. So schrieb er im Mai 1879 aus Bad Kissingen, wo er zur Kur weilte, an Vicky: »Unser Waldys Tod gibt diesem geistigen Niedergang den Rest! Ich empfinde weder Interesse, noch halte ich's der Mühe wert, für die paar Jahre, die ich noch existieren mag, mich mit Plänen und Politik zu befassen ...«

Vicky wird bei der Lektüre dieses Briefes gewiß an ihren verstorbenen Vater gedacht haben, der kurz vor seinem Tod ähnlich empfunden hatte. Helfen aber konnte sie ihrem geliebten Mann nicht. Gemeinsam mußten beide mit ansehen, wie auch in Zukunft all ihre Pläne und Hoffnungen Stück für Stück zunichte gemacht wurden, bis ihr Glück schließlich ganz in Trümmern lag.

Unter einem schlechten Stern

»Enfant terrible«

Wilhelm und Auguste Viktoria heirateten im Februar 1881, und schon bald mußte Vicky erkennen, daß sich ihre Erwartungen, in der jungen Schwiegertochter eine gleichgesinnte Stütze zu haben, nicht erfüllten. »Dona« vergötterte ihren Ehemann geradezu und dachte überhaupt nicht daran, auch nur die geringste Kritik an ihm zu üben – das genaue Gegenteil Vickys also. Das Verhältnis zu ihrem ältesten Sohn wurde in den 80er Jahren immer schlechter. Verzweifelt schrieb Vicky 1885 an ihre Mutter: »Willy benimmt sich uns und vor allem mir gegenüber so schlecht, wie man sich's nur vorstellen kann, er ist unverschämt, undankbar usw. Es macht mich fast wahnsinnig! Natürlich hält seine Frau alles, was er tut und sagt, für reizend und unfehlbar. Der dumme Junge glaubt alles besser zu wissen als sein Papa – laut rühmt er sich, der Liebling seines Großvaters und des Fürsten B. zu sein – und kommt sich als Anführer der Junker- und Kreutz-Zeitungs-Partei vor. Mit seinen Schwestern spricht er überhaupt nicht, und Heinrich hat er leider ganz und gar in der Tasche, der dumm und schwach ist und seinen Bruder nachahmt. Oft sitze ich in meinem Zimmer und weine! Habe ich denn soviel Fürsorge und Liebe und Zuneigung und Zeit für diese ungezogenen Jungen aufgebracht, damit sie das werden, was sie sind? Hochnäsig, eingebildet, eitel, engstirnig, frech und ach, so ignorant!«

Hilflos mußte Vicky erkennen, daß sie und ihr Mann mehr denn je in die Isolation getrieben worden waren. Wilhelm stand politisch fest auf der Seite seines Großvaters und des mächtigen Bismarcks, der unterdessen auch seinem Sohn Herbert (1849–1904) den Weg in die Politik geebnet hatte. (Herbert von Bismarck stand seit 1874 im auswärtigen Dienst, anfangs zumeist als Privatsekretär seines Vaters, von 1886–1890 als Staatssekretär des Auswärtigen Amts.) Und Herbert verstand es ausgezeichnet, das ohnehin belastete Verhältnis Wilhelms zu seiner Mutter noch weiter zu verschlechtern, scheute er sich doch nicht, offen zuzugeben: »Gegen England kann Prinz Wilhelm niemals genug aufgehetzt werden!« Und als Vicky schließlich erkennen mußte, daß sich auch ihre frühere – zumindest in politischen Fragen – Verbündete, Augusta, Bismarck anzunähern begann, spürte die Kronprinzessin, wie ihr allmählich der Boden unter den Füßen zu schwinden drohte. Sie sah sich einer mächtigen Front gegenüber, die aus Bismarck, dem Kaiserpaar und ihrem eigenen Sohn bestand, jenem »reinen enfant terrible«, wie sie verbittert schrieb, der für die allgemein übliche Schmeichelei nur allzu empfänglich war. Sie und Fritz aber standen allein.

Die Battenberg-Affäre

Daß sich der Konflikt weiter zuspitzte, lag nicht zuletzt an Vikkys Tochter Victoria, genannt »Moretta«, die von einem lieben und unkomplizierten kleinen Mädchen zu einer ausgesprochen attraktiven jungen Frau herangewachsen war. Moretta hatte sich 1883 in den Fürsten von Bulgarien (*1857), den gutaussehenden Alexander von Battenberg, verliebt, als dieser in Berlin zu Besuch gewesen war. Doch wie Prinzessinnen und Prinzen damals nicht selten zu Figuren auf dem Schachbrett der internationalen Politik gemacht wurden, so mußte auch die Liebe von Alexander und Moretta den Prioritäten der Machtpolitik letztendlich ihren Tribut zollen.

Dabei war Alexanders Ernennung seinerzeit vom Zaren von Rußland und vom deutschen Kaiser Wilhelm I. vorgeschlagen worden, und insbesondere der Zar hatte gedacht, in dem jungen Mann eine willige Marionette zu haben. Doch er sollte sich irren. Kaum hatte Alexander den bulgarischen Thron bestiegen, da versuchte er auch schon, die Unabhängigkeit seines Landes von Rußland zu sichern.

1878 erst hatte der Berliner Kongreß mit Bulgarien einen neuen Staat geschaffen, einen allerdings nur »halbsouveränen« Vasallenstaat, der vorerst noch unter der Oberherrschaft des Osmanischen Reiches stand. Doch auch Rußland wollte seinen Einfluß geltend machen. So wurde 1879 Alexander von Battenberg (1857–1893), ein Neffe des russischen Zaren Alexander II. und zweiter Sohn des Prinzen Alexander von Hessen, von der Nationalversammlung zum Regenten gewählt.

Unmittelbar nach der Wahl stattete Alexander an verschiedenen europäischen Höfen eine Reihe von Besuchen ab, wobei er schließlich die 17jährige Moretta kennen- und liebenlernte. Diese Verbindung hätte vielleicht eine Chance gehabt, hätte der junge Regent nicht beabsichtigt, die vollständige Unabhängigkeit seines Landes zu erreichen und nicht länger im Fahrwasser Rußlands zu segeln.

Als Vicky den schönen »Sandro«, wie er im Familienkreis genannt wurde, kennengelernt hatte, war sie sofort Feuer und Flamme für den jungen Mann gewesen, sowohl in menschlicher als auch in politischer Hinsicht. Hinzu kam, daß Alexanders ältester Bruder, Ludwig von Battenberg, ein naher Freund des britischen Kronprinzen war und 1884 Prinzessin Victoria von Hessen heiratete, die Tochter der verstorbenen Alice. Ein weiterer Bruder, Heinrich, heiratete schließlich Vickys jüngste Schwester Beatrice.

Unterstützt von der Queen, begann nun auch Vicky mit beharrlicher Energie, die Fäden für eine Eheverbindung von Moretta und Sandro zu spinnen. Fritz, der ursprünglich gegen eine solche Heirat gewesen war, konnte von ihr erwartungsgemäß rasch umgestimmt werden. Bereits 1884 gaben die glücklichen Brauteltern die Verlobung ihrer Tochter Victoria mit Alexander von Battenberg bekannt. Doch das Glück währte nicht lange. Als der Hochzeitsplan Bismarck zu Ohren kam, war er bereits zum Scheitern verurteilt. Der Reichskanzler fürchtete nämlich, eine solche Verbindung könne das Ende des 1873 geschlossenen Drei-Kaiser-Abkommens bedeuten, das Rußland und Österreich-Ungarn von Frankreich fernhalten und das Deutsche Reich vor einem Zweifrontenkrieg bewahren sollte. Das waren zweifellos triftige Gründe, die auch Kaiser Wilhelm I. erkannte und der daraufhin sein Veto gegen die Hochzeit einlegte. Und wie zu erwarten war, stellte sich auch Wilhelm auf die Seite Bismarcks und seines Großvaters, so daß ein offener Streit zwischen ihm und Vicky nun nicht mehr zu vermeiden war, zumal Bismarck die Battenberg-Affäre geschickt dazu nutzte, Wilhelm noch mehr gegen seine Mutter aufzubringen.

Vicky, der natürlich das Glück ihrer Tochter am Herzen lag, war zutiefst empört darüber, daß diese Ehe nun auf dem Altar der Politik geopfert werden sollte. Doch ihr waren die Hände gebunden. Und so kam es schließlich, wie sie bereits befürchtet hatte: die Liebe von Sandro und Moretta sollte die Stürme der Politik nicht überleben. Alexander von Battenberg wurde durch eine Offiziersverschwörung, hinter der die Russen standen, 1886 gestürzt und durch Ferdinand von Sachsen-Coburg-Gotha ersetzt. Battenberg ging nach Graz, wo er unter dem Namen Graf Hartenau lebte. Drei Jahre später heiratete er schließlich die österreichische Sängerin Johanna Loisinger. Moretta aber konnte Alexander nicht vergessen (s. S. 180f.).

Die Beziehung zwischen Vicky und ihrem ältesten Sohn war durch die Battenberg-Affäre vergifteter als je zuvor. Und so stieß sie, als sie in den nächsten Jahren seine menschliche Unterstützung so dringend benötigt hätte, nur auf eiserne Kälte.

»Was Liebe nur vermag, geschieht ...« – *Friedrichs Krankheit*

Vicky konnte die Augen nicht mehr vor der Tatsache verschließen, daß ihre Welt begonnen hatte, auseinanderzubrechen. Welche großen Pläne hatte sie gehabt, als sie seinerzeit nach Berlin gekommen war, und was war daraus geworden! Alle Hoffnungen auf ein liberales Deutschland hatten sich in Luft aufgelöst, seitdem Bismarck das Reich und den Kaiser fest im Griff hatte, und ihr eigener Sohn hatte all ihre Ratschläge und Ermahnungen in den Wind geschlagen und sich zum genauen Gegenteil dessen entwickelt, was sie sich einmal erträumt hatte.

Und Fritz, ihre große Liebe, mit dem sie all ihre Pläne hatte verwirklichen wollen, litt mehr denn je unter starken Depressionen und glaubte schon längst nicht mehr daran, politisch noch irgend etwas bewirken zu können. Doch es sollte noch schlimmer kommen.

Seit Herbst 1886 hatte Fritz über ständige Heiserkeit geklagt, die er vorerst einer langwierigen Erkältung zuschrieb. Doch als schließlich im März 1887 eine Kehlkopfspiegelung durchgeführt wurde, zeigte sich, daß die Ursache eine andere war: eine Verdickung am Rande seines linken Stimmbandes. Der behandelnde Arzt Prof. Gerhardt, ein Berliner Spezialist für die Erkrankung von Atmungsorganen, bemühte sich vergeblich, die Geschwulst mit einer Drahtschlinge beziehungsweise einem glühenden Platindraht zu beseitigen. Fritz, durch die schmerzhafte Behandlung sichtlich geschwächt, wurde mit Vicky und den drei jüngsten Töchtern daraufhin zur Kur nach Bad Ems geschickt, und man hoffte auf seine Genesung. Als er Mitte Mai nach Berlin zurückkehrte, wurde festgestellt, daß die ärztliche Behandlung keinerlei Erfolg gebracht hatte, die Geschwulst am Stimmband hatte sich weiter vergrößert. Prof. Gerhardt zog daraufhin verschiedene medizinische Kapazitäten zu Rate, unter ihnen auch Ernst von Bergmann, der das Gewächs von vornherein als bösartig ansah und sich von daher für eine Spaltung des Kehlkopfes aussprach, um die Wucherung so weit wie möglich zu entfernen und eine Neubildung zu verhindern. Auch die fünf anderen anwesenden Ärzte stimmten einer solchen Operation zu. Dabei wurde freilich nicht verschwiegen, daß dieser Eingriff mit einem sehr hohen Risiko behaftet war und eine dauerhafte Beeinträchtigung der Stimme wohl nicht vermieden werden konnte. Man mußte damit rechnen, daß der Kronprinz seine Sprachfähigkeit verlieren würde, eine durchaus schwerwiegende Behinderung für einen zukünftigen deutschen Kaiser! Und so wurde vorerst beschlossen, einen zusätzlichen Kehlkopf-Spezialisten heranzuziehen, woraufhin Fritz' Leibarzt Dr. Wegner den Engländer Sir Morell Mackenzie vorschlug, der einige Erfolge auf diesem Gebiet aufzuweisen hatte.

Fatalerweise aber begann mit der Ankunft Mackenzies und

einer abweichenden Beurteilung des Krankheitsbildes eine heftige Auseinandersetzung – nicht nur um die weitere Behandlung. Mackenzies Diagnose aufgrund einer entnommenen Gewebeprobe lautete: kein Krebs. Folglich wurde auch die Operation nicht durchgeführt. Vicky war glücklich. Von Anfang an hatte sie gehofft, daß sich die behandelnden Ärzte im Irrtum befänden, daß ihr geliebter Fritz an keiner tödlichen Krankheit litte. Nun schien die Diagnose des englischen Arztes dies zu bestätigen. Doch was sie nun tat, mag zwar menschlich durchaus zu verstehen sein, politisch gesehen war es fatal: Sie, die »Engländerin«, lobte nicht nur die Fähigkeiten ihres Landsmanns, sie machte auch taktlose Bemerkungen, die verständlicherweise die deutschen Ärzte verstimmen mußten. Und so hörte die Frage »Krebs oder nicht« schon bald auf, eine rein medizinische zu sein, sie wurde zu einer nationalen. Wer hatte recht? Die deutschen oder die englischen Ärzte? Vicky ergriff natürlich die Partei des englischen Spezialisten, Deutschland unterstützte die deutschen Ärzte und konnte der Kronprinzessin ihre Haltung nicht verzeihen.

Bis tief in den Herbst 1887 hinein hielt Mackenzie an der Diagnose fest, die Kehlkopf-Geschwulst sei gutartig. Als Fritz und Vicky im Sommer 1887 am 50. Regierungsjubiläum der Queen in London teilnahmen, schien der Kronprinz tatsächlich nach allgemeinem Urteil bei bester Gesundheit zu sein. Doch dann verschlechterte sich sein Befinden plötzlich, und weder längere Aufenthalte in Schottland noch in Tirol oder Italien brachten Besserung. Nachdem Vicky und Fritz am 3. November 1887 nach San Remo übergesiedelt waren, erbrachte Mackenzies erneute Kehlkopfspiegelung drei Tage später einen neuen, einen eindeutigen Befund: Krebs. Ein Aufschrei ging durch ganz Deutschland: Der englische Arzt hatte sich geirrt und durch seine anfänglich falsche Diagnose das Leben des Kronprinzen aufs höchste gefährdet!

Fritz, dem das Ergebnis der Untersuchung nicht verschwiegen worden war, reagierte gefaßt, zumindest nach außen hin. Zu diesem Zeitpunkt war sein Allgemeinbefinden zudem recht gut: Er aß mit Appetit, hatte eine gesunde Gesichtsfarbe und keine Schlafprobleme. Nach wie vor empfing er Besucher aus der Heimat, las, ging spazieren und widmete sich seinen politischen Verpflichtungen. Doch die weitere Vergrößerung der Geschwulst führte allmählich zu einer völligen Lähmung der Stimmbänder und dem Verlust des Sprachvermögens. Fritz war stumm und konnte sich nur noch durch sein Mienenspiel oder durch die schriftliche Äußerung seiner Gedanken und Wünsche bemerkbar machen. Seit Februar 1888 begannen die Beschwerden so unerträglich zu werden, daß ein Luftröhrenschnitt vorgenommen werden mußte und Fritz seitdem nur durch eine Kanüle atmen konnte.

Vicky war verzweifelt. Tag für Tag mußte sie nun miterleben, wie sich der Gesundheitszustand ihres geliebten Mannes verschlechterte. Und doch wollte sie sich ihren Kummer nicht anmerken lassen. Der hoffnungsvolle Ton, den sie im Umgang mit dem Patienten anzuschlagen versuchte, wurde gelegentlich dahingehend gedeutet, daß sie Fritz' Krankheit nicht ernst genommen hat. Tatsächlich war das genaue Gegenteil der Fall, auch wenn sie sich verständlicherweise nach wie vor an die Hoffnung klammerte, die Krankheit könne doch noch ein gutes Ende nehmen: »Vielleicht wendet sich alles doch noch zum Besten«, schrieb sie ihrer Mutter. »Was Menschen wissen und Fürsorge tun kann, was Liebe nur vermag, geschieht, um die Gefahr abzuwenden. Was ich leide, kannst Du kaum ahnen, und doch habe ich noch Mut, und er soll ruhige und heitere Gesichter um sich sehen und nicht merken, wie mir zumute ist...«

1888: Ein todgeweihter Kaiser

Am 9. März 1888 erhielten Vicky und Fritz in San Remo die Nachricht vom Tod Wilhelms I., der kurz vor seinem 91. Geburtstag nach kurzer Krankheit gestorben war. Sein Wunsch, den Kronprinzen noch einmal zu sehen, hatte sich nicht erfüllt. Nun hieß der neue Kaiser Friedrich III., und Vicky war das, wovon sie so viele Jahre geträumt hatte: Deutschlands Kaiserin, eine Kaiserin indes, die keine Zukunft haben sollte.

Obwohl die Ärzte Fritz davon abgeraten hatten, San Remo zu verlassen, da in Deutschland unfreundliches und kaltes Wetter herrschte, machten Vicky und er sich sofort auf die Heimreise. Nach einer anstrengenden Zugfahrt trafen sie am 11. März abends auf dem Charlottenburger Bahnhof Westend ein und begaben sich zum Charlottenburger Schloß, das für die nächsten Wochen ihre Residenz werden sollte.

Unterdessen waren Gerüchte laut geworden, die besagten, daß die Hausgesetze der Hohenzollern einen Thronerben ausschlössen, der an einem unheilbaren körperlichen Leiden erkrankt sei, und hier und da wurde behauptet, ein Herrscher, der nicht sprechen könne, sei auch nicht imstande zu regieren. In Wirklichkeit erhielten die Gesetze nichts dergleichen, aber die Absicht derer, die solche Gerüchte in die Welt setzten, war unverkennbar: Der junge Kronprinz Wilhelm sollte seinen Großvater beerben und anstelle seines Vaters deutscher Kaiser werden. Vicky schrieb am 15. März 1888 an ihre Mutter: »Augenscheinlich spannten sich alle Arten von Intrigen an, ehe wir zurückkamen. Einige sind über unsere Rückkehr froh, andere nicht; die meisten glaubten, Fritz würde nur zur Abdankung nach Hause kommen! Alle haben die Überzeugung, daß die gegenwärtige Regierung nur wenige Monate dauern werde, und dies hat alle möglichen Folgen. Die meisten von denen, die Fritz gesehen haben, finden ihn viel besser aussehend und weniger verändert, als sie erwarteten ...« Das freilich entsprach keineswegs den Tatsachen. Sowohl Ärzte als auch Staatsbeamte waren davon überzeugt, daß Friedrich III. vom Tode gezeichnet war. Doch Vicky mochte nicht glauben, daß ihr Fritz nur noch wenige Monate zu leben haben sollte. So verbreitete sie auch weiterhin nach außen Optimismus.

Auch diese Haltung ist, wie so vieles, von ihren Gegnern mißdeutet worden. So schrieb Eulenburg, ein Freund Wilhelms, »fast könnte man annehmen, die Kaiserin wäre geistesgestört«. Die Tatsache, daß Vicky Fritz ihren Kummer nicht spüren ließ und »lächelnd und heiter an seiner Seite« saß, veranlaßte Eulenburg zu der Bemerkung: »Die Annahme, daß ihr Geist nicht normal ist, scheint sich mehr und mehr Bahn zu brechen.« Ein

Die selbstbewußte Victoria von England (1840–1901), für nur 99 Tage Deutschlands »Kaiserin Friedrich«; nach einer Zeichnung von Franz von Lenbach (1836–1904).

todkranker deutscher Kaiser und eine verrückte Kaiserin – das war natürlich nur Wasser auf die Mühlen derer, die es nicht erwarten konnten, den Kronprinzen Wilhelm auf den Thron zu hieven! Und Wilhelms Lobby war groß und wurde mit jeder Woche, in der sich das Befinden Friedrichs III. verschlechterte, größer. Verärgert darüber schrieb die Queen am 9. April über »das unerhörte Benehmen des Prinzen Wilhelm und über den schrecklichen Kreis von Leuten ... der den unglücklichen Kaiser und die Kaiserin umgibt und der Bismarcks Benehmen wirklich illoyal, schlecht und äußerst töricht erscheinen läßt!« Vicky dagegen berichtet am 12. Mai ihrer Mutter: »Wilhelm hält sich schon ganz für den Kaiser – und zwar für einen absoluten und autokratischen.«

Nun, da der eigene Sohn so offen gegen sie Front machte, beherrschten Mißtrauen und Eiseskälte die Szenerie. Wilhelm warf seiner Mutter vor, durch ihren falschen Glauben an die englischen Ärzte das Leben des Vaters auf dem Gewissen zu haben. Noch Jahrzehnte später schrieb er in seinen Erinnerungen: »Ein englischer Arzt tötete meinen Vater, und ein englischer Arzt verkrüppelte meinen Arm – und das ist die Schuld meiner Mutter, die keine Deutschen um sich duldete.«

Am 24. Mai, am Tag der Hochzeit seines Sohnes Heinrich mit Irene von Hessen, trat Friedrich III. zum letzten Mal in der Öffentlichkeit auf. Es ging ihm bereits so schlecht, daß er nur mit Mühe an den Feierlichkeiten teilnehmen konnte. Nur eine Woche später entschloß man sich, vom Charlottenburger Schloß ins Neue Palais nach Potsdam umzuziehen, damit der Kaiser in dem Heim sterben konnte, das er am meisten liebte und das er in »Friedrichskron« umbenannt hatte. Noch immer bemühte er sich, seinen Pflichten nachzukommen, unterzeichnete Dokumente und Briefe, las Zeitungen und machte Eintragungen in sein Tagebuch. Am 6. Juni äußerte er den Wunsch, mit Vicky noch einmal nach Alt-Geldow zu fahren, einem kleinen Ort in der Nähe von Berlin, den er immer sehr geliebt hatte. Ein letztes Mal besuchten Kaiser und Kaiserin die Dorfkirche, wie sie es schon so oft getan hatten, und Vicky spielte für ihren geliebten Fritz den Choral »Lobe den Herren« auf der

Orgel, denn auch das konnte sie. »Wie soll ich dem ›Mädchen für alles‹ danken?« hatte Fritz erst unlängst auf einen seiner zahllosen Zettel geschrieben, dankbar, daß Vicky in den letzten Monaten nie von seiner Seite gewichen war. Doch er wurde immer schwächer, hatte keinen Appetit, und die Mahlzeiten wurden zur Qual. Bald konnte er selbst durch eine Kanüle keine Nahrung mehr zu sich nehmen.

Fritz starb am 15. Juni morgens um elf Uhr, kurz nachdem er noch mit kraftloser Hand kaum lesbare Worte auf seinen letzten Sprachzettel geschrieben hatte: »Victoria, ich und die Kin...«

Ende aller Träume –
Witwenjahre der »Kaiserin Friedrich«

Unendliche Trauer

»Warum tötet ein solcher Schmerz nicht auf der Stelle?« schrieb Vicky am selben Abend in das Tagebuch ihres verstorbenen Mannes. Schreckliche Stunden lagen hinter ihr. Sobald bekanntgeworden war, daß Kaiser Friedrich III. im Sterben lag, hatten heimlich Posten mit geladenem Gewehr rund um Schloß Friedrichskron Stellung bezogen, die verhindern sollten, daß irgendwelche Dokumente ohne Kenntnis des neuen Kaisers Wilhelm II. aus dem Gebäude entfernt werden konnten. Vicky und ihr Gefolge standen unter Bewachung. Doch Wilhelms Männer waren zu spät gekommen. Seine Mutter hatte bereits am 2. Mai eine Kiste mit den Tagebüchern ihres Mannes und weiteren Papieren, die sie in Deutschland nicht sicher wähnte, nach England geschickt. Nicht ohne Grund fürchtete sie eine Verletzung ihrer Privatsphäre. Ihrer Mutter schrieb sie, die vertraulichsten und intimsten Papiere des toten Kaisers Wilhelm I. seien von Agenten geplündert worden, die Bismarck damit beauftragt hatte, herauszufinden, ob diese Dokumente nicht der offiziellen Version der deutschen Geschichte widersprächen.

Doch nun war Vicky wie gelähmt, hatte keine Wünsche, keine Hoffnungen mehr. Das Leben erschien ihr sinnlos: »Oh! Mein Mann, mein Liebling, mein Fritz!... ich bin seine Witwe, nicht mehr seine Frau! Wie soll ich das ertragen... Jetzt sind alle Kämpfe vorüber, ich muß auf meinem Weg allein weiter wanken.« Tief bekümmerte sie, daß Wilhelm kaum um seinen toten Vater zu trauern schien und daß Bismarck keinen Hehl aus seiner Genugtuung darüber machte, den »Kretin«, wie er Fritz einmal bezeichnet hatte, los zu sein. Hinzu kam, daß Vicky das Neue Palais, mit dem die schönsten Erinnerungen an Fritz verbunden waren, in Zukunft nicht mehr bewohnen sollte. »Aus Friedrichskron soll ich heraus«, vermerkte sie bitter am 28. Juni in ihrem Tagebuch. »Man möchte mich von hier entfernen aus Angst, ich könnte Einfluß auf Wilhelm gewinnen... wie töricht, als ob meine Lebensaufgabe nicht abgeschlossen wäre.« Mehr als einmal dachte Vicky in den folgenden Monaten daran, ihrem Leben ein Ende zu setzen, nun, da ihr Glück in Trümmern lag und sie sich ein Leben ohne Fritz nicht vorstellen konnte. Doch zumindest für ihre Kinder wollte sie weiterleben.

Heinrich (1862–1929)

Leider war ihr Verhältnis zum zweiten Sohn kaum besser als das zu Wilhelm, denn auch Heinrich hatte ihren Ansprüchen von Anfang an nicht genügt. Immer wieder hatte die Queen davor gewarnt, den Jungen zu überfordern, doch die ehrgeizige Mutter hatte ihre eigenen Pläne gehabt. Schon bald war klargeworden, daß der kleine Prinz alles andere als ein »Überflieger« war. Er war zwölf, als seine Mutter klagte, er sei so weit zurück, »so hoffnungslos faul und träge«. Zwei Jahre später war die Situation keineswegs besser: »Seine Rechtschreibung und seine Handschrift sind keinen Deut besser geworden, und nie liest er etwas!« beschwerte sie sich. Heinrich schloß sich eng an Wilhelm an, dessen Schwachpunkte ja ebenfalls ständig von der ehrgeizigen Mutter kritisiert wurden, und stand seinem Elternhaus ähnlich distanziert gegenüber. Nachdem er am 24. Mai 1888, wenige Wochen vor dem Tod seines Vaters, seine Cousine Irene von Hessen (1866–1953) geheiratet hatte, eine Tochter von Vickys Schwester Alice, zog er, der schon früh die Marinelaufbahn eingeschlagen hatte, mit seiner jungen Frau nach Kiel.

Allmählich besserte sich das Verhältnis, auch wenn Vicky dem Sohn nach wie vor vorwarf, zu wenig Interesse an Kunst, Kultur und Büchern zu zeigen. Nun fuhr sie so oft wie möglich nach Kiel, auch, um ihre Nichte zu besuchen. Heinrich, Großadmiral bei der deutschen Marine, war oft auf See, und Irene freute sich über die Gesellschaft ihrer Tante. Bis zum Tod Heinrichs, der 1929 am gleichen Leiden wie sein Vater starb, führten die beiden eine gute Ehe, die jedoch von einer Tragödie überschattet wurde: der Bluterkrankheit.

Vickys Bruder Leopold, der nur sechs Jahre älter war als ihr Sohn Wilhelm, war der erste in der europäischen Königsfamilie gewesen, der von diesem schweren erblichen Leiden befallen war. Zwanzig Jahre später hatte sich herausgestellt, daß auch ein Enkel der Queen, Alices 1870 geborener Sohn Friedrich Wilhelm, genannt »Frittie«, an Hämophilie litt. Bereits 1872 waren die ersten Symptome bei ihm aufgetreten: Blutergüsse mit Schwellungen an den Gelenken. Er starb nur ein Jahr später, nachdem er beim Spiel eine Steintreppe hinabgestürzt und binnen Stunden verblutet war. Wie ihre Mutter Alice und ihre Schwester Alix, die spätere letzte Zarin Alexandra von Rußland, war auch Irene Überträgerin und vererbte die Krankheit an zwei ihrer drei Söhne. Heinrich, der jüngste, starb schon mit vier Jahren, Waldemar, der älteste fand 1945 den Tod, als es am Ende des Zweiten Weltkriegs an Blutkonserven mangelte.

Victoria (1866–1929)

»Moretta« hatte nach der Auflösung ihrer Verlobung mit Alexander von Battenberg 1889 Adolf von Schaumburg-Lippe geheiratet, der freilich mit dem charmanten Sandro nicht zu vergleichen war. Beide führten eine offenbar leidenschaftslose Ehe im Bonner Palais Schaumburg, und Moretta gab die Hoffnung nicht auf, eines Tages doch noch mit »ihrem« Sandro glücklich zu werden. Um so größer war ihr Schmerz, als sie 1893 von Alexanders Tod erfuhr. Ohne ihn, mit einem ungeliebten Mann an ihrer Seite, ohne Kinder sah sie, die einmal eine solch hoffnungsvolle Prinzessin gewesen war, nun einer trostlosen Zukunft entgegen.

Nach dem Tod ihres Mannes 1916 blieb Moretta allein in dem großen Bonner Palais wohnen, doch wurde sie mit der Zeit zunehmend sonderbar und exzentrischer. 1927 lernte sie Alexander Zoubkoff kennen, der vorgab, russischer Aristokrat zu sein, nun aber seinen Lebensunterhalt als Kellner verdiente, da die Familie während der Revolution angeblich Hab und Gut verloren hatte. Moretta fiel auf den Blender herein, und noch Ende 1927 willigte sie ein, ihn zu heiraten. Verständlicherweise verursachte diese Hochzeit allerhand Wirbel. Nicht nur der Altersunterschied – Moretta war bereits 61, Zoubkoff 27 Jahre alt –, sondern auch die Tatsache, daß die Schwester des deutschen Exkaisers, die ja nach wie vor über kein geringes Vermögen verfügte, einen Habenichts heiratete, sorgte für Aufregung. Moretta war all das Gerede egal. Sie glaubte, nun doch noch das Glück gefunden zu haben, das sie immer gesucht hatte. Um so größer freilich war ihr Entsetzen, als Zoubkoff sie nach nur wenigen Monaten wieder verließ – und mit ihm fast ihr gesamtes Vermögen verschwand. Ohnmächtig mußte sie zusehen, wie ihr gesamter restlicher Besitz, darunter auch zahlreiche Erinnerungsstücke an ihre Mutter, auf einer öffentlichen Auktion versteigert wurde, damit sie ihre Gläubiger bezahlen konnte. Moretta starb 1929, verbittert, seit jener Mesalliance von den meisten Familienmitgliedern gemieden, einsam und allein in Bonn.

Sophie (1870–1932)

Sophie, Vickys Lieblingstochter, verlobte sich kurz nach dem Tod ihres Vaters mit Prinz Konstantin, dem ältesten Sohn König Georgs I. von Griechenland. Vicky hatte große Zweifel gehabt, ob ihre Tochter in der fernen neuen Heimat wirklich glücklich werden würde. Griechenland war ein unterentwickeltes und armes Land, und noch Jahrzehnte nachdem Leopold auf die Krone verzichtet hatte, war der griechische Thron nach wie vor unsicher.

Seit der Eroberung Konstantinopels (1453) war Griechenland von den Türken besetzt gewesen, bis die Hellenen gegen Ende des 18. Jahrhunderts begannen, um ihre Freiheit zu kämpfen. Seit Beginn des 19. Jahrhunderts hatte das gebildete Europa die entschlossenen Versuche, das »türkische Joch« abzuschütteln, mit wachsendem Interesse verfolgt. Zahlreiche Intellektuelle, nach der Französischen Revolution in allen Ländern zensiert und unterdrückt, sympathisierten mit dem griechischen Befreiungskrieg, der 1821 begann. Etliche europäische Freiwillige hatte es damals nach Hellas gezogen, die den Freiheitskämpfern beistehen wollten. Der wohl prominenteste war der englische Dichter Lord Byron, der 1824 in Missolunghi an einem Fieber starb und daraufhin zum eigentlichen Idol der sogenannten »Philhellenen« wurde, jener Griechenfreunde in ganz Europa, die sich mit Geld-, Medikamenten- und Kleidersammlungen bemühten, dem unterdrückten Griechenvolk zu helfen. Durchschlagenden Erfolg brachten freilich erst die Waffen. Mit Hilfe Englands, Frankreichs und Rußlands wurde die Türkei schließlich 1827 bei Navarino geschlagen und mußte Griechenland abtreten. Nach 375 Jahren war das Land endlich wieder unabhängig, doch mußte es seine Freiheit mit Jahrzehnten der Anarchie, des Chaos und des Bürgerkrieges bezahlen.

Die Londoner Konferenz hatte sich damals auf die Suche nach einem König machen müssen, denn die Griechen wollten sich lieber einem fremden Monarchen unterwerfen als einem ihresgleichen. Da der Thronprätendent aber keiner Familie der Traktatsunterzeichner angehören durfte, kamen vor allem deutsche Prinzen in Betracht. Nach der griechischen Unabhängigkeitserklärung im Februar 1830 hatte man sich bekanntlich zunächst für Leopold von Sachsen-Coburg-Gotha entschieden, der dann aber abwinkte und später König von Belgien wurde. Übrig blieb damals schließlich der gerade erst 16jährige Sohn König Ludwigs I. von Bayern, Otto (1815–1867), den die griechische Nationalversammlung dann auch zum König wählte. Der Wittelsbacher kam 1833 nach Griechenland, hatte aber mit seiner Regierung keine sonderlich glückliche Hand und mußte das Land 1862 wieder verlassen. Sein Nachfolger wurde Georg von Dänemark aus dem Hause Schleswig-Holstein-Sonderburg-Glücksburg, dessen Schwester Alexandra Vickys Bruder, den Prinzen von Wales, geheiratet hatte.

Georg I. bestieg 1863 den griechischen Thron, ein Jahr nach der Vertreibung Ottos. Doch auch Georg gelang es nicht, das Land zur Ruhe zu bringen. Verständlicherweise war Vicky zutiefst besorgt, als sich ihre Tochter Sophie anschickte, auf diesem Pulverfaß heimisch zu werden.

Sophie und Tino, wie der junge Thronfolger genannt wurde, heirateten im Oktober 1889, und Vicky konnte schon bald erleichtert feststellen, daß die geliebte Tochter in ihrem neuen Leben glücklich war. Das Hofleben in Athen war wesentlich zwangloser als das in Berlin, und das junge Ehepaar lebte in einer vergleichsweise anspruchslosen Villa in ruhiger häuslicher Atmosphäre. Sechs Kinder gingen aus dieser Ehe hervor, darunter drei Söhne – Georg, Alexander und Paul – die alle griechische Könige werden sollten.

Für den wachsenden Haushalt nahm Sophie gern die Hilfe ihrer Mutter in Anspruch, und Vicky war nur allzu glücklich, endlich wieder einmal gebraucht zu werden und Ratschläge geben zu können, sei es, was die Kindererziehung betraf, die Gartengestaltung oder den Kauf von Möbeln. Sophie konnte sich auf den guten und sicheren Geschmack ihrer Mutter verlassen. Sie selbst interessierte sich nahezu ausschließlich für ihre Familie, was Vicky ein wenig befremdete, denn sie hätte ihre Lieblingstochter gern politisch interessierter und aufgeschlossener erlebt. Doch die Zeit des großen Kritisierens war vorbei, letzten Endes war sie glücklich, daß Sophie ein harmonisches Familienleben vergönnt war.

Zu einem Eklat kam es im Jahr 1891, als Sophie zum griechisch-orthodoxen Glauben übertrat. Ihr Bruder, der deutsche Kaiser, zeigte sich ebenso wie seine Frau Dona zutiefst empört über diesen Schritt, verbannte sie aus Deutschland und weigerte sich, jemals wieder mit ihr zu sprechen. Doch damit konnte Sophie leben.

Es traf sie mehr, als ihr Schwiegervater König Georg I. 1913 während eines Spaziergangs einem Attentat zum Opfer fiel. Doch nun wurde ihr Gemahl König Konstantin I. von Griechenland, sie selbst Königin. Anfangs war der neue König bei seinem Volk sehr beliebt, zumal er im Balkan-Krieg Erfolge gegen die Türken und Bulgaren zu verzeichnen hatte, doch schon bald veränderte sich die Stimmung in alarmierender Weise. Als 1914 der Erste Weltkrieg ausbrach, beschloß Konstantin, Griechenland solle neutral bleiben, während sowohl die griechische Regierung Venizelos' als auch die Alliierten wünschten, daß das Land gegen Deutschland Stellung beziehen solle. Konstantin wurde vorgeworfen, prodeutsch zu sein, und fälschlicherweise nahm man an, Königin Sophie unterstütze ihren Bruder, den Kaiser. Wilde Gerüchte gingen um, Mordpläne wurden geschmiedet. Kurz nach der Alliierten-Blockade wurde die Lage schließlich so schlimm, daß Konstantin und Sophie das Land verließen und ins Schweizer Exil gingen. Da Kronprinz Georg ebenfalls in Verdacht stand, deutschfreundlich zu sein, erzwang man von ihm den Thronverzicht und ernannte Alexander, den Zweitgeborenen, zum neuen König. Griechen und Alliierte waren mit dieser Wahl zufrieden, doch Sophies Verhältnis zu ihrem Sohn wurde schon bald belastet, als dieser 1919 eine morganatische Ehe mit Aspasia Manos einging, einer Tochter von Konstantins Stallmeister. Alexander starb nur ein Jahr später, nachdem er von einem Haustier, einem zahmen Affen, gebissen worden war, an einer Blutvergiftung.

Nun wurde die Krone zunächst Sophies drittem Sohn Paul angeboten, der aber als Ehemann von Kaiser-Enkelin Friederike vorsichtshalber ablehnte. Es kam zu einer Volksabstimmung, die das überraschende Ergebnis brachte, Konstantin und Sophie sollten wieder nach Griechenland zurückkehren. Doch dem alten und neuen Königspaar war kein langer Aufenthalt in Athen vergönnt. Nach einer mißglückten Militäroffensive gegen die Türkei schwenkte die Stimmung wieder um, und schon 1922 mußten Sophie und Konstantin erneut ins Exil gehen, diesmal endgültig. Die Krone ging nun an den ältesten Sohn Georg II., der mit einer längeren Unterbrechung – Griechenland wurde vorübergehend Republik – bis 1947 regierte.

Konstantin starb 1923 im Exil in Palermo. Da sich die griechische Regierung weigerte, ihn in seinem Heimatland beisetzen zu lassen, obwohl er in Athen geboren worden war (1868), erwirkte Sophie schließlich seine Beisetzung in der griechisch-orthodoxen Kirche in Florenz, wo auch sie ihre letzten Lebensjahre verbrachte, bis sie 1932 an Krebs starb.

Nach dem Tod ihres Sohnes Georg bestieg schließlich doch

dessen Bruder Paul den griechischen Thron (1947–1964), Vater des letzten griechischen Königs Konstantin, der 1964 Anne Marie heiratete, die wie er aus dem Hause Schleswig-Holstein-Sonderburg-Glücksburg stammt.

Margarete (1872–1954)

Margarete, genannt »Mossy«, war das achte und letzte Kind von Vicky und Fritz gewesen, ein liebenswürdiges junges Mädchen, auch wenn sie nicht so hübsch wie ihre Schwestern war. Als Moretta und Sophie kurz nach dem Tod des Vaters heirateten, blieb sie noch eine Weile bei ihrer verwitweten Mutter und war für Vicky in jener Zeit ein großer Trost. 1892 verlobte sich Margarete schließlich mit Prinz Friedrich Karl von Hessen, »Fischy« genannt. Vicky war ausgesprochen froh über diese Verbindung, denn der Prinz war humorvoll, kultiviert und belesen. Doch er war weder reich, noch verfügte er über eigenen Besitz, so daß Margaretes kaiserlicher Bruder nicht der einzige war, der den armen und vergleichsweise unbedeutenden Prinzen einer Verbindung mit seiner Schwester nicht für würdig erachtete. Letzten Endes aber willigte Wilhelm II. in die Ehe doch noch ein, weil Mossy, wie er ihr mitteilte, schließlich auch so unbedeutend sei ...

Auch Margarete und Friedrich Karl hatten sechs Kinder: Friedrich Wilhelm kam 1893 zur Welt, ein Jahr später Maximilian, 1896 folgten die Zwillinge Philipp und Wolfgang und schließlich 1901 ein weiteres Zwillingspärchen: Richard und Christoph.

1918 wäre Margarete beinahe Königin geworden. Als Finnland nach der Revolution unabhängig von Rußland wurde, hatte das finnische Parlament Friedrich Karl von Hessen zum König auserwählt, doch dieser wollte erst die Friedensverhandlungen abwarten und zog schließlich im Dezember 1918 seine Kandidatur zurück. So blieb es Wilhelm II., zu diesem Zeitpunkt schon Exkaiser im holländischen Exil, letzten Endes doch noch erspart mitzuerleben, daß seine »unbedeutende«

Schwester und sein nicht minder »unbedeutender« Schwager einen europäischen Thron bestiegen.

Mossy und Friedrich führten eine glückliche Ehe, die jedoch von Schicksalsschlägen nicht verschont blieb: die beiden ältesten Söhne, Friedrich Wilhelm und Maximilian, wurden bei einem Luftangriff im Ersten Weltkrieg getötet, Christoph, Major bei der Luftwaffe, starb bei einem Einsatz im Zweiten Weltkrieg.

Bis zu ihrem Tod am 22. Januar 1954 lebte Mossy auf Schloß Friedrichshof, das ihr ihre Mutter vererbt hatte.

Letzte Jahre auf Schloß Friedrichshof

»Ich verschwinde mit ihm«, hatte Vicky beim Tod ihres Gemahls geklagt. »Meine Aufgabe war, bei ihm, für ihn und sein liebes Volk dazusein. Sie liegt in demselben Grabe, in das er heute gesenkt werden wird.« Und doch ging das Leben für Vicky weiter, Trost fand sie bei ihren drei jüngsten Töchtern, vor allem bei Mossy, die ja nach wie vor bei ihr lebte.

Das Verhältnis zu Wilhelm war nach wie vor gespannt, und da er sich eng an seine Großmutter anschloß, war auch Vickys Beziehung zu Augusta mehr denn je belastet. Nur ihrer Mutter konnte sie in zahllosen Briefen ihr Herz ausschütten: »Die Ansicht scheint sich mehr und mehr durchzusetzen, daß ich am Hof die dritte bin«, schrieb sie. »Die Kaiserin Augusta erteilt täglich Audienzen und gibt regelmäßig Diners. Sie empfängt besonders alle, die Wilhelms Günstlinge oder von ihm empfohlen sind! ... Mein Haus ist nicht vorhanden. Wilhelm kommt niemals, und ich werde nicht beachtet.«

Augusta ihrerseits machte gar keinen Hehl daraus, wie wenig sie mittlerweile von ihrer verwitweten Schwiegertochter hielt. Ihrem Bruder Karl Alexander schrieb sie im April 1889: »Meine Schwiegertochter wird morgen auf eine Woche hier erwartet. Wäre die Woche nur überstanden.« Und als sie »überstanden« war: »Da ich auf das sorgfältigste jede Berührung einer empfindlichen Saite vermied, ist dieser gefürchtete Besuch gut verlaufen ... Die Betreffende hat noch immer nicht jenen Trost und jenen Halt gefunden. Ein Beweis, daß Intelligenz nicht zum Glück genügt, man muß sie beklagen.« Augusta war der Ansicht gewesen, Vicky hätte Fritz' Tod gewiß nicht so schwer genommen, hätte ihr ihre angebliche »Religionslosigkeit« nicht den Weg zu Gott versperrt. So aber sah sie in dem Leiden ihrer Schwiegertochter letzten Endes eine gerechte Strafe, so daß sie ihr jeden Trost versagte.

Doch mehr als unter dem Verhalten der Kaiserin Augusta litt Vicky unter der Zurücksetzung durch Wilhelm und dessen Ehefrau Dona. »Ich bin vollkommen bereit«, schrieb sie ihrer Mutter, »hinter der Kaiserin Augusta wegen ihres Alters und weil sie meine Schwiegermutter ist, zurückzustehen, aber daß ich vor meiner eigenen Schwiegertochter zu Kreuze kriechen muß, ist sehr ärgerlich und manchmal sogar fast komisch.« Doch Wilhelm und Dona ließen sie nur zu deutlich spüren, wie gleichgültig sie ihnen war.

Nach Augustas Tod im Januar 1890 hatte Vicky gehofft, sich auf karitativem Gebiet betätigen zu können, wo sie sich ähnlich engagieren wollte wie ihre Vorgängerin. Doch sie wurde wieder enttäuscht. Wilhelm überging seine Mutter und machte statt dessen seine Frau Dona zur Schutzherrin verschiedener Vereinigungen, die zuvor Kaiserin Augusta unterstanden hatten. Verletzt schrieb Vicky ihrer Mutter am 13. Januar 1890: »Ich wollte Dir erzählen, was mich wieder so tief beleidigt hat. Die Kaiserin Augusta stand an der Spitze der Roten-Kreuz-Verbände und des Vaterländischen Frauenvereins. Es sind große Verbände, die von außerordentlichem Nutzen sein können, wenn sie gut und wirksam geleitet werden. Seit 1870 war es Fritzens größter Wunsch und seine Absicht, daß ich der Kaiserin Augusta in dieser Eigenschaft nachfolgen solle ... Ich habe mich jahrelang mühsam darauf vorbereitet ...« Es blieb Vicky nichts, als sich erneut in ihr Schicksal zu fügen, doch sie war dünnhäutig geworden.

Glücklicherweise hatte sie schon bald eine neue Perspektive, die ihr etwas von dem verlorengegangenen Lebensmut zurückgab. Da sie auf Wunsch ihres kaiserlichen Sohnes das Neue Palais in Potsdam fortan nicht mehr bewohnen sollte, hatte sie sich auf die Suche nach einer neuen Bleibe gemacht. 1891 fand sie endlich in Kronberg/Taunus ein Grundstück mit 250 Morgen Land und einer alten Villa. Sie beauftragte den berühmten deutschen Architekten Ihne, das Gebäude nach ihren Vorstellungen auszubauen. So entstand Schloß »Friedrichshof« im englischen Landhausstil, das sie 1893 bezog. »Friedrichshof« (heute Schloßhotel) wurde der Mittelpunkt in ihrem Leben. Dort verbrachte sie als »Kaiserin Friedrich«, wie sie sich selbst bezeichnete, nahezu zwei Drittel des Jahres, empfing Freunde und Verwandte, auch etliche neue Bekannte aus der Kronberger Gegend und widmete sich ihren politischen, sozialen, wissenschaftlichen und künstlerischen Interessen. Den Rest des Jahres verbrachte sie mit Reisen, meist zu ihren Töchtern, bisweilen fuhr sie auch nach Berlin, denn allmählich war die Beziehung zu ihrem ältesten Sohn etwas besser geworden. Die Entfernung und die Zeit hatten so manche Wunde geheilt.

Nach wie vor aber spielte Politik eine wichtige Rolle in ihrem Leben. Besorgt verfolgte sie den ziellosen »Zickzackkurs«, den Wilhelm II. ihrer Ansicht nach in der Politik einschlug. Sie befürchtete, nun müsse man in England glauben, ganz Deutschland, und nicht allein der Kaiser, sei feindlich eingestellt und würde mehr und mehr in die Arme Rußlands getrieben, »was alle Politik auf den Kopf stellt, die ich mein ganzes Leben lang als die heilsamste vor Augen gehabt, als wünschenswertes Ziel, daß die beiden germanischen Völker und protestantischen Staaten zusammenhalten und zusammenwirken«.

Tag für Tag pflegte Vicky lange Spazierritte in die wundervolle Umgebung im Taunus zu unternehmen, bis sich Ende der 90er Jahre gesundheitliche Probleme einstellten. Am 2. November 1899 schrieb sie: »Heute beginne ich mit einer elektrischen Massagekur gegen diesen greulichen Hexenschuß, der noch gar nicht besser geworden ist, der ununterbrochene Schmerz macht mich sehr müde, und meine Hilflosigkeit geht mir auf die Nerven ...« Nur wenige Tage später klagte sie ihrer Mutter: »Ich leide entsetzlich bei Nacht an Rückenschmerzen, wenn ich liege oder im Stuhl sitze. Ich kann ein wenig gehen und ausfahren, so daß ich viel an der frischen Luft sein kann, aber ich bin in allen meinen Bewegungen sehr gehemmt ...« Die folgenden Monate brachten keine Besserung. Im Vorjahr war sie zu einem letzten Besuch nach England gefahren, nun konnte sie nicht mehr reisen. Um so mehr freute sie sich über die Besuche ihres Bruders Bertie und ihres Sohnes Wilhelm, denn die Beziehung zwischen Mutter und Sohn gestaltete sich in Vickys letzten Lebensjahren vergleichsweise herzlich, auch wenn ihre politischen Ansichten nach wie vor unterschiedlich waren.

Am 4. Juli 1900 schrieb Vicky zum letzten Mal über ihren Sohn an die Queen: »Der liebe Wilhelm hat wieder eine neue Rede mit viel Gedröhn losgelassen. Ich wünschte, die deutsche Regierung gäbe die Politik der fortwährenden Feuerwerke, aufsehenerregenden Überraschungen usw. auf, da die Eitelkeit und Einbildung des Publikums und ihr übertriebenes Nationalgefühl dadurch bis zu einem vollkommen lächerlichen Grade aufgestachelt werden ... Ich bin wieder auf, habe aber große Schmerzen ... Es kann aber nichts getan werden, so muß ich es ertragen ...«

Gesundheitlich ging es ihr zunehmend schlechter, und unterdessen wußte sie auch, daß es sich bei ihrem Leiden, das die deutschen Ärzte verharmlosend als »Hexenschuß« umschrieben, um etwas sehr viel Ernsteres handelte. Ihrem Hofmarschall von Reischach hatte sie das Versprechen abgenommen, mit niemandem darüber zu sprechen, doch ihm hatte sie die furchtbare Wahrheit gestanden: »Ich leide an Krebs.«

Zu diesem Zeitpunkt war die Krankheit schon zu weit fortgeschritten, eine Operation daher ausgeschlossen. Vicky trug ihr Schicksal mit viel Würde und Mut, doch ihr Gesundheitszustand verschlechterte sich rapide, und die Schmerzen, die sie litt, wurden immer unerträglicher. Ihre Mutter, Queen Victoria, starb im Januar 1901, und auch Vicky sollte nur noch wenige Monate leben. Sie starb im Beisein ihres Sohnes Wilhelm am 5. August 1901, beim deutschen Volk schon weitgehend in Vergessenheit geraten. Einige jedoch erinnerten sich noch an die in Deutschland nur wenig beliebte »Engländerin« und verbreiteten das unglaubliche Gerücht, Vicky habe gewünscht, nackt und nur in die englische Flagge gehüllt in Windsor begraben zu werden. Tatsächlich wurde sie an der Seite ihres geliebten Fritz im Mausoleum der Friedenskirche zu Potsdam beigesetzt.

Ihre Tragödie war, so beschrieb es ihr Sohn Wilhelm später im Vorwort zu den Briefen seiner Mutter, »daß ihr großer und reicher, ruheloser und so unendlich vielseitiger Geist vor der Unmöglichkeit stand zu säen, wie sie sich's einst dachte, und zu ernten, was sie einst erhoffte ... An Geist und edlem Wollen über den meisten Frauen ihrer Zeit war sie die ärmste, unglücklichste Frau, die jemals eine Krone trug.«

KAISERIN AUGUSTE VIKTORIA

Gemahlin Kaiser Wilhelms II.

Auguste Viktoria von Schleswig-Holstein-Sonderburg-Augustenburg

22. 10. 1858 in Dolzig
⚭ 27. 2. 1881 mit Wilhelm von Preußen,
Dt. Kaiser und König 1888–1918
† 11. 4. 1921 in Haus Doorn/Niederlande

> »*Entscheidend aber war, so glaube ich, daß die Kaiserin in den Augen unseres Volkes schlechthin als Idealbild einer liebevollen Ehefrau und Mutter gegolten hat. Jedoch, so muß ich gleich hinzufügen, es war nicht nur ihr Bild, sie war es tatsächlich ... Politik zu treiben oder gar politischer Ehrgeiz waren der Kaiserin fremd. Sie lebte für ihre Familie: für ihren Mann und für ihre Kinder.*«

Kaiser-Tochter Viktoria Luise
in: Deutschlands letzte Kaiserin

STAMMTAFEL

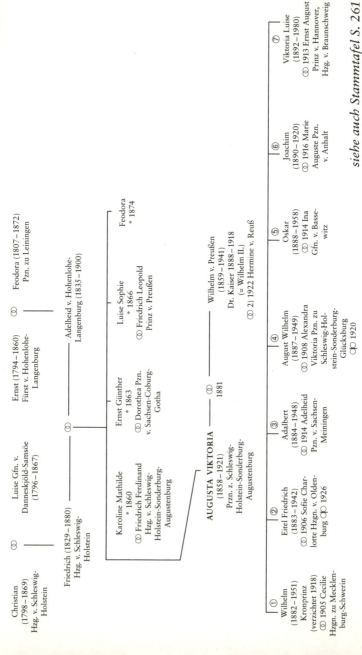

siehe auch Stammtafel S. 261

Ein Mädchen aus Primkenau

Jugendjahre im »Exil«

Deutschlands letzte Kaiserin, Auguste Viktoria von Schleswig-Holstein-Sonderburg-Augustenburg, wurde am 22. Oktober 1858 auf dem alten Rittergut Dolzig in der Niederlausitz geboren, also fern ihrer eigentlichen holsteinischen Heimat. Denn was die kleine »Dona«, wie das Mädchen von allen genannt wurde, damals noch nicht wissen konnte: die Familie lebte hier gewissermaßen im Exil und sehnte sich zurück in ihr Heimatland »Schleswig-Holstein meerumschlungen«, das man fünf Jahre zuvor hatte verlassen müssen. Seit dem Mittelalter waren die beiden Herzogtümer Schleswig und Holstein mit der Krone Dänemarks verbunden gewesen, und zwar unter der Bedingung, daß beide Länder auf ewig ungeteilt bleiben sollten (s. S. 80). Nun hatte aber der Wiener Kongreß Holstein zu einem Glied des Deutschen Bundes erklärt, nicht aber das von Dänen mitbewohnte Schleswig, was sowohl dem deutschen als auch dem dänischen Nationalgefühl widersprechen mußte.

Als es schließlich zu Streitigkeiten über die weitere Thronfolgeregelung kam und Dänemark 1848 verkündete, es wolle Schleswig einverleiben, kam es zum ersten Deutsch-Dänischen Krieg (1848–1850), in dessen Folge schließlich festgelegt wurde, daß Christian von Schleswig-Holstein-Sonderburg-Glücksburg nach dem Tod des kinderlosen Königs Friedrich VII. den Thron besteigen sollte. Damit hatte sowohl Dänemark als auch die jüngere Linie des holsteinischen Hauses gesiegt, und die Linie der Augustenburger, Donas Vorfahren, wurde ausgewiesen.

Der Herzog mußte auf seine Erbansprüche verzichten, seine Besitzungen wurden beschlagnahmt. Auch der älteste Sohn, Prinz Friedrich (1829–1880), Donas späterer Vater, mußte das

Land damals verlassen. Zuflucht fand die herzogliche Familie in Preußen: 1853 erstand der alte Herzog das Rittergut Primkenau in Schlesien. Der junge Prinz Friedrich hatte sich unterdessen zum Studium nach Bonn begeben, wo er den preußischen Thronfolger Friedrich Wilhelm kennengelernt und mit ihm Freundschaft geschlossen hatte.

Nur wenige Jahre später heiratete er. Seine Braut, Prinzessin Adelheid zu Hohenlohe-Langenburg (1835–1900), kam aus Süddeutschland und war eine Verwandte der englischen Königin Victoria. Adelheids Mutter, Fürstin Feodora (1807–1870), war Tochter von Victoire von Sachsen-Coburg gewesen, die in erster Ehe mit Karl Emrich Fürst zu Leiningen verheiratet gewesen war. Nach dessen Tod 1814 war Victoire die Frau des Herzogs Edward von Kent geworden, des vierten Sohnes König Georgs III. von England. Als einziges Kind aus dieser Ehe ging Victoria hervor, die spätere Königin von England. Sie und Feodora waren also Halbschwestern.

Das junge Paar fand ein Zuhause in Dolzig, wo schließlich auch Dona als ältestes von fünf Kindern zur Welt kam. Damals konnte noch niemand ahnen, daß die Tochter der aus ihrer Heimat ausgewiesenen Augustenburger einmal zur ersten Frau eines Deutschen Reiches aufsteigen würde, eines Reiches, das zu diesem Zeitpunkt selbst nichts anderes als ein Wunschtraum war.

Unter Donas Taufpaten aber waren immerhin der damalige Prinzregent Wilhelm von Preußen und seine Gemahlin Augusta gewesen, wie auch deren Sohn Friedrich Wilhelm mit seiner jungen Frau Victoria, beide mit dem Holsteiner freundschaftlich verbunden. Nach den beiden Frauen hatte Dona ihren Namen erhalten: Auguste Viktoria, und vielleicht hatte man auch geglaubt, sie würde ihren Patinnen später einmal ähnlich sein, zumal beide den gleichen liberalen Ideen wie Donas Vater huldigten.

Nachdem Auguste Viktoria fünf offenbar glückliche Jahre in Dolzig verbracht hatte, drehte sich das Rad der Geschichte erneut – diesmal aber zugunsten der Familie. Nach dem Tod des dänischen Königs Christian IX. aus der Glücksburger Linie machte nun Herzog Friedrich, Donas Vater, als Friedrich VIII. seine Ansprüche auf Schleswig-Holstein geltend und zog mit seiner Familie nach Kiel. Unterdessen waren den Augustenburgern weitere Kinder geboren worden: Nach Caroline Mathilde, genannt Calma, hatte Sohn Ernst Günther das Licht der Welt erblickt, aus naheliegenden Gründen »Dicki« genannt. In Kiel wurde schon bald eine weitere Tochter geboren, Luise Sophie (»Jaja«), bis schließlich Feodora, das fünfte Kind, die Familie komplett machte.

Doch die Freude über die Rückkehr in die Heimat währte nur kurz. Wie zu befürchten gewesen war, kam es bereits ein Jahr später, 1864, zu einem erneuten Krieg mit Dänemark (s. S. 80 f.). Doch obwohl Schleswig-Holstein Hilfe von den vereinten Heeren Preußens und Österreichs erhielt und das kleine Dänemark schließlich geschlagen wurde, waren die Tage Friedrichs VIII. als Herzog gezählt. Für Bismarck war der Augustenburger nur eine Schachfigur gewesen, ein »Bauer«, den er im großen Spiel um die Gründung des Deutschen Reiches ohne mit der Wimper zu zucken zu opfern bereit war. Von Anfang an, bekannte der spätere Reichskanzler einmal, habe er »die Annexion unverrückt im Auge behalten«, und nur zwei Jahre später war es soweit. Erwartungsgemäß hatte die gemeinsame Verwaltung Schleswig-Holsteins durch Preußen und Österreich zu unüberbrückbaren Meinungsverschiedenheiten und schließlich zum Krieg zwischen den beiden Ländern geführt (1866), und nach dem Sieg Preußens schritt Bismarck zur Tat: Friedrich VIII. verlor seinen Thron, und sein Land wurde Preußen einverleibt.

Herzog Friedrich, mit 36 Jahren gewissermaßen zum Frührentner geworden, zog sich mit seiner Familie tief gekränkt nach Dolzig zurück, um nun bei Frau und Kindern das zu finden, was ihm in der Politik versagt geblieben war: Glück und Zufriedenheit.

Fortan widmete er seine Energie voll und ganz der Erziehung seiner beiden ältesten, etwas ungleichen Töchter. Während die jüngere Calma ein recht lebhaftes und aufgewecktes Mädchen war, erwies sich Dona als sanftes, beinahe schüchternes Kind, das sich eng an den Vater anschloß. Mutter Adelheid, eine offenbar etwas überspannte Frau, tief religiös, aber schwierig im Umgang, und mit ihren schrulligen Eigenschaften bisweilen nur schwer zu ertragen, spielte in der Erziehung der Kinder allem Anschein nach nur eine untergeordnete Rolle.

Auch die zweite Dolziger Episode währte nur kurz. Nicht zuletzt wegen der besseren Möglichkeiten einer schulischen Ausbildung für die Kinder verkaufte man das alte Rittergut, Donas Geburtshaus, und zog nach Gotha. Doch dann starb Friedrichs Vater im Jahr 1869 und vermachte seinem Sohn die Herrschaft Primkenau in Schlesien, jenen Zufluchtsort also, den er 1853 erworben hatte, als er seine holsteinische Heimat verlassen mußte. In den folgenden Jahren war Primkenau vergrößert, umgebaut und mit einem großen Park versehen worden, und das Schlößchen erinnerte mit seinen vielen eckigen Türmen ein wenig an die Rokokozeit. Dorthin zog die Familie nun erneut um, und das schlesische Familiengut wurde ihr endgültiger Sitz.

Dona hat ihr neues Zuhause von Anfang an geliebt: den herrlichen Park, den Teich mit einer kleinen Insel auf der Rückseite des Schlosses und insbesondere die ländliche Umgebung, die zu ausgedehnten Spaziergängen und Ausritten einlud, die das junge Mädchen, von klein an eine begeisterte Reiterin, besonders genossen hat. Auguste Viktoria war nun elf Jahre alt. Als adelige Tochter wurde sie auf die seinerzeit übliche und einzige Rolle als spätere Ehefrau und Mutter vorbereitet, die ihrem Ehemann einmal die richtige behagliche häusliche Atmosphäre schaffen sollte. Das bedeutete, sie würde einmal einem Haushalt vorstehen und kleinere Repräsentationspflichten übernehmen. Fremdsprachen, vor allem Englisch und Französisch, feine Umgangsformen, ein bißchen Literatur, eben das, was für eine gepflegte Konversation notwendig war, sollte die »höhere« Tochter in der Regel beherrschen, wollte sie auch auf gesellschaftlichem Parkett eine gute Figur machen. Dabei dachte man freilich keineswegs an ein Königs- oder gar Kaiserhaus, vergleichsweise arm und unbedeutend wie Donas Familie nun einmal war. Nur Donas Kinderfrau, die alte Frau Kruschwitz, hatte ihren Schützling des Nachts im Traum einmal auf einem

Die Eltern von Kaiserin Auguste Viktoria: Friedrich von Schleswig-Holstein-Sonderburg-Augustenburg und seine Gemahlin Adelheid, eine geborene Hohenlohe-Langenburg.

goldenen Thron gesehen und dem Mädchen eine große Zukunft als Monarchin prophezeit – worauf Dona lachend geantwortet haben soll: »Ja, als Königin von Primkenau!«

Auf Primkenau aber lebte die fürstliche Familie vergleichsweise schlicht, die Hofhaltung war einfach, und das Leben verlief zwanglos und ohne jedes höfische Zeremoniell. Nach wie vor pflegte man jedoch die Freundschaft mit dem preußischen Thronfolger Friedrich Wilhelm und seiner Frau, die hin und wieder auch ihren ältesten Sohn Wilhelm mit nach Primkenau brachten.

Begegnung mit dem Märchenprinzen

Nach Donas Konfirmation im Mai 1875 begann mit verschiedenen längeren Auslandsaufenthalten der zweite Teil ihrer Ausbildung, der in erster Linie den Zweck hatte, ihre Englisch- und Französischkenntnisse zu vervollkommen. Dona, vom stillen und schüchternen Kind zu einer ernsten und pflichtbewußten jungen Frau herangewachsen, verließ ihr Elternhaus nur äußerst ungern, fügte sich aber klaglos in die Notwendigkeiten. Der erste Weg führte sie zu ihrer englischen Verwandtschaft, immerhin war Dona die Enkelin der Halbschwester von Queen Victoria. Während ihres Aufenthaltes auf der britischen Insel lebte sie bei ihrem Onkel Christian, dem Bruder ihres Vaters, der wiederum mit Helena verheiratet war, einer Schwester der preußischen Kronprinzessin Victoria, Donas Taufpatin. Ihr nächstes Ziel war das südfranzösische Pau, der Geburtsort Heinrichs IV. von Navarra, wo eine Schwester ihres Vaters lebte, Prinzessin Amalie. Nach mehreren Monaten hatte Dona ihre Französischkenntnisse so weit vervollständigt, daß sie ihren Auslandsaufenthalt beenden und wieder nach Primkenau zurückkehren konnte.

Am Königshof in London hatte Dona den jungen Prinzen Wilhelm von Preußen wiedergetroffen, mit dem sie eine flüchtige Bekanntschaft verband, seitdem sich die beiden als Kinder 1868 erstmals gesehen hatten. Damals waren beide als Feriengäste im thüringischen Reinhardsbrunn gewesen, dem deutschen Sommersitz der Queen. Mittlerweile aber waren sie den Kinderschuhen entwachsen und betrachteten sich mit anderen Augen. Doch auch wenn die beiden gewiß Sympathie füreinander empfunden haben werden, von Liebe auf den ersten Blick zu sprechen wäre auf jeden Fall falsch. Denn während Dona insgeheim von dem jungen Ernst von Sachsen-Meiningen träumte, liebäugelte Wilhelm mit seiner Cousine Ella (1864–1918), einer Tochter seiner Tante Alice. Während seiner Studienzeit in Bonn war er gerne und oft bei deren Familie zu Besuch, die ganz in der Nähe ihren Sommerpalast bewohnte. Auch Ella mochte ihren forschen Vetter wohl recht gut leiden und freute sich, wenn »Wilhelm der Plötzliche« wieder vorbeikam, doch geliebt hat sie Wilhelm nicht. Statt dessen heiratete sie später den Großfürsten Sergej von Rußland, was den deutschen Prinzen so verletzte, daß er sich von da an weigerte, seine hübsche Cousine jemals wiederzusehen.

Doch irgendwann in den nächsten Jahren muß Dona Ernst von Sachsen-Meiningen vergessen haben, und auch Wilhelm hat Ella aus seinen Gedanken verbannt. In seinen Erinnerungen, die er später im Exil Anfang der 20er Jahre unseres Jahrhunderts niederschrieb, heißt es: »Im April 1879 begab ich mich nach Görlitz zur Auerhahnjagd und benutzte die Gelegenheit, um die herzogliche Familie in dem unweit gelegenen Primkenau aufzusuchen.« Das war an sich nichts Besonderes. Schon oft hatten sich die Eltern gegenseitig besucht, und die »Holsteins« waren auch für Wilhelm vertraute Bekannte geworden. Bei diesem Besuch jedoch wurde, wie er später schrieb, »mein lange im stillen gehegter Wunsch in mir zum festen Entschluß«. Tatsächlich war es wohl kein lange gehegter Wunsch gewesen, und »Wilhelm der Plötzliche« hatte wohl nach eher kurzer Überlegung beschlossen, diesen Schritt zu tun. Aber, wie dem auch sei –, er meinte es durchaus ernst, als er Dona im April 1879 seinen Heiratsantrag machte, den die junge Frau auch überglücklich annahm.

Doch mochte die gegenseitige Zuneigung auch ausnehmend herzlich gewesen sein – in den Augen vieler hatte Wilhelm keine gute Wahl getroffen, als er sich als zukünftiger deutscher Kaiser für dieses Mädchen aus Primkenau entschieden hatte. Donas Familie galt keineswegs als ebenbürtig und war nach dem Verlust von Schleswig-Holstein auch nicht gerade wohlhabend. Für Dona schien nur eines zu sprechen, nämlich, daß sie Protestantin war. Auch der alte Kaiser Wilhelm I., ohne dessen Einwilligung das Paar nicht heiraten konnte, beklagte, daß Dona aus einer solch unbedeutenden Familie stamme, und war mit der Wahl seines ältesten Enkels überhaupt nicht einverstanden. Und Bismarck, sein mächtiger Kanzler, machte erst gar keinen Versuch, seine Verachtung für Donas Vater zu vertuschen, den »Idioten von Holstein«, wie er den gemäßigt liberalen Friedrich in seiner ihm eigenen provokanten Art bezeichnete.

Doch nicht nur der Kaiser und Bismarck hatten an Dona so manches auszusetzen. Auch Wilhelms Schwester Charlotte, die ihrem Bruder sehr nahestand, fand die junge Frau in Vergleich zu ihrer »aufgeweckten Schwester Calma schweigsam, wenig mitteilsam, auch sehr befangen«. Nicht minder unpassend wurde Wilhelms Brautwahl in der Hofgesellschaft empfunden, und selbst in der preußischen Bevölkerung war die Enttäuschung darüber, daß sich der künftige Thronfolger ein »Mädchen vom Lande« auserwählt hatte, unverkennbar. Nur das Kronprinzenpaar war mit der Entscheidung des ältesten Sohnes mehr als einverstanden, und insbesondere Vicky setzte sich vehement für diese Verbindung ein, heimlich hoffend, in der künftigen Schwiegertochter eine Vertraute und Gleichgesinnte zu haben. Zuletzt verlor auch der alte Kaiser alle anfängliche Skepsis, nachdem er die sanfte Dona erst einmal richtig kennengelernt und festgestellt hatte, daß sein Enkel ehrlich in die junge Holsteinerin verliebt war. Einer Hochzeit stand damit nichts mehr im Wege.

Zunächst aber verzögerte sich die offizielle Verlobung, weil Donas Vater im Januar 1880 völlig überraschend an den Folgen eines Herzinfarktes starb. Doch trotz des schweren Verlustes hatte Dona kaum Zeit, sich ihrer Trauer zu überlassen. Nachdem die Verlobung schließlich am 14. Februar bekanntgegeben worden war, begab sie sich unmittelbar danach mit ihrer Schwester Calma erneut nach England, um auf Cumberland Lodge, dem Wohnsitz ihres Onkels Christian und seiner Frau Helena, den aristokratischen Schliff zu erhalten, der von einer preußischen Prinzessin und künftigen deutschen Kaiserin erwartet werden durfte.

Die Trennung von Wilhelm muß Dona sehr schwergefallen sein, täglich schrieb sie an ihren »Herzens Schatz« nach Berlin und teilte ihm mit, wie sehr sie ihn doch vermisse. Schon jetzt war klar, daß Dona ihre ganz große Liebe gefunden hatte: »Die Sehnsucht nach Dir, Schatz, wird immer größer«, schrieb sie am 20. Januar 1881. »Ich küsse Deine Augen als Deine Dich heißliebende Dona.«

Wilhelm erhielt zahllose Briefe von seiner Verlobten, die,

wenngleich stilistisch unausgereift und inhaltlich reichlich nichtssagend, doch unmißverständlich das eine ausdrückten: wie sehr sie ihn liebte und bewunderte. (Anm. d. Verf.: Wilhelms Briefe sind leider nicht mehr vorhanden.) Der junge Prinz hatte damit endlich eine Frau gefunden, die nichts, aber auch gar nichts an ihm zu kritisieren hatte, sondern alles, was er sagte und tat, bedingungslos akzeptierte. Mochte Bismarck auch grollen, daß sich sein Schützling für die »Holsteinkuh« entschieden hatte – Dona und Wilhelm waren zweifelsohne glücklich und verliebt, und schon bald sollte Dona auch die Herzen der Berliner gewinnen, die ja weder mit ihrer Kaiserin Augusta noch mit der Kronprinzessin Vicky sonderlich glücklich waren.

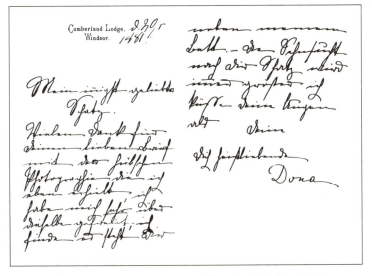

Erste und letzte Seite aus einem von zahlreichen Briefen, die Auguste Viktoria während ihrer einjährigen Verlobungszeit an ihren »innigst geliebten Schatz« Wilhelm schrieb.

Die »Königin von Primkenau« wird Prinzessin von Preußen

Ein Jahr lang mußten sich die beiden Verlobten mit ausgiebiger Korrespondenz begnügen, bis endlich der Hochzeitstermin festgesetzt werden konnte. Auf Wunsch ihrer künftigen Schwiegermutter hatte Dona in London Kleider, Möbelstoffe, Bettwäsche und anderes mehr eingekauft, um die gemeinsame Wohnung geschmackvoll einrichten zu können. Für Wilhelm freilich, der sich endlich aus der Umklammerung seiner Mutter befreit geglaubt hatte, war dies Grund genug, seiner zukünftigen Frau mitzuteilen, wie sehr ihn die Einmischung Vickys aufregte und ärgerte. Dona war das gespannte Verhältnis, das Wilhelm zu seiner ambitionierten Mutter hatte, von Anfang an nicht verborgen geblieben, und auch sie empfand Vickys ständiges Einmischen als unangenehm, doch noch versuchte sie zu vermitteln: »Mein Schatz«, schrieb sie am 20. Januar 1881, »ich verstehe, daß es höchst ärgerlich ist, wenn Deine Mama alles, was Du Schatz mit Mühe und vielem Überlegen und endlich vielleicht zu Deiner Zufriedenheit eingerichtet hast, als ›häßlich‹ bezeichnet. Du mußt jedoch bedenken, daß sie mit ihrem Blick für künstlerische Arrangements manches häßlich finden wird, was Du und ich, Schatz, vielleicht hübsch finden werden. Also mußt Du Herzens Schatz Dich nicht decouragieren lassen, ich werde mich auf alle Fälle über das freuen, was Deine Liebe für mich vorbereitet hat. Aber der Rat Deiner Mama wird Dir gewiß oft nützlich sein können bei den Einrichtungen ...« Und nur zwei Tage später heißt es: »Armer Schatz, Du scheinst ja wieder ziemlich in Verzweiflung zu sein wegen den Einrichtungen, ich kann es Dir so gut nachfühlen, wie unangenehm es sein muß, wenn Deine Eltern ohne Dein Wissen so manches anordnen, was Dir nachher unangenehm ist. Aber, Schatzi, es ist gewiß oft gut gemeint, Du mußt Dich nicht so darüber ärgern, und bitte sage nur nicht zu deutlich Deine Meinung.«

Mitte Januar waren die Ehepakte zwischen den Häusern Hohenzollern und Holstein ausgearbeitet worden, und unterdessen hatte man auch bereits Donas künftigen Hofstaat ernannt. Oberhofmeisterin war die verwitwete Gräfin Therese von Brockdorff, Hofdamen wurden Gräfin Mathilde von Keller und Gräfin Mathilde von Pückler – jene Damen also, die Dona fortan treu ergeben sein sollten und die Wilhelm etwas später spöttisch die »Halleluja-Tanten« nannte. Als Dona am 1. Februar 1881 von London nach Primkenau zurückkehrte, war in ihrer neuen Heimat schon alles auf sie eingestellt. In Potsdam waren das Stadtschloß und das Marmorpalais als künftige Wohnsitze hergerichtet worden – unter der Federführung ihrer künftigen Schwiegermutter.

Das vom Kaiser genehmigte Programm der Feierlichkeiten sah folgendermaßen aus: »25. Februar: Eintreffen der Braut im königlichen Schlosse Bellevue. Daselbst um 4 Uhr Diner en famille und Marschall Tafel. 26. Februar: Einzug der Braut in Berlin; Unterzeichnung der Ehepacten; Familien-Diner. 27. Februar: Vermählung des Brautpaares (Abends 7 Uhr) im großen königlichen Schlosse. 28. Februar: Kirchgang in die Schloßkapelle um 11 Uhr; Gala-Diner im Weißen Saale um 4 Uhr. Abends 7½ Uhr: Gala-Oper im Opernhause. 1. März: Familien-Diner im kronprinzlichen Palais: Abends Ball im königlichen Schlosse.«

Die junge Braut war entsetzlich aufgeregt, als sie am 26. Februar mit großem Protokoll in Berlin empfangen wurde. In einer gläsernen Kutsche, die von acht Rappen gezogen wurde, ging es unter dem Jubel der großen Menschenmenge durch die geschmückten Berliner Straßen. Dona war von diesem überaus freundlichen Empfang regelrecht überwältigt, und doch wird ihr bereits jetzt klargeworden sein, daß ihre neue Stellung nicht nur Annehmlichkeiten mit sich brachte. Bei der winterlichen Kälte war die Fahrt in der zugigen Kutsche alles andere als ein reines Vergnügen, und Donas Abendrobe, ein hellblaues Kleid mit Goldbrokat, war nicht gerade dazu angetan, den eisigen Wind abzuhalten. Doch so sehr sie auch frieren mochte, die junge Braut mußte tapfer und freundlich lächeln.

Vicky schrieb noch am selben Tag an ihre Mutter: »Die liebe Dona sah reizend aus; alle waren von ihrer Schönheit und Grazie entzückt. Ihr Antlitz trug einen Zug unschuldiger Glückseligkeit, den zu sehen mir guttat. Ihr Kleid stand ihr außerordentlich gut – es war hellblau mit Goldbrokat, mit rosa und weißen China-Astern; um den Hals trug sie ihre Perlen und Deinen wundervollen Anhänger.«

Am folgenden Tag fand in der Kapelle des Berliner Schlosses die Hochzeit statt. Das Brautkleid, aus weißem und silbernem Brokat gearbeitet, mit einem Schleier aus alter Spitze, war ein Geschenk von Wilhelms Großmutter, Queen Victoria, die das neue Familienmitglied mit großer Herzlichkeit aufnahm.

Der Hochzeitsgottesdienst war kurz und schlicht, doch die anschließenden Feiern dauerten bis zum nächsten Tag, und einer alten Tradition folgend, durfte jeder, der Braut und Bräutigam kannte, daran teilnehmen – von gekrönten Häuptern bis hin zu Kinderfrauen und Pferdeknechten.

Die Berliner Katholiken indes zeigten sich verstimmt, wie der anonyme »Berliner Chronist« den Lesern der Zeitschrift »Hausschatz« mitteilte, da man es – ob bewußt oder unbewußt, sei dahingestellt – unterlassen hatte, den Propst der St. Hedwigskirche und Chef der Berliner katholischen Geistlichkeit zu den Festlichkeiten einzuladen. Ein unverzeihlicher Fauxpas des Kaiserhauses, schließlich lag der unselige Kulturkampf nur wenige Jahre zurück.

Den Abschluß der Festlichkeiten bildete der traditionelle Fackeltanz: Auf ein Zeichen hin wurden alle Lichter im Saale gelöscht, die Musik setzte ein, und zwölf Hofbeamte betraten den Raum, jeder eine Harzfackel in der Hand. Sie verbeugten sich vor Dona und Wilhelm, und das frisch vermählte Paar erhob sich, um sich der Prozession anzuschließen. Nach der ersten Runde gesellten sich Kaiser Wilhelm und Kaiserin Augusta dazu, und nach und nach beteiligten sich alle Gäste an diesem Abschlußritual einer preußischen Königshochzeit.

Es ist kaum anzunehmen, daß Dona die anstrengenden Hochzeitsfeierlichkeiten wirklich genossen hat. Und auch in den nächsten Tagen mußte das neuvermählte Paar an die zweihundert Deputationen empfangen, Hände schütteln und Konversation machen. Doch mochte Dona auch noch so erschöpft sein, für sie war ein Traum wahr geworden: Sie hatte tatsächlich ihren Märchenprinzen geheiratet, und aus der »Königin von Primkenau« war Deutschlands zukünftige Kaiserin geworden.

Die schönsten Jahre

Im Marmorpalais von Potsdam

Dona und Wilhelm bezogen zunächst das Stadtschloß in Potsdam, das seinerzeit vom Großen Kurfürsten erbaut worden war. Ganz offensichtlich gestaltete sich das Zusammenleben des jungen Ehepaares genauso behaglich und romantisch, wie Dona es sich erträumt hatte. Sie war gerade erst einen Monat verheiratet, als sie an ihre Schwester Calma schrieb, ihre Liebe zu Wilhelm werde immer stärker. Schon jetzt deutete sich an, daß aus Donas Liebe zu ihrem Mann fast eine Art Anbetung werden sollte, eine bedingungslose Hingabe. Doch auch der unstete Preußenprinz schien die Annehmlichkeiten eines geregelten Familienlebens mit seiner blonden jungen Frau zu genießen: »Ich bin überaus glücklich hier in meinem eigenen Heim und mit der süßesten jungen Frau, die man sich wünschen kann«, schrieb Wilhelm im Juni 1881. Dona sei »so lieb, nett und freundlich, daß jeder, der sie sieht, ganz verrückt nach ihr wird. Besonders mein lieber alter Großpapa ist ganz begeistert von ihr.«

Im Juni 1881 waren die abschließenden Renovierungsarbeiten im Marmorpalais endlich so weit fortgeschritten, daß Dona und Wilhelm dorthin umziehen konnten. Hier erlebte Auguste Victoria, wie sie später einmal sagen sollte, die glücklichsten Jahre ihres Lebens. In dem malerischen Schlößchen, von Friedrich Wilhelm II. am Ufer des Heiligen Sees errichtet, hatte einst auch das alte Kaiserpaar eine Zeitlang gelebt. Es lag wunderschön in einer Parklandschaft mit terrassenförmig angelegten Gärten. Auf dem See konnte man Boot fahren, die weitläufigen Parkanlagen luden zu ausgedehnten Spaziergängen und Ausritten ein, was Dona als begeisterte Reiterin natürlich auch ausnutzte.

Die junge Frau lebte sich im übrigen rasch in ihre neue Umgebung ein und genoß ihr neues, von höfischen Pflichten im allgemeinen ungestörtes Eheleben. Für die Berliner »Gesellschaft«, die von Wilhelms schöner Schwester Charlotte angeführt wurde, hatte man nur wenig übrig. Neben der eleganten und modebewußten Charlotte, dem allezeit strahlenden Mittelpunkt des Gesellschaftslebens, wirkte Dona ohnehin ein wenig simpel. »Ich weiß gar nicht, was ich mit den Menschen, die zu der eleganten Welt gehören, reden soll, ich finde niemals das rechte Wort«, soll sie Wilhelms Freund Eulenburg einmal geklagt haben, wie der in seinen Erinnerungen schreibt. Dona paßte nicht dazu, und das ließ man sie auch unmißverständlich spüren.

So unwohl sie sich auf gesellschaftlichem Parkett fühlte, so wohl fühlte sie sich mit ihrer neuen Aufgabe, »Hausfrau« zu sein, also dem Haushalt vorzustehen und vor allem ihrem Wilhelm ein komfortables Heim zu schaffen. Jeden Morgen nahm sie gemeinsam mit ihm das Frühstück ein, und mochte es auch noch so früh serviert werden. Bestimmte sie den täglichen Speisezettel und kümmerte sie sich um die Zubereitungsart der Speisen, so war nur wichtig, daß sie nach Wilhelms Geschmack waren. Ihr geliebter Mann war ihr ganzer Lebensinhalt geworden, und ein Hofbeamter meinte, Donas »Ergebenheit« habe »etwas wirklich Weibliches und Anrührendes«, auch wenn er hinzufügte: »Doch manchmal denke ich, daß darin ein Risiko liegt.«

Doch es lag in der Natur der Sache, daß Wilhelm als künftiger Herrscher viel unterwegs war, so daß Dona allein in Potsdam blieb und sich mitunter langweilte. Im Gegensatz zu ihrer begabten und vielseitig interessierten Schwiegermutter hatte sie weder an Kunst, Literatur noch Wissenschaft sonderliches Interesse, von Politik ganz zu schweigen. So vertrieb sie sich die Zeit mit Spazierfahrten, um Land und Leute kennenzulernen, beschäftigte sich mit Handarbeiten oder nahm Klavierstunden. Und sie wartete auf Wilhelm. Für den umtriebigen und oftmals launischen Preußenprinzen war die stille und sanfte Dona schon bald zum ruhenden Pol geworden, so daß man sich in dieser Hinsicht einander bestens ergänzte. Hinzu kam, daß Dona zu ihrem Mann aufblickte und ihn bewunderte, und Wilhelm empfand Genugtuung, daß sie ihn so schalten und walten ließ, wie er es sich als militärischer Vorgesetzter angewöhnt hatte. Am meisten aber schätzte er, daß ihr nie, aber auch nie ein Wort der Kritik an ihm über die Lippen kam.

Ein Leben für die Kinder

Am 6. Mai 1882 wurde der erste Sohn geboren, Wilhelm, und mit Kanonensalut begrüßt. Noch fünf weitere Male sollten die Berliner in den folgenden Jahren auf diese Weise über den Hohenzollernschen Familiennachwuchs informiert werden: Eitel Friedrich wurde am 7. Juli 1883 geboren, Adalbert am 14. Juli 1884, August Wilhelm, genannt »Auwi«, erblickte am 29. Januar 1887 das Licht der Welt, ihm folgten Oskar am 27. Juli 1888 und schließlich Joachim im Dezember 1890, der jüngste Sohn. Zwei Jahre später war die Familie komplett, und auch wenn Wilhelm immer geäußert hatte, er wolle keine Töchter haben, so war er doch ebenso glücklich wie Dona, als ein kleines Mädchen geboren wurde: Viktoria Luise, genannt »Sissy«, das Nesthäkchen und vor allem Wilhelms besonderer Liebling.

Von nun an beanspruchten die Kinder den größten Teil von Donas Zeit. Sie kümmerte sich um ihre Erziehung, spielte mit ihnen im Garten und schob selbst den Kinderwagen über das Gelände des Marmorpalais. Mit viel Liebe und Sorgfalt bereitete sie die Geburtstagsfeiern vor und suchte kleine Überraschungen für ihre Kinder aus, die nun neben Wilhelm Dreh- und Angelpunkt in ihrem Leben waren. Ihr ältester Sohn Wilhelm schrieb später in dankbarer Erinnerung: »Der Mittelpunkt für uns Kinder war, seit ich denken kann, unsere geliebte Mutter. Von ihr ist Liebe und ist Wärme ausgegangen und zu uns gekommen. Was auch jemals unsere jungen Herzen an Freude oder Leid bewegen mochte, sie hat Verstehen und ein Mitschwingen und Mitempfinden dafür gehabt. Alles Beste unserer Kindheit, nein mehr, alles Beste an dem, was Elternhaus und Fa-

Kronprinz Wilhelm im Alter von sechs Jahren (1888), der einmal der dritte seines Namens hätte werden sollen.

milie nur geben können, danken wir ihr. Denn was sie uns in jener frühen Jugend gewesen ist, das ist sie für uns geblieben, auch als wir zu Jünglingen und Männern reiften. Das ist uns diese gütigste und beste Frau, für die leben nur helfen, spenden und sich zum Wohle anderer hingeben und verschenken heißt, auch heute noch ...«

Dona war immer für ihre Kinder da, und sie liebte sie so, wie sie waren, ohne jeden Ehrgeiz, zu dem sie wohl auch gar nicht fähig war. Sie erzog ihre Söhne und keine Prinzen, auch wenn dem natürlich Grenzen gesetzt waren. Fest steht aber, daß all ihre Kinder von ihr die Nestwärme erhielten, die so viele andere Prinzen und Prinzessinnen entbehren mußten. Bis zu Donas Tod haben die Kinder ihr ihr Herz ausgeschüttet.

Wilhelm dagegen, der sich die Söhne so sehr gewünscht hatte, scheint ihnen kein sonderlich guter Vater gewesen zu sein. Auch den Kindern gegenüber war er immer mehr Kaiser als Vater, und nur hin und wieder kam es vor, daß er seine »Maske« einmal fallenließ. Sein ältester Sohn erinnerte sich: »Unser Vater war stets freundlich und in seiner Art liebevoll gegen uns, aber er hatte schon naturgemäß nicht allzuviel Zeit für uns übrig. So kommt es, daß ich, wenn ich unsere frühere Kindheit überdenke, kaum ein paar Bilder finde, in denen ich ihn in harmloser, ungezwungener Heiterkeit mit uns oder in froher Hingabe an unsere Kinderspiele sehe. Wenn ich es mir jetzt zu erklären suche, so ist mir, als ob er die Würde und Überlegenheit des Reifen und Erwachsenen nicht so völlig hätte von sich streifen können, um mit uns kleinen Jungen richtig jung zu sein. So haben wir in seiner Nähe eine gewisse Befangenheit eigentlich nie ganz verloren, und auch seine in Momenten guter Laune bisweilen betonte Derbheit in Ton und Ausdruck, die uns offenbar zutraulich machen sollte, wirkte auf uns eher einschüchternd. Das mag auch daher kommen, daß ... er mit seinen Gedanken schon gar nicht mehr bei uns war. Das ließ ihn dann beinahe unpersönlich, zerstreut und unseren jungen Herzen manchmal fremd erscheinen ... Nur meinem Schwesterchen ist es gelungen, von Kindheit auf einen warmen Platz in seinem Herzen zu gewinnen.«

Bis auf das »Sorgenkind« Joachim, einen äußerst sensiblen und oft kränkelnden Jungen, verlief die Kindheit des kaiserlichen Nachwuchses, wie es scheint, ohne größere Probleme – bis zu dem Zeitpunkt, wo die Söhne jeweils zwölf Jahre alt waren und sich Dona von ihnen trennen mußte, da sie ihre weitere Ausbildung in der Kadetten-Anstalt in Plön zu absolvieren hatten. Als auch »Auwi« und Oskar das Elternhaus verlassen mußten, erlitt Dona einen Nervenzusammenbruch. Während es für Wilhelm keine Frage war, daß in einer Soldatenfamilie wie der der Hohenzollern das Militärische auch bei der Erziehung seiner Söhne an erster Stelle zu stehen hatte, konnte Dona diese Notwendigkeit nicht nachvollziehen. Sie wollte ihre Kinder um sich haben. Immer hatte sie Wilhelms Wünschen entsprochen und seinen Anweisungen zugestimmt – nun tat sie es zum ersten Mal nicht mehr. Es kam zu heftigen Szenen zwischen beiden, und Wilhelm hat seiner Verärgerung offenbar seinem Freund Eulenburg gegenüber Luft gemacht. Der jedenfalls schrieb in einem Brief an Bernhard von Bülow am 24. September 1900, was Wilhelm ihm während einer Bahnfahrt als einen »recht traurigen, peinlichen Herzenserguß« aus seiner Sicht anvertraut hatte: »Die Kaiserin hatte die ganze Nacht Szenen gemacht mit Weinen und Schreien. Um 2 Uhr war der Kaiser erst etwas zum Schlaf gekommen. Um 6 Uhr hatte es von neuem begonnen. Ein vollständiger Paroxismus. Der Kaiser sprach mir in großer Ruhe davon, eher traurig. Er sagte mir: ›Ich bin völlig ratlos. Was soll Ich tun? Diese Krisen und Szenen machen Mich tot. Ich kann es nicht aushalten. Die Kaiserin ist krank – krank, durch eine völlig, für eine Kaiserin unmögliche Tageseinteilung. Sie kann nicht bürgerliche Mutter, zärtliche Gattin und regierende Kaiserin zugleich sein. Sie ist am Ende ihrer Kräfte angelangt und wird sich und Mir zur Unmöglichkeit. Es muß Rat geschaffen werden, und Ich weiß nicht, wie. Sage Mir um Gottes willen, wie da zu helfen ist, denn der Gedanke, die arme Kaiserin in einer Kaltwasseranstalt endigen zu sehen, ist so entsetzlich, daß Ich ihn nicht fassen kann.‹« (Bülow, Denkwürdigkeiten)

Die »Kaltwasseranstalt« blieb Dona erspart, doch sie mußte sich in ihr Schicksal fügen. Die Söhne gingen nach Plön, und nur Joachim, der jüngste, durfte bei seiner Mutter bleiben. Hier war ihre Mutterliebe erstmals an unüberwindliche Grenzen gestoßen.

Doch in den Augen ihres Volkes war Dona das Idealbild einer Mutter, denn Mutterschaft galt damals für nahezu alle Frauen als die Erfüllung ihres Lebens, daran wollte noch nicht einmal die bürgerliche Frauenbewegung, die sich im Laufe des 19. Jahrhunderts formierte, etwas ändern. Wunschtraum einer jeden

Mutter war natürlich die Geburt eines Sohnes, des ersehnten Stammhalters, und besonders in adeligen Kreisen war man enttäuscht, wenn es »nur« ein Mädchen war.

Auch für Frauen, die sich für mehr Gleichberechtigung einsetzten, galt im 19. Jahrhundert nach wie vor der Slogan »Kinder, Küche, Kirche«. Und so begannen die deutschen Frauen, die sich wie Dona auf die drei K's beschränken mußten, schon bald, die Prinzessin und spätere deutsche Kaiserin als vorbildliche Gattin und Mutter zu verehren.

Unterdessen aber war eine Frau von Dona tief enttäuscht: ihre Schwiegermutter Vicky, die sich einstmals so vehement für die Ehe ihres ältesten Sohnes mit der jungen Holsteinerin eingesetzt hatte.

Differenzen mit der Schwiegermutter

Es war Dona nicht verborgen geblieben, daß Wilhelm keinen Hehl daraus machte, wie gleichgültig ihm seine Mutter war und wie sehr er es verabscheute, daß sie sich in alles einmischte und nicht müde wurde, ihn zu kritisieren. Zunächst noch hatte Dona auf Ausgleich gedrungen, war bedacht gewesen, weder ihren Mann noch ihre Schwiegermutter zu verletzen, wollte vermitteln und Frieden stiften. Doch schon bald mußte sie einsehen, daß das ganz unmöglich war, und so schlug sie sich natürlich ganz auf Wilhelms Seite. Die politischen Differenzen zwischen Mutter und Sohn interessierten sie nicht, wie sie Politik ohnehin nicht interessierte, und erst recht dachte sie nicht daran, ihren Mann davon abzuhalten, immer weiter in Bismarcks Fahrwasser abzugleiten.

Vicky war von ihrer Schwiegertochter tief enttäuscht, nun, da sie erkennen mußte, daß Dona weit davon entfernt war, den gleichen liberalen Idealen zu huldigen, wie es ihr verstorbener Vater getan hatte. Vicky beklagte, daß Dona alles, was ihr Ehemann sage und mache, rückhaltlos bewundere und daß sie davon überzeugt sei, »daß alles, was Wilhelm und sie denken, sagen und tun, vollkommen ist«. Zu spät mußte die ehrgeizige

Herzogin Karoline Mathilde zu Schleswig-Holstein-Glücksburg mit Prinzeß. Tochter Luise.   Kaiserin Augusta Viktoria mit Prinzeß. Helena zu Schleswig-Holstein-Glücksburg.   Prinz Heinrich.   Kaiser Wilhelm mit Prinz Oskar.
Prinzeß. Alexandra u. Viktoria zu Schleswig-Holstein-Glücksburg.   Prinzeß. Friedrich Leopold mit Prinzeß. Viktoria.   Prinzeß. Heinrich mit Prinz Waldemar.
Prinz Adalbert.   Kronprinz Friedrich Wilhelm.
Prinz August Wilhelm.   Prinz Eitel-Friedrich.

Ein Bild aus dem Familienleben unseres Kaisers. Nach einer Photographischen Aufnahme von Selle & Kuntze in Potsdam.

Kaiserliches Familienidyll für den Fotografen: Stolz präsentieren Dona und Wilhelm ihre fünf Söhne nach neun Jahren Ehe.

Kronprinzessin erkennen, daß sie ihrem Sohn genau die falsche Frau »ausgesucht« hatte: Dona war noch weitaus konservativer, als Wilhelm es war: »Wilhelm und ganz besonders Dona haben immer die entgegengesetzte Clique begünstigt«, schrieb Vicky verärgert an ihre Mutter. »Die Menschen, die dreißig Jahre lang gegen Fritz und besonders gegen mich unfreundlich gewesen sind, sind dieselben, die jetzt Wilhelm nachlaufen und Dona vollkommen in der Tasche haben.«

Die Distanz zwischen den beiden Frauen wurde schon bald so groß, daß die Queen ihre Tochter schließlich fragte, warum sie diese Ehe überhaupt herbeigeführt hätte. Vicky, die nie eine gute Menschenkennerin gewesen war, antwortete ehrlich: »Weil unter den jungen Prinzessinnen, die ich kannte, (da man es nicht für ratsam hielt, daß er eine Cousine heiraten solle), Dona mir am geeignetsten schien, eine ausgezeichnete Frau und Mutter zu werden. Wir schätzten und achteten ihren Vater sehr, der großes Vertrauen zu uns hatte ...« Dabei hätte Vicky eigentlich aus eigener Erfahrung wissen müssen, daß Kinder nicht immer die gleichen politischen Ansichten wie ihre Eltern vertreten. Vicky fuhr fort: »Dann glaubte ich, daß sie dankbar und anhänglich sein und mir Vertrauen entgegenbringen würde – in diesem Punkt sind allerdings meine Hoffnungen gänzlich enttäuscht worden. Sie hat vollkommen vergessen oder will sich nicht erinnern oder versteht in der Tat nicht, was sie mir schuldet. Sie hat ein starkes Pflichtgefühl, aber sie scheint ihre Pflichten mir gegenüber nicht zu kennen.«

Welche Pflichten Vicky damit auch immer gemeint haben mag – für Dona gab es nur die Pflicht, ihrem Wilhelm eine gute Ehefrau zu sein: »Ich kann gar nicht sagen, wie sehr ich ihn liebe!« betonte sie, und diese Liebe, diese blinde Ergebenheit ließ keinen Raum für die Wünsche und Forderungen ihrer Schwiegermutter. Und auch wenn sich das Verhältnis Donas zu ihrer Schwiegermutter ab den 90er Jahren wieder bessern sollte, so war es doch stets von einer gewissen Distanz bestimmt und niemals herzlich oder gar vertraulich.

Erste Wolken am Ehehimmel

Doch nicht nur Vicky war von Dona enttäuscht. Wilhelms Schwester Charlotte mied nach Möglichkeit jede Begegnung mit ihrer biederen Schwägerin, der die Berliner Gesellschaft ohnehin mit äußerstem Widerwillen entgegentrat. Auch andere Geschlechtsgenossinnen hatten an Wilhelms Frau so mancherlei auszusetzen: daß sie keine Zeitung las, daß sie sich mit nichts beschäftigte, was über ihren häuslichen Kreis hinausging, daß sie, so wurde mitunter behauptet, schlicht und einfach dumm sei. So zumindest befand Prinzessin Radziwill. Aber auch Fürstin Daisy von Pless meinte, Dona sei »ganz wie eine gute, stille sanfte Kuh, die kalbt, langsam Gras frißt und wiederkäut«. Und selbst Wilhelm, wenngleich er die Annehmlichkeiten des Familienlebens durchaus zu schätzen wußte, wird schon bald in Donas Gesellschaft eine gewisse Beklemmung empfunden haben, denn der umtriebige und vielseitig interessierte spätere Kaiser fand in seiner Frau alles andere als eine anregende Gesprächspartnerin. Nicht lange, und er konnte es sich nicht verkneifen, das, was er dachte, auch auszusprechen: Man merke genau, daß seine Frau auf Primkenau, und nicht auf Windsor aufgewachsen sei ...

Bereits nach dem ersten Ehejahr hatte Donas Ehemann zudem mehrere Mätressen. Wenngleich er nach außen hin gerne den sittenstrengen und gottesfürchtigen Ehemann und Familienvater spielte, so nahm er doch insbesondere auf Reisen nur allzu gern günstige Gelegenheiten zu amourösen Abenteuern wahr. Da ihn der habsburgische Kronprinz Rudolf mit einer Wiener Kupplerin bekannt gemacht hatte, kamen die meisten dieser Damen aus Österreich. Eine von ihnen, eine gewisse Ella Somssich, etablierte er über zwei Winter sogar in Berlin. Es ist unklar, ob Dona je von Wilhelms Seitensprüngen erfahren hat. Gesprochen hat sie davon jedenfalls nie, und so blieben die beiden zumindest nach außen hin ein vorbildliches Ehe- und Elternpaar.

Doch während Wilhelm die Rolle des treuen Ehemanns mimen mußte, verkörperte Dona das Idealbild einer liebenden

Ehefrau nicht nur nach außen hin, sie war es tatsächlich. Die Kölnische Zeitung schrieb am 17. April 1921 dazu: »Kaiserin Auguste Viktoria gehörte zu den Frauen, von denen wenig gesprochen wird, das Wort in dem Sinne genommen, wie man eben von Frauen ›zu sprechen‹ pflegt. Nicht einmal der argusäugige Hofklatsch fand an ihr das kleinste Fleckchen, wo er sich hätte anklammern und Wurzeln fassen können. Das will schon etwas bedeuten...« Und so war es tatsächlich. Während man ihrer Schwiegermutter nachsagte, sie sei selbst in Alexander von Battenberg verliebt und engagiere sich nur deshalb so für eine Verbindung ihrer Tochter Victoria mit dem jungen Regenten, und Gerüchte umgingen, Friedrich Wilhelm von Preußen leide in Wirklichkeit gar nicht an Krebs, sondern an der Syphilis, die er sich in Ägypten während der Eröffnung des Suezkanals bei einem Seitensprung geholt habe, wurde über Auguste Viktoria kein einziges böses Wort verloren. Es scheint, Dona war tatsächlich ganz ohne Fehl und Tadel.

Dabei bekam sie ihren Mann im Jahr nur etwa hundert Tage zu Gesicht. Als künftiger deutscher Kaiser war er verpflichtet, das komplizierte Gewerbe der Staatskunst zu erlernen, Repräsentationspflichten zu erfüllen und sein Land auf Auslandsreisen zu vertreten. Zudem nahm die Truppe einen großen Teil von Wilhelms Zeit in Anspruch, und auch die berühmten Nordlandreisen pflegte er ohne seine Frau zu machen. Wilhelms zahllose Reisen wurden beim Volk schon bald zum beliebten Stoff für allerlei Witze. War sein Großvater als »der weise Kaiser« bezeichnet worden, sein nur kurz regierenden Vater als »der leise Kaiser«, so nannte man Wilhelm später den »Reisekaiser«. In Köln versah man 1891 ein Denkmal Wilhelms II. mit einem Koffer, und die Nationalhymne »Heil Dir im Siegerkranz«, so wurde gespottet, sollte in »Heil Dir im Sonderzug« umbenannt werden.

Für Dona freilich waren diese langen Trennungen nur schwer zu ertragen, wie zahlreiche ihrer Briefe beweisen: »Diese ewigen Trennungen sind doch zu scheußlich«, klagte sie in den achtziger Jahren, und »Engelchen, komm bald zurück, ich sehne mich so sehr nach Dir«. Und so ging es weiter. Wilhelm hingegen schien seine Frau nicht sonderlich zu vermissen. Jedenfalls nahm er sich kaum Zeit, Dona einmal zu schreiben, ließ ihr höchstens seine Grüße durch andere übermitteln oder schickte hin und wieder ein Telegramm. Und das lag keineswegs am Zeitmangel, denn gleichzeitig schrieb er seiner Großmutter Augusta ausführliche seitenlange Briefe. Offenbar war er ganz froh, seiner Ehe zumindest vorübergehend einmal entfliehen zu können.

Kaiserin und Landesmutter

»... auf eine einsame Insel entfliehen«

Später sollte man das Jahr 1888 als Dreikaiserjahr bezeichnen, als Schicksalsjahr Deutschlands. Und das war es auch für Dona. Ende Februar, als allgemein klar wurde, daß der alte Kaiser Wilhelm nicht mehr lange leben würde, zogen Dona und Wilhelm mit den Kindern nach Berlin, wo nun das königliche Schloß ihr neues Heim wurde. Dona trennte sich nur schweren Herzens von Potsdam und dem geliebten Marmorpalais, in dem sie sieben glückliche und weitgehend unbeschwerte Jahre verbracht hatte. Doch nun kündigte sich unwiderruflich ein neuer Lebensabschnitt an. Kaiser Wilhelm I. starb am 9. März, sein Sohn und Nachfolger, der todkranke Friedrich III., tat seinen letzten Atemzug am 15. Juni des gleichen Jahres. Nun hieß der neue Kaiser Wilhelm II., und Auguste Viktoria war deutsche Kaiserin. Doch so sehr Wilhelm diesen Moment auch herbeigesehnt hatte, um sich und der Welt zu beweisen, welche Qualitäten in ihm steckten – Dona hätte sich gewünscht, noch viele Jahre ohne Bürde der Krone im stillen Kreis der Familie leben zu können. »Wenn ich doch mit meinem Mann und den Kindern auf eine einsame Insel entfliehen könnte!« – das war ihre erste Reaktion auf die Kaiserwürde.

Die neue Stellung brachte ihr aber auch Vorteile, denn Dona, in vergleichsweise einfachen aristokratischen Verhältnissen aufgewachsen, hatte Geschmack am luxuriösen Leben gefunden, trug plötzlich elegante Kleidung, liebte Pelze, teure Parfums und allerlei andere Schönheitsmittel.

Die Genügsamkeit der Hofhaltung Wilhelms I. wurde unverzüglich abgestellt. Hauptresidenz wurde nun das Berliner Schloß, das trotz seiner 650 Säle und Zimmer all den Höflingen, die herbeiströmten, kaum genügend Platz bot. Zahllose Bankette und Gala-Diners wurden gegeben, und der tägliche Bedarf des Palastes an Lebensmitteln war enorm. Gewöhnlich belief er sich, wie beispielsweise am 26. September 1896, auf 100 Pfund Butter, 100 Pfund Rindfleisch, je 200 Pfund Schweine- und Hammelfleisch – wozu noch Fisch, Wild und Gemüse in entsprechenden Mengen kamen. Im Gegensatz zu Wilhelm, der eine eher nüchtern-geschäftsmäßige Einstellung zu den Tafelfreuden an den Tag legte, begann Dona schon bald, diese aufwendigen Festlichkeiten zu genießen.

Doch Wilhelm ließ seine Frau gewähren, auch wenn er deren Hang zu extremem Luxus nicht nachempfinden konnte. Hauptsächlich aber rechnete er Dona hoch an, daß sie sich nicht in die Politik einmischte, wie er es bei seiner Mutter erlebt hatte, sondern sich mit den Aufgaben begnügte, die er bei einer Frau für durchaus ausreichend und angemessen hielt. Politischen Ehrgeiz hat Dona auch als Kaiserin nie besessen.

Wilhelm soll einmal, als das Gespräch auf die damals wiederbelebte Frauenbewegung kam, gesagt haben: »Ich fühle mich am wohlsten bei der Lösung, die meine Frau in der Frauenfrage getroffen hat. Die hält es nämlich mit den drei K: Küche, Kinder, Kirche.« Freilich fügte er hinzu, daß er eine Frau, die in diesen Bereichen aufgehe, weit mehr schätze als eine politisierende und sich geistreich gebende Intellektuelle. Den unverkennbaren Seitenhieb auf seine Mutter konnte er sich nicht verkneifen.

Doch Wilhelms Auffassung wurde vom Volk durchaus geteilt. Politisch engagierte Frauen waren auch im ausgehenden 19. Jahrhundert noch immer eine Seltenheit, und die Verfassungen gaben ihnen nicht einmal das Wahlrecht.

Mädchenbildung im 19. Jahrhundert

Viele Frauen hatten sich seinerzeit von der 1848er Revolution eine Veränderung ihrer Lebenssituation und Verbesserung ihrer Rechte erhofft. Nachdem sie schon bald merken mußten, daß von männlicher Seite nicht viel Unterstützung zu erwarten war, hatten sie selbst versucht, ihre Interessen wahrzunehmen, so daß in diese Zeit die Anfänge der deutschen Frauenbewegung fallen. Mit dem Scheitern der Revolution aber waren auch diese Bestrebungen zum Scheitern verurteilt. Im Jahre 1850 wurde den Frauen sogar durch das Preußische Vereinsgesetz jede Teilnahme an politischen Versammlungen und die Mitgliedschaft in politischen Vereinen für die nächsten 50 Jahre untersagt.

Viele Frauen konnten damals weder lesen noch schreiben. Die allgemeine Schulpflicht galt zwar für Jungen und Mädchen, doch war ein regelmäßiger Schulbesuch durchaus nicht selbstverständlich. Ohnehin endete für die Mädchen die schulische Ausbildung meist nach der Volksschule. Der Erwerb höherer Bildung blieb nur wenigen Töchtern aus oberen Gesellschaftsschichten vorbehalten und wurde vom Staat in keiner Weise gefördert. Gab es seit dem Beginn des Jahrhunderts öffentliche höhere Schulen für Knaben, so blieb es bürgerlicher Eigeninitiative überlassen, jene Privatschulen für Mädchen zu gründen, aus denen die privaten »höheren Töchterschulen« erwachsen sind. Freilich erhielten auch die Töchter der sogenannten besseren Kreise dort nur eine recht einseitige, in erster Linie auf ihre spätere Rolle als Damen der Gesellschaft ausgerichtete Bildung. Die höhere Mädchenschule, so die weitverbreitete Ansicht, sollte lediglich eine Ergänzung zur »Haupterziehungsschule, der Familie«, sein. Trotzdem gab es auch schon damals berufstätige Frauen. Mit der Entstehung des Deutschen Kaiserreiches hatte eine wirtschaftliche Blütezeit begonnen, neue Firmen wurden gegründet, der Handel nahm einen enormen Aufschwung, die Industrie breitete sich immer weiter aus. All das erforderte Verwaltungsarbeiten und schuf Gelegenheit für die zunehmende Berufstätigkeit der Frauen, beispielsweise als Telefonistin, aber auch als Diätassistentin, Chemielaborantin oder Metallographin. Hauptideal blieb aber nach wie vor die nicht berufstätige Hausfrau und Mutter, und nur solche Frauen nahmen eine Stellung an, die unversorgt waren und sich ihr Geld selbst verdienen mußten.

Während Dona an all diesen Fragen allem Anschein nach kein Interesse zeigte, hatte sich ihre Schwiegermutter Vicky schon früh für eine bessere Mädchenbildung eingesetzt und ins-

»Herrliche Zeiten« – Wie ein Blick auf die Menükarte beweist, gehörte unter Wilhelm II. die genügsame Hofhaltung seines Großvaters der Vergangenheit an.

besondere Helene Lange unterstützt, die Frau, die schließlich die ersten Mädchengymnasien errichtet hat. Als sie 1889 in Berlin die ersten »Realkurse« für Frauen mit einer feierlichen Rede eröffnete, war es nicht die Kaiserin, sondern ihre Schwiegermutter, die bei der Veranstaltung anwesend war.

Dona hat sich zur Frage der Frauenbewegung nie öffentlich geäußert, und auch für die im argen liegende Mädchenbildung interessierte sie sich erst, als ihre eigene Tochter Viktoria Luise im entsprechenden Alter war. Ihr ganzes Wesen aber läßt wohl den Schluß zu, daß sie für die politische Seite der Frauenbewegung nur wenig übrig hatte. Einer Frauenbewegung hingegen, die auf regere Beteiligung am sozialen Leben hindrängte, stand sie mit voller Sympathie gegenüber. Sorge für die anderen – das war für Dona die eigentliche Aufgabe der Frau, ihre wirkliche Bestimmung. Ihr Vorbild war, wie sie einmal beiläufig erwähnt hatte, die »Mutter der Gracchen« gewesen, also jemand, der im Hintergrund blieb und im stillen dafür sorgte, daß Mann und Söhne Großes vollbringen konnten. Sorge für die anderen – das bedeutete aber auch Wohltätigkeit auf christlicher Grundlage, für sie als äußerst fromme Protestantin letztlich nichts anderes als eine Pflicht. Als Dona Kaiserin wurde, lag ein weites, noch unbearbeitetes Feld sozialer Nöte vor ihr, dem sie ihre Initiative widmen konnte.

Soziales Engagement

Auch wenn die Sozialpolitik im Deutschen Reich damals einmalig war und kein anderes Land der Welt Kranken-, Unfall-, Alters- und Invaliditätsversicherungen kannte (1883–1887), die die Situation der Arbeiterschaft auf lange Sicht in spürbarer Weise verbesserten, so blieb doch noch viel zu tun. Mit den Fabriken war die Zahl der Industriearbeiter gewachsen, und immer mehr Menschen hatten sich in den Städten zusammengeballt. Sie wohnten in Arbeitervierteln, oft eng zusammengepfercht in ungesunden und sonnenlosen Mietskasernen und Hinterhöfen. In der Regel verschlangen Miete und Lebensunterhalt den gesamten kärglichen Lohn, und vom Aufblühen der deutschen Wirtschaft hatten sie nur wenige Vorteile. Ein Zeitzeuge, der 1878 geborene August Schmidt, nach 1945 erster Vorsitzender der IG Bergbau, berichtet aus seiner Jugend: »Mein Vater war Bergmann, und er bekam damals für eine neunstündige Schichtzeit ganze 2,66 Mark. Damit mußte er seine Familie ernähren und kleiden ... Nicht selten war es so, daß der ohnehin karge Lohn durch Fehlschichten infolge Absatzmangels weiter geschmälert wurde. So war es dann wohl auch kaum ein Wunder, daß wir Kinder keine Lederschuhe kannten, sondern im Sommer barfuß laufen mußten und in der kälteren Jahreszeit uns mit Holzschuhen begnügten. Lederschuhe durften wir manchmal sonntags anziehen; wobei natürlich der Genauigkeit halber erwähnt werden muß, daß diese Lederschuhe sich von einem Kind zum anderen vererbten und deshalb immer ziemlich ausgetragen waren. Nicht anders war es mit der Kleidung, und in einer Hose wuchsen aus Sparsamkeitsgründen gleich mehrere Kinder auf, denn auch die Kleidung vererbte sich von Kind zu Kind weiter. An vielen Bedürfnissen des täglichen Lebens mußte stärkstens gespart, ja, ich muß sogar sagen, daß viele Notwendigkeiten nicht einmal in geringstem Maße erfüllt werden konnten. Es fehlte einfach an Geld, um richtig satt werden zu können. Erst lange nach meiner Jugendzeit lernte ich Butter auch in der Praxis kennen ...«

Es war Dona ein ehrliches Bedürfnis, sich für die Linderung der sozialen Not einzusetzen, auch wenn sie von Hinzpeter seinerzeit dazu gedrängt worden war. Schon unmittelbar nach ihrer Hochzeit mit Wilhelm hatte ihr nämlich dessen ehemaliger Erzieher in verschiedenen Briefen versichert, daß er auch fortan an dem Geschick seines ehemaligen Zöglings Anteil zu nehmen gedenke und froh sei, wenn er in Dona eine Stütze finden würde. Ihre Mitwirkung sollte nach Hinzpeters Vorstellungen so aussehen, daß sich Auguste Viktoria für minderbemittelte Bevölkerungsgruppen einsetzte und mithalf, bei den Reichen ein »Bewußtsein für die Armen« zu wecken. Nach dem Tod der Kaiserin Augusta 1890 übernahm sie zwei wichtige Ämter: Die Protektorate über die Deutsche Rot-Kreuz-Gesellschaft und den Vaterländischen Frauenverein. Beide Einrichtungen hatten zunächst der Not in Kriegszeiten, vor allem in der kämpfenden Truppe, gedient. Nun aber verfolgte Dona zielbewußt den Weg, den vor ihr schon Kaiserin Augusta erfolgreich eingeschlagen hatte: den Vaterländischen Frauenverein auch für zivile Notsituationen einzusetzen. Zweigorganisationen wurden ins Leben gerufen, die sich mit einem Netz von Stützpunkten über das ganze Land erstreckten und sich einer breiten Skala von vordringlichen Aufgaben annahmen: Fürsorge für Erwerbslose, Kranke, Witwen, Waisen und verwahrloste Kinder. Säuglingsheime wurden errichtet, Kindergärten, Jungen- und Mädchenhorte, Ferienheime, Volksküchen und anderes mehr. Mit Lungenheilstätten wurde der Kampf gegen die Tuberkulose aufgenommen.

Donas Anregung entsprang auch die Einrichtung einer Anzahl von Krankenpflegestationen in Berlin, die die unentgeltliche Hauspflege für mittellose Kranke übernahmen.

Allzu große Kosten durfte die staatliche Wohltätigkeit freilich nicht verursachen. Aus diesem Grund förderte Dona die Arbeit der Diakonissen. Während in der katholischen Kirche Mönche und Nonnen mit karitativen Aufgaben betraut waren, klaffte auf evangelischer Seite in diesem Bereich lange Zeit eine verhängnisvolle Lücke, die erst im 19. Jahrhundert geschlossen wurde. Nun wurden Diakonissen für den beruflichen Dienst in allen Bereichen der Karitas ausgebildet und als Schwesternschaft mit eigener Tracht zusammengefaßt. Ihre Arbeit leisteten die Frauen ausschließlich aus religiösen Motiven; es gab keine tarifliche Entlohnung, nur ein kleines Taschengeld. Ihre Aufgabengebiete waren die Krankenpflege, die Fürsorgeerziehung von Kindern und der weiblichen Jugend, aber auch Fürsorge für Gefährdete und Gescheiterte aller Art und vieles mehr.

Ganz besonderes Interesse brachte Dona der Säuglingspflege entgegen. Schon als Prinzessin hatte sie das Protektorat über das Elisabeth-Hospital in Berlin übernommen, als Kaiserin nun förderte sie das nach ihr benannte Kaiserin-Auguste-Viktoria-Haus in Charlottenburg, das in der wissenschaftlichen Bekämpfung der Säuglingssterblichkeit und mit seinen mustergültigen hygienischen Einrichtungen für ganz Deutschland vorbildlich geworden ist.

Was aber schließlich entscheidend dazu beitrug, Dona zur wirklichen »Landesmutter« zu machen, was ihre überaus große Beliebtheit bei der Bevölkerung erklärt, war ihre ehrliche persönliche Anteilnahme, ihr Verständnis für das »einfache« Volk, für die Nöte von Müttern und Kindern. Oft hat sie in aller Stille armen und kranken Menschen beigestanden, hat bedürftige Familien besucht und versucht, deren Not mit Mitteln aus der eigenen Schatulle zumindest vorübergehend zu lindern. Gegen Donas ausdrücklichen Willen fanden etliche Fälle schließlich doch ihren Weg in die Öffentlichkeit. Gerade ihre Hilfe im verborgenen, ihr Engagement fern vom Rampenlicht, spricht für Deutschlands letzte Kaiserin, wenngleich ihr persönlicher Hang zu luxuriöser Lebensweise in krassem Gegensatz zur Lebenssituation großer Teile ihres Volkes stand – ein Widerspruch freilich, der ihr womöglich gar nicht bewußt geworden ist.

Wider die »kirchlichen Notstände«

Donas überaus starkes religiöses Empfinden zeigte sich auch in der Förderung des Evangelischen Kirchenbau-Vereins. Tatsächlich widmete sie der Kirche fast soviel Aufmerksamkeit wie ihren Kindern. So geht denn auch die mit dem Regierungsantritt Wilhelms II. einsetzende Periode protestantischer kirchlicher Neubauten auf ihre Initiative zurück. 1890 übernahm sie das Protektorat über den Evangelischen Kirchenbau-Verein und öffnete erneut bereitwillig ihre Privatschatulle, um den Neubau von über 60 Gotteshäusern zu fördern, die nun unter ihrer Obhut allein im Großraum Berlin entstanden, darunter die Gnadenkirche, die Kaiser-Friedrich-Gedächtniskirche und nicht zuletzt die im Zweiten Weltkrieg zur weltberühmten Ruine gewordene Kaiser-Wilhelm-Gedächtniskirche. »Es muß ein fortgesetztes Anliegen sein«, formulierte Dona ihr Programm, »den kirchlichen und sittlichen Notständen in den großen Städten und Fabrikzentren entgegenzuwirken.«

Was die »sittlichen Notstände« betraf, so hat Dona einmal den Intendanten der Berliner Oper zum Rücktritt veranlaßt, nachdem er eine leichtbekleidete Schauspielerin hatte auftreten lassen. Donas recht puritanisches Verhalten imponierte damals jedoch vielen ihrer Landsleute. Schon als Kind war sie von ihren Eltern in tiefer Frömmigkeit und zu strenger Sittlichkeit erzogen worden, und diese Haltung behielt Dona ihr ganzes Leben lang bei. So konnte sie als Kaiserin unter keinen Umständen weder die »sittlichen« noch die »kirchlichen Notstände« hinnehmen.

Dabei hatte sich insbesondere die Arbeiterschaft in zunehmendem Maße von der Kirche entfremdet. Was schließlich bedeutete gegenüber den Erfahrungen, die man Tag für Tag in häßlichen Fabriken und Mietskasernen machte, noch die erbauliche Predigt des Herrn Pastors? Eine persönliche Bekanntschaft mit dem Geistlichen fehlte in der Großstadt meist völlig, und so verlor so mancher die Gewohnheit, an jedem Sonntag zur Kirche zu gehen. Hinzu kam, daß die Kirche, besonders im protestantischen Preußen, eng mit dem Staat und seinen Interessen verwachsen war und alles tat, um die althergebrachten politischen und wirtschaftlichen Zustände zu erhalten; sie war durch und durch konservativ, und Zustimmung fand sie somit in erster Linie in allen konservativen Kreisen, Hof und Adel, Militär und Beamtentum.

Neben der wachsenden Entfremdung der breiten Masse von der Kirche stellte sich noch ein weiteres Problem: die Kluft, die sich zwischen dem alten Christenglauben und der modernen Wissenschaft aufgetan hatte. Die rationale Naturerklärung hatte ihre höchsten Triumphe in der Entwicklung von Physik, Chemie und Technik gefeiert. Nun stieß sie mit der überlieferten Glaubenslehre, vor allem in den Wunderfragen, zusammen. Für jeden Menschen, der mit Ernst Christ sein wollte, war es eine schwere Gewissensfrage, wieweit er in dieser modernen Welt, in der Charles Darwin seine Evolutionstheorie entwickelt hatte, seinen Glauben überhaupt aufrechterhalten konnte. Wie ließ sich eine Naturanschauung, in der scheinbar nur das Materielle existierte und sich nach unwandelbaren physikalisch-chemischen Gesetzen änderte, mit dem Glauben an einen persönlichen Gott und den Glauben an die leibliche Auferstehung Christi vereinbaren? Zwei Richtungen entstanden: Die einen sahen in der Verweltlichung eine notwendige und daher auch gottgewollte Entwicklung und waren bestrebt, den Glauben an Jesus Christus mit den Gegebenheiten der neuen Zeit in Einklang zu bringen. Die anderen aber – und zu denen muß man auch Dona zählen – sahen in der Verweltlichung der neueren Zeit einen verhängnisvollen Abfall vom rechten Glauben und kehrten nur um so entschlossener zurück zum Christentum.

Während in der katholischen Kirche der päpstliche Absolutismus als festester und sicherster Halt in einer solchen Krise galt, fehlte der protestantischen Kirche eine Integrationsfigur wie der Papst. Die evangelischen Christen waren sehr viel stärker pluralisiert, es gab die Liberalen, die Orthodoxen und verschiedene Nach- und Neubildungen des Pietismus. Dona neigte der pietistischen Richtung zu und vertrat jene biblizistische Haltung, die allein die Bibel als göttliche Offenbarung gelten ließ.

Bescheidenheit ist (k)eine Zier – Dona auf Reisen

Angesichts eines überaus vollen Terminkalenders wird Dona gewiß hin und wieder an die schönen Jahre im »vielgeliebten« Marmorpalais gedacht haben, an die erste Zeit ihrer Ehe, die sie noch weitgehend ungestört von höfischen Pflichten im Kreise ihrer größer werdenden Familie hatte verleben können. Als Kaiserin nun hatte sie ein umfangreiches Programm zu absolvieren, das sich nicht allein auf ihr soziales und kirchliches Engagement beschränken konnte.

Zu ihren wichtigsten Pflichten an der Seite des Kaisers gehörte nicht zuletzt der Empfang ausländischer Monarchen und Staatsoberhäupter, der in der Regel verbunden war mit anstrengenden mehrstündigen Paraden und abendlichen Gala-Diners. Auch wenn sich bei diesen Besuchen fast immer Verwandte begegnen mochten – die Mitglieder der europäischen Fürstenhäuser waren ja auf die eine oder andere Art nahezu alle miteinander verwandt –, so handelte es sich dabei nicht immer um eine leichte Aufgabe. Manchmal herrschte eine Atmosphäre voller Sympathie und Freundschaft, etwa wenn der alte Kaiser Franz Joseph von Österreich zu Besuch in Berlin weilte, bisweilen aber gab es auch Spannungen und politische Interessenkonflikte – wie etwa beim Aufenthalt des englischen Königs Edward VII., des Onkels Wilhelms II., oder später auch bei dem des russischen Zaren Nikolaus II., der mit Wilhelms Cousine Alix von Hessen verheiratet war.

Nicht minder strapaziös waren die zahlreichen Staatsbesuche, die der deutsche Kaiser seinerseits zu absolvieren hatte und bei denen ihn Dona meist begleitete. Sie führten Dona unter anderem nach St. Petersburg, London, Wien, Brüssel, Athen, Kopenhagen, Rom, Venedig, Jerusalem und Konstantinopel. Letztere Reise, die im Spätherbst 1889 angetreten wurde, um im Anschluß an die Hochzeit von Wilhelms Schwester Sophie mit Konstantin von Griechenland dem osmanischen Sultan Abdul Hamid eine Aufwartung zu machen, war zweifelsohne die exotischste – für Dona geradezu ein Märchen aus Tausendundeiner Nacht. Ihre Hofdame, Gräfin Mathilde von Keller, hat ihre Eindrücke vom Aufenthalt am Bosporus in Tagebuchaufzeichnungen festgehalten, denen man die mitteleuropäische Sicht der Dinge ganz unmißverständlich anmerkt: »Nach dem Essen ... wurde sofort eine Ausfahrt unternommen, durch die alttürkischen Stadtteile von Tophane und Galata, durch enge, winklige Straßen, in denen sich herrliche Gelegenheit bot, das wunderliche Volksleben kennenzulernen. Die sonderbaren Läden und Werkstätten, in denen man die Leute bei offenen Türen sitzen und arbeiten sah, das Wogen und Treiben auf den Straßen, die unzähligen wie Wölfe aussehenden Hunde, die sich herrenlos herumtreiben und die Straßenreinigung besorgen, die vergitterten Fenster an den Frauengemächern, hinter denen man manche Türkin neugierig hervorlugen sah – wie soll ich das alles schildern, und alle wunderlichen Bilder, die sich vor uns entrollten!? Die wundervollen malerischen Kostüme der Türken, Neger, Armenier, der Derwische usw., wie sie da umhergingen oder standen oder Tschibuk (= lange Tabakspfeife der Türken mit kleinem Ton- oder Meerschaumkopf) rauchend vor den Kaffeehäusern oder in den Läden saßen...«

Dona und ihre Damen genossen die türkische Gastfreundschaft, die ihnen vom Sultan entgegengebracht wurde, ebenso wie die märchenhafte Pracht der Paläste, das malerische Ambiente und die ausgesuchte Liebenswürdigkeit der Menschen, die sie umgaben. Das Essen freilich wurde nur als »ziemlich mäßig« empfunden, auch wenn es in riesigen Silberschüsseln serviert wurde. Und die Tatsache, daß an den Wänden ihrer kostbar eingerichteten Gemächer zahllose Insekten krabbelten, denen man mit Haarnadeln den Garaus zu machen versuchte, widersprach eindeutig deutschen hygienischen Ansprüchen.

Was Dona nicht minder irritierte, war eine Seite der türkischen Gastfreundschaft, nämlich die Sitte der Beschenkung des Gastes. Auch wenn sie bereits daheim in Deutschland darüber informiert worden war, daß der Sultan seinen Gästen überaus wertvolle Geschenke zu machen pflege, so konnte sie eine solch großzügige Geste nur schwerlich mit der ihr anerzogenen höflichen Bescheidenheit in Einklang bringen. Über den deutschen Botschafter in Konstantinopel, Herrn von Radowitz, ließ sie dem Sultan daher auf diplomatischem Wege mitteilen, daß er von einem Geschenk doch bitte Abstand nehmen solle. Um so überraschter war sie daher, als ihr Abdul Hamid ein großes kostbares Diamantenkollier überreichen ließ. Dona hätte es am liebsten umgehend wieder zurückgehen lassen, und nur mit Mühe gelang es dem erfahrenen Diplomaten, ihr klarzumachen, daß es unmöglich war, das Geschenk nicht anzunehmen, ohne den Sultan zutiefst zu kränken. Genau das aber tat Dona schließlich doch noch, freilich ohne es zu wollen, erkannte sie doch nicht, daß ihre Bescheidenheit hier einfach falsch verstanden werden mußte.

Vor der Besichtigung einer Ausstellung türkischer Landeserzeugnisse, wie Teppiche, Schmuck und Stickereien, hatte der Sultan mitteilen lassen, die Kaiserin und ihre Hofdamen sollten sich von den Sachen auswählen, was sie wollten, es würde dann alles verpackt und nach Deutschland geschickt werden. Dona hätte daraufhin am liebsten auf diesen Besuch verzichtet und willigte erst ein, nachdem Botschafter von Radowitz unmißverständlich erklärt hatte, das sei nach orientalischen Begriffen unmöglich und würde den Sultan nicht minder verletzen. Er riet, bei der Besichtigung einfach ein paar kleinere, weniger wertvolle Dinge auszuwählen. »Bei uns Damen ging auch alles gut«, notierte Gräfin von Keller. »Bei der Herrin gestaltete sich die Angelegenheit aber weit schwieriger, da sie die Gegenstände nicht einmal bewundern durfte. Sowie sie ein Wort der Anerkennung aussprach, wurde der Gegenstand sofort zurückgestellt, und so verstummte die hohe Frau allmählich, worauf mir Munir-Pascha ganz betrübt sagte: ›Ihrer Majestät hat die Ausstellung ja gar nicht gefallen.‹ Meine Entgegnung, die Kaiserin wäre entzückt von allem, ließ er nicht gelten und meinte kopfschüttelnd: ›Nein, das kann ich nicht verstehen, es war doch seine Majestät, der Sultan, der die Geschenke hatte geben wollen.‹«

Dona konnte sich nur damit trösten, daß gewiß auch Vertreter anderer europäischer Länder in dasselbe »Fettnäpfchen« getreten sind, denn mit den Sitten und Gebräuchen der Menschen im »Land des Halbmonds« – so eine Formulierung der Gräfin von Keller – hat sich damals hierzulande kaum jemand ernsthaft beschäftigt.

Zeitenwende

Gewitterwolken

Dona genoß es inzwischen, deutsche Kaiserin zu sein und ein Land zu repräsentieren, das, wie nicht nur ihr kaiserlicher Gemahl glaubte, »herrlichen Zeiten« entgegenzugehen schien.

Das neue Jahrhundert freilich brachte weniger erfreuliche Ereignisse. Daß Dona im September 1900 einen Nervenzusammenbruch erlitt, als »Auwi« und Oskar das Elternhaus verlassen mußten, war nur der Anfang. Es konnte ihr nicht verborgen bleiben, daß Wilhelm und sie mehr und mehr aneinander vorbeilebten. Sie liebte ihren Mann, doch der verbrachte inzwischen seine freie Zeit ganz offensichtlich lieber mit Freunden als mit Frau und Familie. Wilhelms Vorliebe für Männergesellschaften hat bisweilen zu Vermutungen geführt, der Kaiser sei möglicherweise homosexuell veranlagt gewesen, doch für solche Unterstellungen gibt es keinerlei Beweise. Es hat eher den Anschein, daß Wilhelm, der noch zu Beginn seiner Ehe auf ein harmonisches Familienleben Wert gelegt hatte, nun die häusliche Atmosphäre als drückend empfand und deshalb jede Gelegenheit nutzte, ihr zu entfliehen. Und doch kam es im Jahr 1906 am deutschen Kaiserhof zu einem Skandal. Es wurde bekannt, daß Wilhelms engster Freund, Graf Philipp von Eulenburg, Vater von fünf Kindern, homophile Neigungen hatte. Die Wogen der öffentlichen Erregung schlugen hoch. Da Wilhelm um seinen Ruf bangen mußte, zögerte er nicht lange und ließ seinen Intimus ohne mit der Wimper zu zucken fallen. Gewiß wird ihm auch Dona zu diesem Schritt geraten haben, stand doch nicht nur die Ehre ihres Mannes auf dem Spiel. Doch Wilhelms Popularitätskurve sollte in Zukunft noch weiter nach unten fallen. Nur zwei Jahre später mußte Wilhelm einen furchtbaren, nie verwundenen Sturz aus dem Himmel all seiner

Illusionen erleben, das Ende eines von Illusionen verschleierten Weges, den auch Dona gegangen war und an dessen Ende bekanntlich die berühmte Daily-Telegraph-Affäre stand.

Wilhelm hatte dem »Daily Telegraph« im Oktober 1908 ein Interview gegeben, das ursprünglich das Ziel hatte, seine von vielen in Frage gestellte Englandfreundlichkeit unter Beweis zu stellen. Wilhelm hatte gesagt: »Ihr Engländer seid toll, toll, toll wie Märzhasen. Was ist eigentlich über euch gekommen, daß ihr euch einem Argwohn überlassen habt, der einer großen Nation nicht würdig ist? ... Hab ich je mein Wort gebrochen? Falschheit und Ränke sind meinem Wesen fremd. Meine Taten sollen für mich sprechen, aber ihr hört nicht auf sie ... Das ist eine persönliche Kränkung, die ich als solche empfinde ... Immer falsch beurteilt zu sein, zu sehen, wie meine wiederholten Freundschaftsangebote mit mißtrauensvollen Augen nachgeprüft werden, stellt meine Geduld auf eine harte Probe. Ich habe immer wieder gesagt, daß ich ein Freund Englands bin, und eure Presse ... fordert das englische Volk auf, meine dargebotene Hand zurückzustoßen, und redet ihm ein, daß die andere einen Dolch halte. Wie kann ich ein Volk gegen seinen Willen überzeugen?«

Was er mit seinen unbedachten und indiskreten Äußerungen erreichte, war freilich das genaue Gegenteil. Nicht nur in England, auch im Deutschen Reich war die Empörung groß, heftige Kritik prasselte auf den Kaiser nieder. Wilhelm hatte einen unverzeihlichen Fehler begangen, doch das konnte und wollte er weder vor sich noch vor anderen eingestehen. Tatsächlich brach er angesichts dieses Debakels völlig zusammen. Nun endlich war Donas Stunde gekommen. Sie, die nie so recht ernst von ihm genommen worden war, konnte endlich unter Beweis stellen, daß er in ihr eine allzeit verläßliche Stütze besaß. Mochte sich auch die ganze Welt gegen Wilhelm stellen, sie, Dona, stand wie ein Fels in der Brandung an seiner Seite. Zum ersten Mal trat sie aus dem Schatten der großen Politik heraus, in dem sie all die Jahre gestanden hatte. »Ich mische mich nicht gern in Politik«, so lautete ihr Credo, »nur wenn es im Interesse des Landes und des Kaisers unbedingt notwendig ist.« Sie mußte 50

Jahre alt werden, bis sie eine solche Notwendigkeit für gekommen sah.

Wilhelm wollte nicht mehr, er dachte an Abdankung, doch Dona überredete ihn, solche Gedanken wieder zu verbannen, versicherte ihn ihrer Liebe und beteuerte immer wieder, es sei ja schließlich der Reichskanzler Bernhard von Bülow gewesen, der das Manuskript, ohne es zu prüfen, ungelesen zur Veröffentlichung freigegeben habe. Folglich trage er die Schuld an dieser ganzen Affäre. Zur Unterstützung wurden auch die Söhne Oskar und Joachim aus Plön zurückgeholt, und der Kronprinz kam ebenfalls an das Krankenbett seines Vaters. Dona konnte erleichtert feststellen, daß auch ihr ältester Sohn mit ihr an einem Strang zog und den Vater nicht, wie sie schon insgeheim befürchtet hatte, zum Rücktritt bewegen wollte. So einigte man sich schließlich nur, der junge Wilhelm solle die Stellvertretung übernehmen, bis der Kaiser gesundheitlich wiederhergestellt sei. Dona konnte aufatmen. Nach nur wenigen Wochen war Wilhelm wieder auf den Beinen.

Doch schon bald wurde klar, daß er den Schock nicht wirklich überwunden hatte. Mochte er auch seine gewohnt forsche und optimistische Geistesverfassung wiedergefunden haben, unter dem Deckmantel seines alten Selbstbewußtseins, das er nach außen hin zur Schau zu tragen pflegte, verbarg sich mehr denn je eine tiefe Unsicherheit. Dankbar stellte er fest, daß ihm aber eine Stütze geblieben war: Dona. Und von nun an sollte er sich immer stärker auf die unerschütterliche Liebe seiner Frau verlassen, die nach nunmehr 27jähriger Ehe endlich das Gefühl bekam, von ihrem Mann auch als Mensch respektiert zu werden und nicht nur als jemand, der die Erbfolge sicherzustellen und Repräsentationspflichten zu erfüllen hatte.

Kronprinz Wilhelm

Besonders glücklich war Dona, daß ihr Sohn Wilhelm in der Krise loyal zum Vater gestanden hatte. Das war nicht unbedingt zu erwarten gewesen. Denn während der Älteste mit großer

Liebe an seiner Mutter hing, war das Verhältnis zu Wilhelm II. durch den typisch hohenzollerischen Vater-Sohn-Konflikt gekennzeichnet.

Der junge Wilhelm war nach dem Urteil des Hofpredigers Keßler, der die Erziehung der älteren Kaisersöhne leitete, »weit über Durchschnitt begabt, von sehr vielseitigen Interessen, von schneller Auffassungsgabe, musikalisch, zeichnerisch und sportlich stark interessiert«, auch wenn es ihm offenbar ein wenig an Gründlichkeit fehlte.

Da auch zu Beginn des neuen Jahrhunderts in der königlichen Familie das Schwergewicht nach wie vor auf das Militärische gelegt wurde, trat der Kronprinz in dieser Hinsicht ebenfalls in die Fußstapfen seines Vaters. Durch zahlreiche Reisen aber, die er in seiner Eigenschaft als Thronfolger unternommen hatte, hatte er viel von der Welt gesehen, und in den Vergleichen, die er anstellte, schnitten die Verhältnisse im Kaiserreich nicht immer gut ab. Schon in frühen Jahren hatte er eine besondere Vorliebe für England entwickelt, woran sicherlich auch seine sportliche Begeisterung einen bedeutenden Anteil hatte, war England um die Jahrhundertwende doch das klassische Land des Sports. Doch seine Sympathie ging noch weiter: Im Gegensatz zu seinem Vater hatte er zu König Edward VII., seinem Großonkel und Taufpaten, ein ausgesprochen gutes Verhältnis.

So wuchs langsam, aber unaufhörlich eine unsichtbare Mauer zwischen Vater und Sohn, die auch dem Hof nicht verborgen blieb. Von allen Regierungsgeschäften blieb der Kronprinz nach wie vor ausgeschaltet. Mochten Dona die politischen Ansichten ihres Ältesten auch relativ gleichgültig sein, etwas anderes konnte sie nicht so gleichmütig hinnehmen: die moralische Laxheit des jungen Wilhelm. Als der Kronprinz zum ersten Mal kräftig gegen die Lebensregeln seines sittenstrengen Elternhauses verstieß, war das in England geschehen. Dort hatte er sich in eine 18jährige Amerikanerin namens Gladys Beacon verliebt, und die kronprinzlichen Eskapaden gingen nur wenige Wochen nach seiner Rückkehr nach Deutschland durch sämtliche Zeitungen. Wilhelm II. beschimpfte seinen Sohn als dekadent, gab aber die Hauptschuld dem Einfluß Edwards VII., dem Bruder seiner Mutter, der seine lange Kronprinzenzeit ebenfalls als Lebemann verbracht hatte.

Nur kurze Zeit später, 1903, liierte sich der lebensfrohe Thronfolger mit der amerikanischen Primadonna Geraldine Farrar und hatte ernsthaft vor, sein Studium in Bonn abzubrechen und mit der Geliebten auf Weltreise zu gehen. Nun aber legte Dona ihr Veto ein. Sie tat so etwas eher selten, aber in diesem Fall war sie fest entschlossen zu verhindern, daß der Sohn mit seinem zügellosen Liebesleben sich und das ganze Haus Hohenzollern in Verruf brachte.

Und so war die königliche Familie mehr als erleichtert, als sich Wilhelm mit 22 Jahren in die bildhübsche, damals 17jährige Cecilie von Mecklenburg-Schwerin verliebte, die Tochter des Großherzogs Friedrich Franz III., die er schließlich im Juni 1905 heiratete. Den Ruf eines Schürzenjägers hatte er damit freilich nicht verloren.

Selbstbewußt und unverzagt

Unterdessen waren auch am außenpolitischen Horizont Gewitterwolken aufgezogen, die Dona aber offenbar so gar nicht recht bewußt wurden.

Deutschland bildete seit 1871 einen starken Machtkern im Herzen Europas, und die anderen Nationen hatten sich nur langsam mit Bismarcks Zusicherung abfinden können, Deutschland sei »saturiert«. Der Reichskanzler hatte ein ebenso kompliziertes wie störempfindliches System von Bündnissen errichtet, das den Frieden in Europa wahren und das Deutsche Reich vor einem Zweifrontenkrieg schützen sollte. Durch den Rückversicherungsvertrag mit Rußland hatte Bismarck den »dünnen Draht nach Petersburg« gesichert und damit eine politische Zusammenarbeit zwischen Frankreich und Rußland verhindert. Doch schon 1890 hatte Wilhelm den »Lotsen« von Bord geschickt, um fortan lautstark und säbelrasselnd die deutschen Ansprüche auf Weltgeltung zu verkünden. Den kurz nach Bismarcks Entlassung abgelaufenen Rückversicherungsvertrag hat Wilhelm nicht mehr erneuert. Damit aber rückte nicht nur ein französisch-russisches Bündnis und im Ernstfall der gefürchtete Zweifrontenkrieg in bedrohliche Nähe, auch die deutsch-englischen Beziehungen gestalteten sich zunehmend gespannt.

Schon kurz nach seiner Thronbesteigung hatte Wilhelm II. angekündigt, er wolle eine ebenso starke Flotte wie das Inselreich haben, obwohl oder vielleicht besser gerade weil seine Mutter Victoria meinte: »Das ist doch Wahnsinn!« Kaum jemand hatte geglaubt, Deutschland sei tatsächlich imstande, eine solche Flotte zu schaffen, doch man hatte sich getäuscht, und Wilhelm konnte sich seinen Traum, das »Lieblingsspielzeug« zu besitzen, wider Erwarten doch erfüllen. Als König Edward VII. 1904 Kiel besuchte, ließ sein stolzer Neffe Wilhelm II. sämtliche Schiffe der neuen deutschen Flotte an den staunenden britischen Gästen vorbeifahren. Es war unzweideutig, wie diese Demonstration des Muskelspiels auf den englischen König wirken mußte. Doch Edward wollte keinen Krieg mit Deutschland, auch wenn sich das persönliche Verhältnis zu seinem kaiserlichen Neffen reichlich frostig gestaltete. Für ihn standen innenpolitische Probleme Großbritanniens im Vordergrund, insbesondere der Plan einer großen Sozialversicherung, für die gewaltige Summen aufzubringen waren. Schon allein aus diesem Grunde mußte man in London wünschen, mit Deutschland zu einer Flottenverständigung zu kommen, um der kostspieligen Schraube ohne Ende doch noch ein Ziel zu setzen. Um dieses Problem zu besprechen, war Wilhelm mit Edward übereingekommen, sich auf Schloß Friedrichshof zu treffen, dem ehemaligen Sitz der 1901 verstorbenen Vicky, wo nun Wilhelms jüngste Schwester Margarete wohnte.

Dona, die von ausländischer Seite, namentlich von englischer, französischer und russischer, immer etwas Schlimmes für den Kaiser und das Vaterland befürchtete, war außer sich vor Entsetzen: »Der Landsitz einer hessischen Prinzessin, nicht einmal im eigenen Schloß des Kaisers! Das finde ich doch eine etwas unglückliche Idee«, schrieb sie an Reichskanzler Bülow. Und weiter: »Meiner Ansicht nach muß der König den Kaiser im eigenen Schloß, wenn nicht gar in der eigenen Residenz besuchen. Ich will mich nicht in Dinge mischen, die mich nichts angehen, aber ich möchte nicht, daß die Welt hierüber wieder mit Recht ihre Glossen machen könnte.«

Donas Reaktion ist typisch sowohl für die deutschnationale Haltung, die die Kaiserin an den Tag legte, als auch für ihr mangelndes Verständnis für die Gepflogenheiten in Politik und Diplomatie. Mit ihrem auf Deutschland beschränkten Blickwinkel konnte sie nicht begreifen, daß es bei diesem Treffen nicht um eine Machtdemonstration des Kaisers gehen konnte, sondern um eine Verhandlung, die ein Treffen auf möglichst »neutralem Boden« voraussetzte. Doch Wilhelms Verhalten war scheinbar von der gleichen Hybris geprägt: Das Treffen auf Schloß Friedrichshof fand ohne eine Einigung in der Flottenfrage statt, denn der Kaiser meinte, das sei gegen die Ehre seines Landes. Tatsächlich aber wurzelte seine Weigerung, mit England in Verhandlungen einzutreten, in seelischen Tiefen, wünschte er doch von jeher nichts so dringend, als vom Vaterland seiner Mutter endlich als gleichberechtigt anerkannt zu werden. Die Haßliebe, die ihn mit England verband, trat nun ganz offen zutage.

Dona aber glitt vollkommen im Fahrwasser ihres Mannes dahin und bestärkte ihn nur in seinem Vorhaben, Deutschland einen »Platz an der Sonne« zu verschaffen. Und spätestens seit der Daily-Telegraph-Affäre 1908 begann Wilhelm, auf den Rat seiner Frau zu hören. Nun endlich verfolgte auch Dona die großen Fragen der Politik mit Interesse. Geheimrat Holstein, die vielbeschriebene »graue Eminenz« im Auswärtigen Amt, hatte ganz richtig beobachtet, als er Bülow im Dezember 1908 eine handschriftliche Information zukommen ließ, die besagte: »Die Kaiserin soll selbstbewußter auftreten und unverzagter mitreden.« Das hieß natürlich nicht, daß sich Dona von nun an der Politik verschrieben hatte oder auch nur politische Diskussionen führte. Doch im »Interesse des Landes und des Kaisers« erachtete sie jetzt ihre Einmischung als zunehmend »unbedingt notwendig« und ließ sich gegebenenfalls von sachverständiger Seite unterrichten.

»... so namenlos schwere Tage«

Der Erste Weltkrieg

Hatte Wilhelm im Jahr 1913 noch sein 25jähriges Regierungsjubiläum gefeiert, ein Vierteljahrhundert des Friedens und der wirtschaftlichen Blüte, so hat er Deutschland nur ein Jahr später, am 1. August 1914, in den Ersten Weltkrieg geführt. Jahrelang hatte er wie ein Kind mit dem Feuer gespielt, mit dem Säbel gerasselt und mit markigen Worten die Stärke Deutschlands bekräftigt, hatte gerüstet, und die anderen Nationen hatten es ihm nachgemacht. Gewollt hat der deutsche Kaiser diesen Krieg nicht, doch nun war der Weltbrand ausgebrochen.

Dona, ganz die leidenschaftliche Patriotin, rief die deutschen Frauen zur tätigen Mithilfe auf. Am 6. August 1914 verkündete die Kaiserin in auffallend nationalistischen Tönen: »Dem Rufe seines Kaisers folgend, rüstet sich unser Volk zu einem Kampf ohnegleichen, den es nicht heraufbeschworen hat und den es nur zu seiner Verteidigung führt. Wer Waffen zu tragen vermag, wird freudig zu den Fahnen eilen, um mit seinem Blute einzustehen für das Vaterland. Der Kampf aber wird ein ungeheurer und die Wunden unzählige sein, die zu schließen sind. Darum rufe ich euch, deutsche Jungfrauen und alle, denen es nicht vergönnt ist, für die geliebte Heimat zu kämpfen, zur Hilfe auf. Es trage jeder nach seinen Kräften dazu bei, unseren Gatten, Söhnen und Brüdern den Kampf leichtzumachen. Ich weiß, daß in allen Kreisen unseres Volkes ausnahmslos der Wille besteht, diese hohe Pflicht zu erfüllen ... Auguste Viktoria«.

Trotz aller Appelle an das patriotische Herz führte die deutsche Offensive nicht wie erwartet zu schnellen Erfolgen, sondern zu schweren Verlusten und einem zermürbenden Stellungskrieg an allen Fronten. Millionen Männer sollten in den nächsten vier Jahren ihr Leben auf den Schlachtfeldern lassen.

Auch Dona war unermüdlich für Deutschland im Einsatz. Ihre Hofdame Gräfin Keller notierte in ihrem Tagebuch im November 1914: »Heute morgen kommen wir von einer mehrtägigen Reise aus dem Westen zurück. Von früh bis spät waren wir unterwegs, Lazarette usw. zu besuchen. Es ist enorm, was die Kaiserin alles leistet. Möchte es ihr schließlich nicht doch zuviel werden.« Doch für Deutschland schien Dona nichts zu viel zu sein. Während sich die Bevölkerung durch die »Steckrübenwinter« 1915-1918 hungerte und sich die Stimmung zusehends verschlechterte, wurde die Kaiserin mehr und mehr zur glühenden Patriotin.

Besonders deutlich wurde dies im Jahre 1917 in der Frage des uneingeschränkten U-Boot-Krieges. England hatte gleich zu Beginn des Krieges die Nordsee zum Sperrgebiet erklärt. Doch die deutsche Schlachtflotte, Wilhelms »Lieblingsspielzeug«, war ohnehin im Hafen geblieben. Statt dessen setzte die Admiralität ihre ganze Hoffnung auf die neue U-Boot-Waffe, und Deutschland praktizierte, um den Gegner wirksam zu treffen, den uneingeschränkten U-Boot-Krieg, d. h., man versenkte auch Handelsschiffe neutraler Staaten, die kein Kriegsmaterial mit sich führten. Daraufhin erhoben die Vereinigten Staaten Einspruch und drohten, in den Krieg einzutreten. Jetzt hielt sich Deutschland vorerst wieder an die internationalen Vereinbarungen. Und doch war die Oberste Heeresleitung (OHL) der Überzeugung, daß sich mit den zur Verfügung stehenden U-Booten die englische Blockade binnen eines halben Jahres brechen ließe. Auch Dona war für den rücksichtslosen Einsatz der U-Boot-Waffe gegen die neutrale Schiffahrt und gegen jedwede Verhandlungen: »Ein Friede mit England? Niemals!« soll sie mit geballter Faust gerufen haben (so ein Augenzeuge, Albert Ballin, Vorsitzender der HAPAG und ein Freund des Kaisers). Und schließlich überzeugte sie auch Wilhelm, der zunächst anderer Meinung gewesen war und wie Bethmann-Hollweg Zweifel an den Erfolgsberechnungen der deutschen Marine hatte und einen Kriegseintritt der Vereinigten Staaten fürchtete. Dabei waren seine Befürchtungen richtig gewesen: Die deutschen Anfangserfolge wurden schon bald durch geschickte Abwehr der

Alliierten und eine gesteigerte Schiffsproduktion zunichte gemacht, und als die Vereinigten Staaten schließlich erwartungsgemäß in den Krieg eintraten, war die militärische Niederlage des Deutschen Reiches nicht mehr abzuwenden.

Zusammenbruch

Ob Dona und Wilhelm es wahrhaben wollten oder nicht, im Laufe des Jahres 1918 wurde deutlich, daß ihre Tage auf Deutschlands Kaiserthron gezählt waren. Je hoffnungsloser die Lage wurde, desto mehr wandte sich die Stimmung im Volk gegen den Kaiser.

Im August 1918 erlitt Dona einen schweren Schlaganfall, von dem sie sich nur langsam wieder erholte. Auf Anraten des Arztes bedurfte sie dringend äußerster Ruhe und Schonung, doch davon konnte gar keine Rede sein. Die Welt, in der sie lebte, war im Begriff zusammenzustürzen.

Bereits im Januar 1918 hatte der amerikanische Präsident Woodrow Wilson eine Botschaft an den amerikanischen Kongreß gerichtet, in der er die Voraussetzungen für einen dauerhaften Frieden bekanntgab. Eine Verständigung unter den Völkern schien ihm nur möglich, wenn überall das demokratische Regierungssystem verwirklicht werden würde. Am 29. September schließlich verlangte Ludendorff, Chef des Generalstabs des Feldheeres, von der deutschen Regierung, Waffenstillstandsverhandlungen einzuleiten, wobei Wilsons »Vierzehn Punkte« als Grundlage dienen sollten. Dabei war klar, daß der Präsident der Vereinigten Staaten nur eine demokratische Regierung anerkennen würde. Folglich mußte die deutsche Regierung umgehend in eine solche umgewandelt werden.

Die OHL schlug den liberal gesinnten Max von Baden (1867–1929), einen Neffen von Wilhelms Tante Luise, zum neuen Kanzler vor, und der Reichstag sprach ihm das Vertrauen aus. Zum ersten Mal war der Reichskanzler nicht mehr dem Kaiser, sondern dem Parlament verantwortlich. Wilhelm hatte, dem Rat von Prinz Max folgend, dies schließlich murrend hingenommen, auch wenn er aus Wilsons »Punkten« herauslesen mußte, daß die Entente seine Abdankung verlangte. Noch empörter freilich reagierte Dona, die wutentbrannt über die Frechheit dieses »Parvenüs« jenseits des Ozeans schimpfte, der es wagte, ein Fürstenhaus zu demütigen, das auf jahrhundertelangen Dienst an Volk und Vaterland zurückblicken konnte. Das zumindest war ihre Sicht. Und obwohl sie das Schicksal der Zarenfamilie vor Augen hatte, dachte sie offenbar nicht im entferntesten daran, daß unter den »Kronen, die auf dem Pflaster rollten«, auch die deutschen sein könnten.

Doch an der Front und in der Heimat wartete man nur darauf, daß dieser entsetzliche Krieg so schnell wie möglich beendet werde – Kaiserhaus hin oder her. Als die deutsche Schlachtflotte zu einem letzten Angriff gegen England eingesetzt werden sollte, verweigerten einige Schiffsbesatzungen den Gehorsam. Sie sahen nicht ein, daß es die »Ehre« der Marine verlangte, einen Einsatz zu wagen, der am Ausgang des Krieges mit Sicherheit nichts mehr ändern konnte. In Kiel entstanden erste Unruhen, und Bürger der Stadt schlossen sich den meuternden Matrosen an. Nach dem Vorbild der Russischen Revolution wurden zunächst hier, dann auch in anderen deutschen Großstädten Arbeiter- und Soldatenräte gebildet. In München wurde zuerst die Republik ausgerufen, und überraschend schnell traten die deutschen Fürsten ab.

Am 22. Oktober hatte Dona ihren 60. Geburtstag gefeiert, gesundheitlich stark geschwächt und voller Angst vor der Zukunft. Nun konnte auch sie die Augen nicht mehr vor der Tatsache verschließen, daß der Thron bedenklich wackelte. Auch Berlin stand nun im Zeichen der Revolution. Energisch drängte der neue Kanzler, Max von Baden, den Kaiser, sein Amt zur Verfügung zu stellen, um zumindest die Monarchie als Staatsform zu retten. Wilhelm wehrte sich zunächst heftig gegen eine Abdankung, mußte aber schließlich einsehen, daß das Heer nicht mehr hinter ihm stand. Die endgültige Entscheidung fiel am Nachmittag des 9. November, als der sozialdemokratische Staatssekretär Philipp Scheidemann vor dem Reichstagsgebäude die Deutsche Republik ausrief.

Dona nahm die Nachricht mit Fassung auf. Was sie zunächst viel mehr beunruhigte, war die Tatsache, daß sie noch nichts von Wilhelm gehört hatte, der sich im Hauptquartier der Obersten Heeresleitung in Spa befand. Dabei bestand auch für sie selbst höchste Lebensgefahr. Man riet ihr, um ihrer Sicherheit willen das Schloß zu verlassen, doch Dona weigerte sich: »Ich gehe nicht aus diesem Haus, es wäre Feigheit, jetzt das Haus meines Mannes zu verlassen.« Und sie hatte Glück: Als tatsächlich einige Revolutionäre in das Schloß eindrangen, ließen sie die ehemalige Kaiserin unbehelligt, nachdem sie ihnen erklärt hatte, hier gäbe es nichts für sie zu holen. Alle Briefe und wichtigen Papiere hatte sie zuvor verbrannt. Zu ihrer großen Erleichterung erfuhr Dona nur einen Tag später, daß Wilhelm unterdessen vom belgischen Spa aus mit einem Sonderzug nach Holland geflohen war und sich nun in Amerongen bei Utrecht aufhielt. Holland gewährte grundsätzlich Asyl für politische Flüchtlinge, also auch für den ehemaligen deutschen Kaiser, selbst wenn es weder der Regierung noch dem holländischen Königshaus leichtfiel, denn die Stimmung in der Bevölkerung war alles andere als deutschfreundlich. Doch Königin Wilhelmina blieb konsequent. Vorerst sollte Wilhelm auf dem Schloß des Grafen Godard Bentinck in Amerongen bleiben.

»Meine Regierungszeit ist vorbei«, schrieb Wilhelm an Dona, »mein Hundeleben ist zu Ende, und nichts als Verrat und Undank ist der Lohn.« Für Dona, die unterdessen in die Villa ihres Sohnes Eitel Friedrich nach Potsdam übergesiedelt war, stand außer Frage: Sie mußte zu Wilhelm. Die Trennung von ihrem Mann konnte sie nur äußerst schwer ertragen, und gerade jetzt in der Not wollte sie ihm zur Seite stehen. In einem Brief versicherte sie ihm, daß sie ihm ins Exil folgen wolle, auch wenn sie »in einer Hütte bei Wasser und Brot leben« müsse. Vorerst freilich mußte die niederländische Regierung entscheiden, ob Dona zu ihrem Mann fahren konnte. Als feststand, daß sie reisen durfte, rüstete sie sofort zum Aufbruch, auch wenn sie geahnt haben wird, daß es ein Abschied für immer aus Deutschland war. Doch das war jetzt zweitrangig. »Ich muß zum Kaiser«, sagte sie entschlossen. »Das will ich und nichts weiter.«

Dona verließ Potsdam am 27. November abends. Die neue Regierung hatte einen Zug für sie bereitgestellt, und sie reiste mit »kleinem Gefolge«, also nur wenigen Bediensteten, zu denen auch ihre Hofdame Gräfin Mathilde von Keller gehörte, die der ehemaligen Kaiserin bis zu ihrem Tod treu ergeben sein sollte. Am 28. November, dem Tag, an dem Wilhelm im holländischen Exil die offizielle Abdankungsurkunde unterzeichnet hatte, traf Dona in Amerongen ein, glücklich, daß sie endlich wieder mit ihrem Mann vereint war. Nun waren sie Privatleute, in der neuen Heimat zwar geduldet, aber nicht gerade willkommen.

»Wenn ich nur noch so lange lebe ...«

Das Verlassen ihrer Heimat und die Trennung von den Kindern und Enkeln waren wohl das größte Opfer, das Dona ihrem geliebten Wilhelm gebracht hat.

Graf Bentinck und seine Familie taten alles, um ihren Gästen den Aufenthalt im Exil so angenehm wie möglich zu gestalten, doch Dona konnte keine Ruhe finden. Über Amerongen hing das Damoklesschwert einer drohenden Ausweisung Wilhelms.

Während Wilhelm jede Schuld am Krieg und an der Niederlage Deutschlands weit von sich wies und statt dessen die Generäle, die Regierung, ja sogar das deutsche Volk dafür verantwortlich machte, sahen das die Siegermächte anders: Briten, Franzosen, Italiener und vor allem die Amerikaner wollten den ehemaligen Kaiser vor ein alliiertes Gericht stellen und aburteilen lassen. Wilhelm, so mußte Dona befürchten, würde als Kriegsverbrecher hingerichtet werden. Denn kaum war sie wieder bei ihrem Mann, da häuften sich auch schon die Nachrichten, die Entente habe die Absicht, von Holland Wilhelms Auslieferung zu verlangen. Im Dezember 1918 schien die Lage so bedrohlich zu sein, daß man in Amerongen bereits begann, Fluchtpläne für den Exkaiser zu entwerfen: Ein falscher Paß sollte her, Wilhelm sollte sich den markanten Schnurrbart abrasieren und die Haare färben. In dieser Maskierung sollte er heimlich über die Grenze fliehen. Dona zitterte um das Leben ihres Mannes mehr, als sie je um ihr eigenes gezittert hatte. Nachts ließ jedes Geräusch sie hochschrecken, und oft schrie sie im Halbschlaf: »Sie kommen ihn holen! Sie kommen ihn holen!« An eine Zukunft konnte sie nicht mehr glauben und hatte mit ihrem Leben schon beinahe abgeschlossen. In dieser verzweifelten Gemütsverfassung schrieb sie ihren Kindern einen Abschiedsbrief, adressiert an die Tochter Viktoria Luise, die sich mit ihrer Familie in Gmunden am Traunsee befand:

»Meine Kinder,
falls Papa und ich durch Gottes Willen Euch nicht wiedersehen sollten, soll dieser Brief Euch unsere letzten Grüße und Segen überbringen. Es sind so namenlos schwere Tage, aber der Glaube an Gott, der doch noch einmal helfen kann, hält uns aufrecht. Für Papa ist es am schwersten, so machtlos sein zu müssen und alles über sich ergehen zu lassen. Nun hoffen wir, daß, wenn Wilson landet, vielleicht eine Erleichterung eintritt; aber ausliefern lassen wir uns nicht; ich denke, Mathilde K. wird diese Zeilen überbringen, sonst irgend jemand von unseren Leuten. Ich weiß, Ihr meine lieben Kinder und Schwiegerkinder werdet Euch mit Gottes Hilfe brav durchschlagen, möge Euch dereinst mal wieder die Sonne scheinen, damit Ihr etwas für unser jetzt betörtes Vaterland noch leisten könnt. Wilhelm sitzt auf der Insel. [Anm. d. Verf.: Der Kronprinz befand sich im Exil auf der holländischen Insel Wieringen] Gott gebe ihm später Freiheit.
Es ist bitter schwer, Abschied zu nehmen, meine Sachen schicke ich Dir und Andenken an die Geschwister ... Ich bleibe bei Papa bis zuletzt, wenn man mich läßt, dann ist es weniger schwer. Unsere gegenseitige heiße Liebe und unser Gottvertrauen geht übers Grab.
Grüßt die Heimat, die jetzt so betört ist. Dereinst werden ihr die Augen aufgehen über das, was sie an Papa verliert, dann wird es zu spät sein. – Nochmals einen innigen Kuß an Euch alle – danke Euch, daß Ihr so liebe Kinder wart ... Und nun, Gott schütze Euch, auf ein Wiedersehen bei Gott.
Deine tieftraurige aber dankbar mit Papa vereinte Mutter«

Doch die Frage der Auslieferung schleppte sich hin. Einen neuen Höhepunkt erreichte sie im Sommer 1919 mit dem Vertrag von Versailles. Artikel 227 stellte »Wilhelm II. von Hohenzollern wegen schwerster Verletzung des Internationalen Sittengesetzes und der Heiligkeit der Verträge« unter öffentliche Anklage. Erneut forderten die Siegermächte Holland auf, den ehemaligen deutschen Kaiser auszuliefern, doch die Regierung weigerte sich, dem Ersuchen Folge zu leisten. Drohungen folgten, doch in Den Haag blieb man fest. Dona und Wilhelm konnten aufatmen. »Dankbar können wir Gott sein«, schrieb Dona an ihre Tochter, »daß das kleine Holland so tapfer ist und wir hier noch eine Stätte haben.« Doch auch die Alliierten hatten unterdessen wohl eingesehen, daß ein Prozeß gegen Wilhelm nur einen Märtyrer geschaffen hätte.

Aber die Sorgen waren nicht ohne Folgen geblieben. Donas Nerven waren den Ängsten und Widrigkeiten nicht mehr gewachsen, und ihr ohnehin labiler Gesundheitszustand verschlechterte sich weiter. Eine Herzschwäche zwang sie, sich äußerste Schonung aufzuerlegen, bisweilen sogar tagelang auf ihrem Zimmer zu bleiben.

Doch wann immer es ging, riß Dona sich zusammen. Nach wie vor galt ihr erster und letzter Gedanke Wilhelm, wie sie ihm helfen konnte, das schwere Los zu tragen. Begeistert las sie, was ihr Mann aufschrieb, um nachzuweisen, daß er keine Schuld am Ersten Weltkrieg hatte: »Wie herrlich ist das geschrieben!« lobte sie ihn immer wieder aufs neue. Auch ansonsten war sie stets zur Stelle, wenn Wilhelm sie brauchte, stets nur an ihn denkend, sich selbst nie schonend. Weitere Herzanfälle folgten, und Dona wußte genau, wie es um sie stand, aber sie hatte nur einen Wunsch: »Wenn ich nur noch so lange lebe, wie der Kaiser mich braucht!«

Der Tochter des Gastgebers, der jungen Gräfin Bentinck, fiel auf, daß Dona »eine fast unnormale Ergebenheit dem Gatten gegenüber« an den Tag legte, wie sie ihrem Tagebuch anvertraute. Und gleichzeitig bemerkte sie, »daß der Kaiser nicht immer sehr nett zu seiner Frau ist. Ich wollte es anfangs nicht glauben, habe mich aber in diesem Jahr davon überzeugt. Er ist schrecklich egoistisch und sie das genaue Gegenteil, sie tut alles für ihren geliebten Wilhelm.«

Das Leben in Amerongen verlief sehr regelmäßig. Um neun

Uhr war Andacht, anschließend wurde gefrühstückt. Danach standen für Wilhelm drei Stunden körperlicher Arbeit auf dem Programm: Tag für Tag fällte er die Bäume aus dem Park des Grafen Bentinck, zersägte sie und versah jeden tausendsten Holzklotz, den er produziert hatte, mit Datum und Unterschrift. Dona kam meist gegen Mittag in den Garten, begab sich zu Wilhelm und pflegte ihn zu bewundern, wieviel er schon wieder geschafft hatte. Dann ging sie meist allein spazieren oder saß lesend oder schreibend auf einer Bank in der Sonne. Auch der Nachmittag verging monoton mit Lektüre und Briefeschreiben.

Gesundheitlich ging es Dona immer schlechter, doch sie wollte auf keinen Fall, daß Wilhelm etwas merken sollte: »Der Arme hat schon so viel zu leiden«, sagte sie. Lichtblicke in ihrem Leben gab es nur noch, wenn die Kinder und Enkel zu Besuch kamen, besonders der Kronprinz Wilhelm, der auf der damals einsamen und kahlen holländischen Insel Wieringen interniert war. Aber auch er bereitete ihr Sorgen. Obwohl er einmal gesagt hatte, eine Krone sei »nicht das einzig Erstrebenswerte«, konnte er sich mit seinem Schicksal nicht so recht abfinden. Wilhelm hatte angefangen zu trinken, um seine Einsamkeit, seine Frustration und sein Selbstmitleid zumindest vorübergehend zu vergessen.

»Jetzt kann ich wirklich nicht mehr!«

»Vielleicht kommt bei mir wieder etwas Lebenskraft durch, wenn ich im eigenen Haus wieder etwas zu tun bekomme, hier hat man immer nur trübe Gedanken ...«, schrieb Dona ihrer Tochter Viktoria Luise. Der bevorstehende Umzug in ein eigenes Heim gab ihr wieder etwas Mut. Wilhelm hatte im Juli 1919 für 500000 fl. Haus Doorn erworben, und auch die Möbel waren aus Berlin bereits eingetroffen. In einer »Hütte bei Wasser und Brot« würde man also nicht leben müssen. Doch vorerst mußte sie sich gedulden und noch ein weiteres Jahr in Amerongen bleiben, bis die Umbauarbeiten beendet waren. Die Herzanfälle wiederholten sich in immer kürzeren Abständen, und bald konnte Dona keine Treppen mehr steigen, mußte hinauf- und hinuntergetragen werden und zunehmend den Krankenstuhl in Anspruch nehmen. »Sie leidet namenlos«, schrieb Gräfin Keller im Januar 1920, »und es schneidet einem ins Herz zu sehen, wie sich die Leiden dieser Zeit immer tiefer in die geliebten Züge eingraben ... sie sieht blaß und müde aus, und das Gehen ist sehr wenig gut, die Kurzatmigkeit hat sich vermehrt.«

Es war nicht nur die Krankheit, die Dona zu schaffen machte. Im Gegensatz zu Wilhelm, der sich mit den neuen Verhältnissen recht gut abfinden konnte, fiel es Dona sichtbar schwer, hier in Holland wieder bescheidener leben zu müssen. Trotzig versuchte sie, noch einen Rest ihres früheren Lebens zu retten, indem sie in »großer Garderobe« und tief dekolletiert das Abendessen einnahm, und auch der Hofknicks war nicht abgeschafft worden. Doch das waren nur Äußerlichkeiten. Donas Stolz war tief verletzt.

Wilhelm indes schien gar nicht zu merken, wie sehr seine Frau sowohl körperlich als auch seelisch litt. Erneut beobachtete die junge Gräfin Bentinck einen schier unglaublichen Egoismus des ehemaligen Kaisers: »Der Kaiser scheint nicht zu merken, wie es um sie steht«, notierte sie in ihr Tagebuch. »Wir alle sehen und fühlen es, nur er nicht. Die Kaiserin hat das Bedürfnis, soviel wie möglich um den Gatten zu sein. Wenn er im Garten spazierengeht, erscheint sie und muß mitwandern. Eine kurze Zeit hält sie das Tempo des Kaisers durch, dann aber wird der Atem immer kürzer, plötzlich bleibt sie stehen und stößt keuchend die Worte aus: ›Aber Wilhelm, jetzt kann ich wirklich nicht mehr!‹ Dann gibt er ihr den Rat, sich auf die Bank zu setzen, und wandelt weiter.«

Im Mai 1920 zog man endlich nach Doorn. In den vergangenen Monaten war das Schloß vollständig renoviert und den Bedürfnissen der neuen Besitzer entsprechend umgestaltet worden. Man hatte eine Zentralheizung eingebaut und eigens für Dona einen Lift installiert. Doch ihre Hoffnung, hier »wieder etwas Lebenskraft« zu bekommen, erfüllte sich nicht. Nur wenige Tage nach dem Einzug ins eigene Heim erlitt Dona kurz vor Pfingsten einen Schlaganfall, der sie der Sprache und Bewegungsmöglichkeit beraubte. Wochenlang lag sie zu Bett, und als sie schließlich langsam begann, sich wieder ein wenig zu erholen, erreichte sie die Schreckensnachricht, daß Joachim, ihr jüngster Sohn, »an Schußverletzungen« gestorben war.

Joachims Selbstmord

Seit seiner Geburt war Joachim ein Sorgenkind gewesen, ihr »kleines Angstkind«, wie Dona selbst sagte. Die Hauptschuld daran gab sie Wilhelms Schwester Sophie, die den damaligen griechischen Thronfolger Konstantin (s. S. 181ff.) geheiratet hatte und kurz vor Joachims Geburt nach Berlin gekommen war, um ihrem kaiserlichen Bruder anzukündigen, daß sie zum griechisch-orthodoxen Glauben übertreten werde. Dona hatte sich damals entsetzlich aufgeregt und ihr ins Gesicht geschrien, damit befände sich Sophie auf dem direkten Weg in die Hölle! Doch weder sie noch Wilhelm, Oberhaupt der Evangelischen Kirche in Preußen, hatten die entschlossene Prinzessin von ihrem Vorhaben abbringen können. Der Streit dauerte noch an, als Joachim mehrere Wochen zu früh zur Welt kam, viel kleiner und schwächer als seine Brüder. Joachim war und blieb das zarteste Kind von allen Geschwistern, kränkelte und weinte viel, war überaus sensibel und brauchte sehr viel Liebe und Verständnis.

Auch später hatte er kein Glück. Seine Ehe mit Marie Auguste von Anhalt zerbrach, und nach dem Ende des Krieges konnte er keinen festen Boden unter den Füßen finden. Er kaufte sich eine Villa in der Schweiz und verbrachte seine Zeit entweder in einem nahen Spielkasino in Italien oder mit verschiedenen jungen Damen. Zu Donas großem Kummer war Joachim ebenso wie der Kronprinz Wilhelm ein notorischer Schürzenjäger geworden, der die strengen Regeln der gesitteten Lebensführung nicht weniger mit Füßen trat. Und doch konnte er bei seiner Mutter allzeit auf Verständnis hoffen, mochte ihr sein Lebensstil auch noch so mißfallen.

Möglicherweise war es der Fehlschlag des Kapp-Putsches, jenes gescheiterten rechtsradikalen Umsturzversuches in Berlin im März 1920, der Joachim endgültig demoralisierte. Ihm fehlte jede Lebenskraft, er war perspektivlos geworden, matt und entsetzlich deprimiert. Zuletzt hat er seiner Mutter im Juni 1920 bei einem Besuch in Doorn wohl sein Herz ausschütten wollen, denn er hatte zuvor an seine Schwester geschrieben: »Ein schweres Jahr liegt hinter mir, und doch hatte man sich so auf sein Zuhause gefreut ... Ich will erst mit meinen Eltern persönlich sprechen, bevor ich endgültige Entschlüsse fasse.« Doch als er schließlich nach Holland kam, lag Dona in erbarmungswürdigem Zustand zu Bett, nachdem sie den schweren Schlaganfall erlitten hatte, und Joachim schwieg, um sie nicht weiter aufzuregen.

Zurück in Potsdam, wo er seit einiger Zeit bei seinem Bruder Auwi lebte, beschloß er, seinem Leben ein Ende zu setzen. Doch der Schuß war nicht sofort tödlich gewesen. Schwer verwundet brachte man Joachim bei vollem Bewußtsein in das nahe gelegene St.-Joseph-Krankenhaus, wo er in der Nacht zum 18. Juli 1920 schließlich doch noch seinen Verletzungen erlag. Joachim hinterließ einen kleinen Sohn, den vierjährigen Franz Joseph.

Ende des Weges

Auf die Meldung von Joachims Selbstmord beschloß die Familie, Dona nicht die volle Wahrheit zu sagen. Statt dessen erzählte man ihr, der Tod ihres jüngsten Sohnes sei ein Unglücksfall gewesen: Beim Reinigen der Waffe habe sich der tödliche Schuß gelöst. Dona nahm die Schreckensnachricht äußerlich erstaunlich gefaßt auf, brach nicht verzweifelt zusammen, wie die Familie befürchtet hatte, und blieb auch in den nächsten Tagen verhältnismäßig ruhig. Doch auch wenn sie die Todesursache scheinbar nicht in Zweifel zog, so murmelte sie doch immer wieder: »Wenn ich dagewesen wäre, dann wäre das nicht geschehen.« Am schlimmsten traf sie aber wohl, daß sie und ihr Gemahl nicht an der Beisetzung des Sohnes in Deutschland teilnehmen durften.

Nach Joachims Tod verschlechterte sich Donas Gesundheitszustand zusehends. Bald war sie so schwach, daß sie nur noch im Rollstuhl gefahren werden konnte, Atemnot und Schwindelanfälle traten immer häufiger auf, und sie wurde immer teilnahmsloser. Ihre letzte Freude war der Besuch des kleinen Enkels Franz Joseph, des Sohnes des toten Joachim, doch nach dessen Abreise ging es ihr um so schlechter. Seit Herbst 1920 konnte sie den gewohnten Briefwechsel mit den Kindern nicht mehr aufrechterhalten, sondern mußte ihre Korrespondenz diktieren. Dann folgte ein erneuter Schlaganfall, der Dona an den Rand des Todes brachte. Gräfin Bentinck schrieb am 22. November: »Die Kaiserin liegt im Sterben. Seit ihrem Geburtstag ist sie ans Krankenlager gefesselt. In ihrem Kopf ist eine Ader geplatzt, wodurch sie ihr klares Denken größtenteils verloren hat. Seit etwa acht Tagen glaubt sie in Glücksburg zu sein.« Die Kinder, die nach Doorn gekommen waren, lösten sich am Krankenlager ab, um ihrer Mutter beizustehen.

Unterdessen hatte Wilhelm schon mit den Vorbereitungen zu Donas Beerdigung begonnen. Die bevorstehenden Trauerfeierlichkeiten sah er in erster Linie unter dem politischen Aspekt und wollte sie zur Mobilisierung der monarchischen Bewegung in Deutschland nutzen. Eine Beisetzung im Park von Sanssouci in Potsdam schien ihm hierfür am besten geeignet, zumal Dona einmal den Wunsch geäußert hatte, sie wolle nach ihrem Tod in heimischer Erde bestattet werden. Doch dieser Plan stieß bei seinem Sohn Adalbert und besonders seiner Tochter Viktoria Luise auf heftige Kritik. Sie beschwor ihren Vater eindringlich, auf die zu Propagandazwecken geplante Beisetzung in Deutschland zu verzichten, weil es ihrer Meinung nach unwürdig war, die ehemalige Kaiserin in »geborgte Erde« zu betten. Doch noch war Dona gar nicht tot. Im Januar 1921 kehrte sogar vorübergehend ihr klares Bewußtsein wieder, und sie sagte zu Wilhelm: »Ich muß leben; weil ich Dich noch nicht allein lassen darf.« Aber ihre Kraft war zu Ende. Ende März verschlechterte sich ihr Zustand derart rapide, daß kein Zweifel mehr daran bestand, daß Dona nur noch wenige Tage zu leben hatte. Das lange Siechtum war vorbei. Deutschlands letzte Kaiserin starb in den frühen Morgenstunden des 11. April 1921 friedlich und ohne Todeskampf im Alter von 62 Jahren.

200 000 Menschen nahmen am Morgen des 19. April in Potsdam Abschied von Kaiserin Auguste Viktoria, darunter nicht nur die Mitglieder der Hohenzollern-Familie und anderer europäischer Fürstenhäuser, sondern auch hohe Militärs wie Hindenburg und Ludendorff. Im Antiken Tempel im Park von Sanssouci wurde Dona schließlich beigesetzt, in der Heimat zwar, doch fern von ihrem geliebten Wilhelm, der ihr Grab niemals besuchen sollte. Mehr als 10 000 Beileidsschreiben und -telegramme, die Doorn in den nächsten Tagen erreichten, legten von der großen Zuneigung Zeugnis ab, die der volkstümlichen Dona von weiten Bevölkerungskreisen entgegengebracht worden war. Ein Weg war zu Ende, ein Weg, wie die Kölnische Zeitung in einem Nachruf am 17. April 1921 schrieb, »der von Illusionen verhängt und verschleiert gewesen war«.

Und das Leben geht weiter...

Hermine von Reuß, die zweite Frau Wilhelms II.

»Ich vermisse sie schrecklich«, schrieb Wilhelm kurz nach Donas Tod, »nichts kann sie ersetzen.« Doch schon Anfang Mai hatte er sein altes Gleichgewicht wiedergefunden – und nur ein gutes Jahr später wandelte er erneut auf Freiersfüßen.

Einer der ersten Briefe, die ihn zu seinem 63. Geburtstag am 27. Januar 1922 erreicht hatten, stammte von dem 13jährigen Sohn des im Krieg gefallenen Prinzen zu Schönaich-Carolath. Der Junge sandte Wilhelm seine besten Glückwünsche und gelobte zugleich ewige Kaisertreue. Wilhelm kannte die Familie recht gut: Die Mutter des Jungen, Hermine von Reuß, war eine von Donas Patentöchtern gewesen. Nun kam ihm die Idee, Mutter und Sohn nach Doorn einzuladen. Am 9. Juni 1922 traf Hermine in Doorn ein, allerdings ohne ihren Sohn. Ob es sich dabei um ein wohlkalkuliertes Manöver handelte, sei dahingestellt. Wilhelm jedenfalls war vor ihrem Besuch entsetzlich aufgeregt, und als sie schließlich ankam, empfing er sie mit einem Kuß und einem Strauß roter Rosen. Nur wenige Tage später war allen in Wilhelms Umgebung klar, daß der ehemalige Kaiser um Hermines Hand anhalten würde. So schnell schien er Dona vergessen zu haben.

Sigurd von Ilsemann, der kaiserliche Flügeladjutant, der nach wie vor in Wilhelms Diensten stand, schrieb dazu: »Schon um zehn Uhr zog sich der Kaiser mit ihr in ihre Gemächer zurück. Ich war traurig! Traurig, weil ich an die gute Kaiserin denken mußte. Wenn sie gesehen hätte, wie sich der Kaiser dieser Fremden gegenüber gab: Bei jeder Gelegenheit machte er große Verbeugungen vor ihr, steckte ihr Zigaretten an, schob ihr den Stuhl zurecht, holte ihr Kissen und überschüttete sie mit allen möglichen Aufmerksamkeiten. Das, was ich so gerne einmal von ihm bei der Kaiserin gesehen hätte, aber leider nie gesehen habe – hier, bei einer Fremden, mußte ich es erleben! ... Sehr eigenartig ist bei dem augenblicklichen Zustand des Kaisers, wie ausgesucht liebenswürdig er ist. Alles ist jetzt Sonnenschein bei ihm. Auch äußerlich ist eine Änderung eingetreten: Er trägt bessere Anzüge als gewöhnlich und hat sich Ringe und Armband angesteckt, die ich, solange ich ihn kenne, noch nie an ihm gesehen habe ...«

Tatsächlich gestand Wilhelm nach nur wenigen Tagen, daß er Hermine heiraten werde. Seine Umgebung, besonders aber die Kinder, reagierten mit unverhohlenem Entsetzen, zumal er es nicht für notwendig erachtete, mindestens zwei Trauerjahre abzuwarten. Doch Wilhelm wischte alle Einwürfe beiseite. Er heiratete »Hermo«, wie er die erst 35jährige Witwe nannte, am 5. November 1922.

Hermo brachte, wie Wilhelm empfand, endlich wieder »Sonnenschein in dieses Haus des Kummers und der Trauer«. Die Kinder des abgedankten Kaisers hatten freilich ihre Zweifel, ob die »Giftspritze«, wie Hermo schon bald in Familienkreisen genannt wurde, tatsächlich die Richtige war. »Die zweite Frau meines Vaters war in jeder Hinsicht anders als meine Mutter, selbst äußerlich«, schrieb Donas Tochter Viktoria Luise in ihren Erinnerungen. »Sie besaß weder die Güte meiner Mutter noch ihre ruhige Art. Sie war lebhaft und unruhig, liebte es zu argumentieren und war ehrgeizig.«

Und das war Hermo in der Tat. Schon während der Hochzeitsfeierlichkeiten hatte die Anrede »Kaiserin und Königin« Anwendung gefunden, obwohl dies weder von der Sache noch von der Rechtslage her statthaft war. Doch Hermine war entschlossen, dem abzuhelfen. In den kommenden Jahren unternahm sie ausgedehnte Propagandareisen durch Deutschland und half energisch mit, die Restaurationsbestrebungen des ehemaligen Kaisers und der Hohenzollern zu fördern, indem sie enge Kontakte zwischen Doorn und nationalistischen und monarchistischen Kreisen in Deutschland knüpfte. Wilhelm aber mußte seine Zeit wieder überwiegend allein verbringen.

Oels und Cecilienhof

Als Dona starb, war ihr Sohn Wilhelm, der ehemalige Kronprinz, nach wie vor auf der holländischen Insel Wieringen interniert gewesen, 130 km von Doorn entfernt. Während er mit seinem Schicksal haderte, hielt seine Frau, die ehemalige Kronprinzessin Cecilie, die in Berlin so rasch nach ihrer Hochzeit populär geworden war, daheim die Stellung. Im Gegensatz zu ihrer Schwiegermutter hatte sie sich geweigert, ihrem Mann ins Exil zu folgen, sondern sie residierte in Potsdam, im 1917 fertiggestellten »Cecilienhof«. Er sollte im Sommer 1945 Berühmtheit erlangen, als Attlee, Truman und Stalin hier auf der »Potsdamer Konferenz« die Weichen für Deutschlands Zukunft stellten.

Cecilie hatte nicht geringe Sorgen. Das Familienvermögen war von der Regierung konfisziert worden, und man mußte versuchen, mit Bankkrediten über die Runden zu kommen. Außerdem hatte sie die Zukunft ihrer sechs Kinder zu sichern: 1906 war Wilhelm geboren worden, ein Jahr später Louis Ferdinand, 1909 Hubertus, 1911 Friedrich, 1915 Alexandrine, eine behinderte Tochter, und schließlich 1917 die kleine Cecilie.

Nach dem Zusammenbruch des Kaiserreiches mußten die ältesten Söhne eine öffentliche Schule besuchen, doch zeigte sich schon bald, daß sie den Anforderungen des Potsdamer Gymnasiums nicht gewachsen waren. Sie hatten daher ihre Ausbildung auf dem gesellschaftlich weniger renommierten Realgymnasium fortzusetzen. Aber auch wenn Cecilie nun durchaus »bürgerliche« Probleme hatte, so fühlte sie sich doch nach wie vor als Repräsentantin der ehemaligen Kaiserfamilie, bemüht, das sittenstrenge Image des Hohenzollernhauses aufrechtzuerhalten.

Leider aber hatte sich gezeigt, daß auch die Söhne des deutschen Kaisers nach dem Krieg einen großen Nachholbedarf an Lebensgenuß hatten und nicht alle Ehen den turbulenten Verhältnissen der Zeit gewachsen waren. Während die Ehen von Viktoria Luise mit Ernst August von Braunschweig, von Adalbert mit Adelheid von Sachsen-Meiningen und von Oskar mit seiner morganatischen Ehefrau Ina Marie von Bassewitz sich harmonisch gestalteten, zerbrachen diejenigen von Auwi (Viktoria zu Schleswig-Holstein-Sonderburg-Glücksburg), Joachim (Marie Auguste von Anhalt) und Eitel Friedrich (Sophie Charlotte von Oldenburg). Entsetzt bemerkte Cecilie, daß ihre Schwäger »ihre Frauen nicht in Ordnung halten« konnten, und sorgte sich um das Gerede, das zumeist beim Scheitern von Ehen entsteht, bei adeligen Trennungen natürlich ganz besonders. Dies aber, so fürchtete sie, würde dem Ansehen des Hauses Hohenzollern großen Schaden zufügen. In diesem Zusammenhang sah sie auch den Selbstmord ihres Schwagers Joachim: »Daß er der Familie das noch antun mußte«, kommentierte sie die Verzweiflungstat. Gleichzeitig aber konnte sie dem tragischen Tod doch noch etwas Gutes abgewinnen. Im Hinblick auf die eingeleitete Scheidung meinte sie: »Wenigstens unterbleibt der Prozeß nun ... Sein Tod verhütet wenigstens noch hundert Skandäler, die fraglos gekommen wären.« In Adelskreisen bezeichnete man eine solche Haltung wohl als »Contenance« ...

Doch auch ihre eigene Ehe hatte die Nachkriegsjahre nicht unbeschadet überstanden. Ihren Mann, den ehemaligen Kronprinzen, hatte sie im September 1919 zum ersten Mal in seinem holländischen Exil besucht, entsetzt, in welch primitiven Verhältnissen er dort leben mußte. In der Folgezeit kehrte sie einmal jährlich dorthin zurück, bis Wilhelm am 13. November 1923 nach Deutschland zurückkehren durfte, freilich erst, nachdem er Stresemann sein Wort gegeben hatte, sich nicht politisch zu betätigen. Neuer Wohnsitz des ehemaligen Kronprinzenpaares wurde nun Schloß Oels in Niederschlesien, allerdings nur für kurze Zeit. Durch Krieg und Exil waren Wilhelm und Cecilie neun Jahre lang getrennt gewesen, und ob sie es wahrhaben wollten oder nicht: man hatte sich auseinandergelebt, hatte sich nichts mehr zu sagen. De facto war eine weitere Hohenzollern-Ehe zerbrochen, auch wenn man die Fassade aufrechterhielt.

Wilhelm, nunmehr 41 Jahre alt, war fest entschlossen, all das nachzuholen, was er in den letzten Jahren versäumt hatte. Und so zog es ihn zurück nach Potsdam, in die Nähe der Weltstadt Berlin, wo das Leben pulsierte. Hatte er schon immer eine Neigung zum unkonventionellen Leben gehabt, zu schönen Frauen und schnellen Autos, so wurde dies nun sein Lebensstil schlechthin – sehr zum Entsetzen jener konservativen Kräfte in Deutschland, die bei seiner Rückkehr Hoffnungen auf den ehemaligen Kronprinzen gesetzt hatten. Nun aber mußten sie sich eingestehen, daß ein trinkender Playboy wohl kaum einen geeigneten deutschen Kaiser abgeben würde. Unterdessen hatte Cecilie im schlesischen Oels Wurzeln geschlagen und huldigte hier dem feudalen Lebensstil des deutschen Ostens. Nachdem es 1926 zu einem Vergleich mit der Staatsregierung gekommen war, in dem den Hohenzollern ein Teil des einst konfiszierten Vermögens zurückerstattet wurde, boten sich Cecilie dazu auch finanziell gesehen alle Möglichkeiten. So blieben Wilhelm und Cecilie zwar nach außen hin ein Ehepaar, tatsächlich aber lebte jeder sein eigenes Leben. Während Wilhelm seinen Leidenschaften frönte, blieben die Kinder bei der Mutter, und was deren Erziehung betraf, so stand der Vater gewissermaßen »daneben«, wie es sein Sohn Louis Ferdinand später einmal formuliert hat. Gleichwohl war das Verhältnis zu seinen Kindern gut und eher kameradschaftlich, während sie vor der autoritären Mutter vor allem Respekt hatten.

Einen Plan hatte Cecilie nach wie vor nicht aufgegeben: Noch immer wollte sie ihrem Ältesten den Weg zum Thron bereiten.

»Wohin ein Hitler führt, kann ein Hohenzoller folgen«

Nicht nur Hermine arbeitete zielstrebig auf eine Wiederherstellung der Monarchie hin. Auch der Rest der Familie, allesamt kompromißlose Feinde der Weimarer Republik, die jede Form parlamentarischer Demokratie ablehnten, wünschte die Restauration, und um dieses Ziel zu erreichen, bediente man sich auch der NSDAP.

Nach dem Tod des Außenministers Gustav Stresemann im Oktober 1929 fühlte sich Wilhelm, der ehemalige Kronprinz, nicht mehr an sein Versprechen gebunden, sich aus der Politik fernzuhalten. Gemeinsam mit seinen Brüdern Eitel Friedrich, August Wilhelm und Oskar schloß er sich 1930 dem »Stahlhelm« an, dem rechtsgerichteten Frontsoldatenbund. Nur ein Jahr später traten Oskar und August Wilhelm der NSDAP bei, und 1933 zog auch der ehemalige Kronprinz die braune Uniform an, auch wenn er sich auf eine der unbedeutendsten Organisationen, das Nationalsozialistische Kraftfahrerkorps (NSKK) beschränkte. Seine Söhne Wilhelm und Hubertus wurden ebenfalls Mitglieder der NSDAP. Noch im gleichen Jahr gaben sie sich für nationalsozialistische Propagandafeldzüge her, und obwohl sie – mit Ausnahme von August Wilhelm, der ganz im Nationalsozialismus aufging – Hitler und seiner Politik eine gewisse Skepsis entgegenbrachten, so machten sie doch mit und halfen den Nazis als »königliche Aushängeschilder« weiter. Dabei handelten sie aus der fälschlichen Überlegung heraus, Hitler würde die Monarchie wiedererrichten. Im Juni 1931 hatte August Wilhelm öffentlich erklärt: »Wohin ein Hitler führt, kann ein Hohenzoller folgen.« Doch selbst als klar wurde, daß Hitler die Hohenzollern nur benutzte, fehlte ihnen die Courage, sich offen von seinem verbrecherischen Regime zu distanzieren.

Adel verpflichtet – Adel verzichtet

Doch nicht alle Kinder Donas hingen dem Nationalsozialismus an. Adalbert war in der Nachkriegszeit politisch überhaupt nicht mehr hervorgetreten und verlegte schließlich seinen Wohnsitz zu Beginn der dreißiger Jahre in die Schweiz, wo er bis zu seinem Tod im Jahr 1948 als »Graf Lingen« lebte und an den Geschehnissen in Deutschland keinen Anteil mehr nahm, zumindest trat nichts davon an die Öffentlichkeit.

Viktoria Luise und ihr Mann Ernst August von Braunschweig waren ebenfalls entschiedene Gegner Hitlers gewesen. Beide lebten zurückgezogen als privilegierte Privatleute in

Gmunden am Traunsee. (Ihre 1917 geborene Tochter Friederike hatte im Januar 1938 Paul von Griechenland geheiratet und wurde als griechische Königin Mutter Konstantins II., König von Griechenland 1964-1967, und Sophias, der gegenwärtigen Königin von Spanien.)

Erklärter Nazi-Gegner war auch Donas Enkel Louis Ferdinand, der 1933 unerwartet zum künftigen Chef des Hauses Hohenzollern erklärt worden war. Kronprinz-Sohn Wilhelm, der eigentlich einmal der vierte seines Namens hätte werden sollen, hatte 1931 während seiner Bonner Studienzeit Dorothea von Salviati kennengelernt, die Tochter eines königlichen Kammerherrn. Obwohl die junge Frau nicht »ebenbürtig« war, war Wilhelm entschlossen, sie zu heiraten. Natürlich war ihm bewußt gewesen, daß dadurch seine Anwartschaft auf die Stellung als Chef des Hauses Hohenzollern in Frage gestellt wurde. Die Eltern waren strikt gegen die Heirat, und auch der Großvater als ehemaliger Kaiser zeigte sich zutiefst bestürzt. Doch sein Enkel entschied sich für die geliebte Frau und damit gegen das Haus Hohenzollern. Er heiratete Dorothea im Mai 1933 und zog sich mit ihr auf ein Gut in Schlesien zurück und lebte dort, bis er kurz nach Ausbruch des Zweiten Weltkriegs 1940 fiel.

Mit seiner unstandesgemäßen Hochzeit hatte Wilhelm seine Rechte als Erbe und künftiger Chef des Hauses zugunsten seines Bruders Louis Ferdinand verloren, was von der Familie zunächst nicht unbedingt begrüßt wurde. »Lulu«, wie man den jungen Mann nannte, galt als etwas exzentrischer Globetrotter, als Antimilitarist und Pazifist – alles eben, was die bisherigen Hohenzollern nicht waren. Louis Ferdinand hatte Volkswirtschaft studiert, promoviert (Dr. phil. 1929) und anschließend eine ausgedehnte Reise durch Nord- und Südamerika unternommen. Eine Zeitlang arbeitete er am Fließband der Ford Motor Company – ein Unding für einen Hohenzollernprinzen. Doch Louis Ferdinand war intelligent und kultiviert. 1938 heiratete er Kira Kirillowna (1909-1967), Großfürstin von Rußland – standesgemäß.

Vergeblich versuchten die Nazis, Louis Ferdinand für ihre Zwecke einzuspannen, der Prinz lehnte jede Verbindung mit ihnen ab. Während des Krieges trat schließlich die deutsche Widerstandsbewegung an ihn heran. Louis Ferdinand sollte sich als Anwärter auf den Thron seiner Vorfahren zur Verfügung stellen und damit das Signal für eine Revolte der Generäle geben, so der Plan der Gruppe um Goerdeler. Doch der Prinz brachte es nicht über sich, ohne die ausdrückliche Zustimmung seines Vaters zu handeln, der dem Sohn zuvor geraten hatte, »sich nicht in derartige Verschwörungen einzulassen«. Von diesem Zeitpunkt an rechnete Goerdeler, auch wenn er persönlich für eine Wiedereinführung der Monarchie war, nicht mehr mit den Hohenzollern.

Auch Friedrich, der jüngste Sohn des Kronprinzen, hatte für die Nazis nichts übrig gehabt. Er nahm nach Abschluß seines Jura-Studiums eine kaufmännische Tätigkeit in England auf und arbeitete seit 1937 zunächst in einem Bankhaus, dann bei einem Kohlensyndikat. Damals stand er schon seit Jahren in Opposition zu den Nationalsozialisten und hat aus seiner Abneigung nie einen Hehl gemacht. Sein Großvater, der greise ehemalige deutsche Kaiser, war zutiefst empört, als Friedrich nach Ausbruch des Zweiten Weltkriegs in England blieb, und beschimpfte den Enkel als »unpatriotisch«. In Kriegszeiten, so sein Credo, hatte jeder seinem Land mit der Waffe zu dienen. Dabei war Friedrich keineswegs unpatriotisch, wie er dem Großvater zu verstehen gab. Nur, der NS-Staat war nun einmal nicht sein Land, und er setzte sich für sein »wirkliches Vaterland, das alte, anständige Deutschland« ein. Friedrich lebte auch nach Kriegsende unter dem Namen George Mansfield weiter in England, wo er 1945 Lady Brigid Guiness heiratete, eine Angehörige der weltbekannten Brauereifamilie.

Zwanzig Jahre nach Donas Tod starb der ehemalige Kaiser Wilhelm II., von der Öffentlichkeit fast vergessen, am 3. Juni 1941 in Doorn, nur ein Jahr später folgte ihm sein Sohn Eitel Friedrich in den Tod. Hermine erlag am 7. August 1947 in Frankfurt an der Oder, wo sie nach 1945 von der sowjetischen Besatzungsmacht in ihrer Wohnung interniert worden war, den Folgen eines Schlaganfalls. Adalbert starb 1948, August Wilhelm, nach Kriegsende gefangengesetzt, starb 1949. Wilhelm, der ehemalige Kronprinz, lebte bis zu seinem Tod 1951 mit wechselnden Mätressen zusammen und starb an den Folgen einer Nikotinvergiftung, sieben Jahre später folgte ihm sein Bruder Oskar, nachdem Cecilie bereits 1954 gestorben war. Ein langes und wohl auch ausgefülltes Leben war nur Donas einziger Tochter Viktoria Luise beschieden. Sie wurde 88 Jahre alt und starb am 11. Dezember 1980 in Hannover.

Nachtrag

Donas Enkel Franz Joseph, der einzige Sohn des freiwillig aus dem Leben geschiedenen Joachim, heiratete im Oktober 1940 Henriette, die Tochter von Wilhelms zweiter Frau Hermine aus erster Ehe.

Cecilie, Tochter des ehemaligen Kronprinzen, heiratete 1945 den Amerikaner Clyde Kenneth Harris und ging mit ihm nach Texas. Ihr Bruder Hubertus wanderte nach dem Zweiten Weltkrieg nach Südafrika aus, um sich dort eine neue Existenz aufzubauen. Er starb 1950 an den Folgen einer zu spät erkannten Blinddarmentzündung.

Nach dem Tod des ehemaligen Kronprinzen Wilhelm 1951 übernahm Prinz Louis Ferdinand den Vorsitz des Hauses Hohenzollern und behielt ihn, bis er am 25. September 1994 starb. Zum Nachfolger bestimmte er seinen Enkel Georg Friedrich, Sohn seines dritten, 1977 tödlich verunglückten Sohnes Louis Ferdinand und seiner Frau Donata. Die beiden ältesten Söhne hatten bürgerlich geheiratet.

Die Söhne ① – ⑥ und Enkel von Auguste Viktoria und Wilhelm II.

① Kronprinz Wilhelm
(1882–1951)

- Wilhelm (1906–1940)
  ⚭ 1933 Dorothea v. Salviati († 1972)
- **Louis Ferdinand (1907–1994)**
  Chef des Hauses Hohenzollern seit 1951
  ⚭ 1938 Kira Kirillowna, Gfstm. v. Rußland († 1967)
- Hubertus (1909–1950)
  ⚭ 1) 1941 Maria-Anna Frn. v. Humboldt-Dachroeden ⚭ 1943
  2) 1943 Magdalena Prżn. v. Reuß
- Friedrich (1911–1966)
  ⚭ 1945 Lady Brigid Guiness
- Alexandrine (* 1915)
- Cecilie (1917–1975)
  ⚭ C. K. Harris

② Eitel Friedrich (1883–1942) starb kinderlos

③ Adalbert (1884–1948)

- Victoria Marina (1917–1981)
  ⚭ Kirby Williams Patterson, Rechtsanwalt ⚭ 1962
- Wilhelm Victor (1919–1989)
  ⚭ 1944 Marie Antoinette Gfn. Hoyos

④ August Wilhelm (1887–1949)

- Alexander Ferdinand (1912–1985)
  ⚭ 1938 Irmgard Weygand

⑤ Oskar (1888–1958)

- Oskar (1915–1939)
- Burchard (1917–1988)
  ⚭ 1961 Eleonora Gfn. Fugger v. Babenhausen
- Herzeleide-Ina-Marie (1918–1989)
  ⚭ 1938 Karl Prżn. Biron v. Curland
- Wilhelm Karl (* 1922)
  ⚭ 1952 Armgard v. Veltheim

⑥ Joachim (1890–1920)

- Franz Joseph (1916–1975)
  ⚭ 1) 1940 Henriette Prżn. v. Schönaich-Carolath ⚭ 1946
  2) 1946 Luise Hartmann ⚭ 1959
  3) 1959 Eva Maria Herrera Valdeavellano

s. auch Stammtafel S. 192 und »Die deutschen Kaiserpaare und ihre Nachkommen« (S. 262 f.)

WILHELM (1797–1888)
Kg. v. Preußen ab 1861
Dt. Kaiser 1871–1888
⚭ 1829 AUGUSTA
v. Sachsen-Weimar-Eisenach
(1811–1890)

FRIEDRICH III. Wilhelm (1831–1888)
Kg. v. Preußen / *Dt. Kaiser 1888*
⚭ 1858 VICTORIA
Kgl. Przn. v. Großbritannien
(1840–1901)

Luise (1838–1923)
⚭ 1856 Friedrich II.
Ghzg. v. Baden

WILHELM II. (1859–1941)
Kg. v. Preußen/*Dt. Kaiser 1888–1918*
⚭ 1) 1881 AUGUSTE VIKTORIA
v. Schleswig-Holstein-Sonderburg-
Augustenburg (1858–1921)
2) 1922 Hermine Przn. Reuß
(1887–1947)

Charlotte (1860–1919)
1878 Bernhard v.
Sachsen-Meiningen

Heinrich
(1862–1929)
⚭ 1888 Irene Przn.
v. Hessen
u. bei Rhein

Sigismund
(1864–1866)

Wilhelm (1882–1951)
Kronprinz
(verzichtet 1918)
⚭ 1905 Cecilie Hzgn. zu
Mecklenburg-Schwerin
(1886–1954)

Eitel Friedrich
(1883–1948)
⚭ 1906 Sofie Charlotte
Hzgn. v. Oldenburg
(⚮ 1926)

Adalbert
(1884–1948)
⚭ 1914 Adelheid
Przn. v.
Sachsen-Meiningen

August Wilhelm (1887–1949)
⚭ 1908 Alexandra Viktoria
Przn. zu Schleswig-Holstein-
Sonderburg-Glücksburg

Wilhelm (1906–1940)
(verzichtet 1933 auf seine
Rechte als erstgeb. Sohn)
⚭ 1933 Dorothea v. Salviati
(1907–1972)

Louis Ferdinand (1907–1994)
*Chef des Hauses Hohenzollern
seit 1951*
⚭ 1938 Kira Kirillowna
Gfstn. v. Rußland (1909–1967)

Hubertus (1909–1950)
⚭ 1) 1941 Maria Anna Freiin
v. Humbold-Dahroeden
2) 1943 Magdalena Przn. Reuß

Friedrich Wilhelm (* 1939)
⚭ 1) 1967 Waltraud Freydag
2) 1976 Ehrengard v. Reden

Michael (* 1940)
⚭ 1) 1966 Jutta Jörn
2) 1982 Brigitte Dallwitz-
Wegner

Marie Cécile (* 1942)
⚭ 1965 Friedrich August
Hzg. v. Oldenburg
(⚮ 1989)

Kira (* 1943)
⚭ 1973 Thomas Frank
Liepsner (⚮ 1984)

DIE DEUTSCHEN KAISERPAARE UND IHRE NACHKOMMEN
(19.–20. Jahrhundert)

Viktoria (1864–1929)
⊙ 1) 1890 Adolf v.
Schaumburg-Lippe
2) 1927 Alexander Zoubkoff

Waldemar (1866–1879)

Sophie (1870–1932)
⊙ 1889 Konstantin I.
Kg. v. Griechenland

Margarete (1872–1954)
⊙ 1893 Friedrich Karl
Ldgf. v. Hessen

Oskar (1888–1959)
⊙ 1914 Ina Marie
Gfn. v. Bassewitz

Joachim (1890–1920)
⊙ 1916 Maria Auguste
Przn. v. Anhalt

Viktoria Luise (1892–1980)
⊙ 1913 Ernst August
Prz. v. Hannover,
Hzg. v. Braunschweig

riedrich (1911–1966)
945 Lady Brigid Guinness

Alexandrine (1915–1980)

Cecilie (1917–1975)
⊙ 1949 C. K. Harris

is Ferdinand (1944–1977)
⊙ 1975 Donata Gfn. zu
Castell-Rüdenhausen

Christian Sigismund (* 1946)
⊙ 1984 Nina Gfn. zu
Reventlow

Xenia (1949–1992)
⊙ 1973 Per-Edvard
Lithander (⊙|⊙ 1978)

Georg Friedrich (* 1976)
f des Hauses Hohenzollern
seit 1994

Anhang

Zeittafel

1640–1688	Regierung Friedrich Wilhelms, des Großen Kurfürsten
1660	Das Herzogtum Preußen wird souveräner Staat
1701	Preußen wird Königreich
1713–1740	Regierung Friedrich Wilhelms I., des Soldatenkönigs
1740–1786	Regierung Friedrichs II. des Großen
1786–1997	Regierung Friedrich Wilhelms II. von Preußen
1797, 22. März	Geburt Wilhelms von Preußen, des späteren deutschen Kaisers Wilhelm I.
1997–1840	Regierung Friedrich Wilhelms III.
1806	Auflösung des Heiligen Römischen Reiches Deutscher Nation – Niederlage bei Jena und Auerstedt – Zusammenbruch Preußens
1810	Tod der Königin Luise von Preußen (1776–1810)
1811	Geburt der Prinzessin Augusta von Sachsen-Weimar-Eisenach
1813/15	Befreiungskriege
1814/15	Wiener Kongreß
1815	Gründung des Deutschen Bundes
1815, 10. Februar	Rheinland und Westfalen kommen zu Preußen
1816	Sachsen-Weimar erhält als erster deutscher Staat eine Verfassung
1817	Wartburgfest
1819	Ermordung Kotzebues – Karlsbader Beschlüsse
1821–1829	Griechischer Befreiungskampf
1829, 11. Juni	Hochzeit von Augusta und Prinz Wilhelm von Preußen
1830	Französische Julirevolution
1831, 18. Oktober	Geburt Friedrich Wilhelms, des späteren Kaisers Friedrich III.
1832	Hambacher Fest
1837	Göttinger Sieben
1840, 10. Februar	Hochzeit der Queen Victoria von England (1819–1901), Königin seit 1837, mit Albert von Sachsen-Coburg-Gotha (1819–1861)
1840, 7. Juni	Tod Friedrich Wilhelms III. F.W.IV. wird König von Preußen
1840, 20. November	Geburt der Princess Royal Victoria von England
1847, 22. April	Hungerrevolte in Berlin
1847	Vereinigter Landtag in Preußen
1848, 18. März	Beginn der Revolution in Berlin

1848, 22. März	Flucht Prinz Wilhelms nach England
1848, Dezember	Preußen erhält eine oktroyierte Verfassung
1848–1850	Erster Deutsch-Dänischer Krieg
1849	Badisch-Pfälzischer Krieg, Baden bleibt bis 1852 unter preußischer Besatzung
1850	Ernennung Wilhelms zum Generalgouverneur der Rheinprovinz, Umzug Wilhelms und Augustas nach Koblenz
1851	Weltausstellung in London
1854–1856	Krimkrieg
1858, 25. Januar	Hochzeit der Princess Royal Victoria von England mit Friedrich Wilhelm von Preußen
1858, 7. Oktober	Wilhelm wird anstelle seines kranken Bruders Friedrich Wilhelm IV. als Regent eingesetzt – Beginn der »Neuen Ära«
1858, 22. Oktober	Geburt Auguste Viktorias von Schleswig-Holstein-Sonderburg-Augustenburg
1859, 27. Januar	Geburt Wilhelms von Preußen, des späteren deutschen Kaisers Wilhelm II.
1859–1861	Italienischer Einigungskrieg
1861, 2. Januar	Tod König Friedrich Wilhelms IV. von Preußen, sein Nachfolger wird Wilhelm I.
1861, 14. Dezember	Tod Alberts von Sachsen-Coburg-Gotha, Prinzgemahl der Queen von England
1862, 22. September	Ernennung Otto von Bismarcks (1815–1898) zum preußischen Ministerpräsidenten
1863, 1. Juni	Aufhebung der Pressefreiheit in Preußen, Danziger Rede des Kronprinzen
1864	Krieg Österreichs und Preußens gegen Dänemark, Erste Genfer Konvention, Gründung des Roten Kreuzes
1866	Krieg Preußens gegen Österreich, Niederlage Österreichs, muß den Deutschen Bund verlassen, Schleswig-Holstein wird Preußen einverleibt
1867	Gründung des Norddeutschen Bundes
1870, 19. Juli	Kriegserklärung Frankreichs an Preußen aufgrund der »Emser Depesche«
1870/71	Deutsch-Französischer Krieg
1871, 18. Januar	Gründung des Deutschen Reiches, Kaiserproklamation
1871–1878	Kulturkampf
1878	Berliner Kongreß zur Lösung der Balkanfrage
1881, 27. Februar	Hochzeit Auguste Viktorias von Schleswig-Holstein-Sonderburg-Augustenburg mit Wilhelm von Preußen
1882, 6. Mai	Geburt des Kronprinzen Wilhelm
1883–1889	Bismarcks Sozialgesetzgebung
1887	Rückversicherungsvertrag mit Rußland
1888, 9. März	Tod Kaiser Wilhelms I.
1888, 15. Juni	Tod Kaiser Friedrichs III.

1890, 7. Januar	Tod der Kaiserin Augusta
1890	Entlassung Bismarcks – Rückversicherungsvertrag mit Rußland wird nicht erneuert
1901, 5. August	Tod der Kaiserin Friedrich (Victoria)
1908	Daily-Telegraph-Affäre
1914–1918	Erster Weltkrieg
1917	Friedensversuche – Kriegseintritt der USA – Russische Revolution
1918, November	Friede von Brest-Litowsk – Zusammenbruch der Mittelmächte – Revolution in Berlin – Max von Baden ruft die Republik aus – Auguste Viktoria verläßt Potsdam, um dem Exkaiser ins Exil nach Amerongen zu folgen
1919	Versailler Vertrag – Nationalversammlung in Weimar Weimarer Verfassung – Friedrich Ebert wird erster deutscher Reichspräsident
1920, Mai	Umzug von Auguste Viktoria und Wilhelm nach Doorn
1921, 11. April	Tod der ehemaligen Kaiserin Auguste Viktoria
1922, 5. November	Der ehemalige deutsche Kaiser heiratet Hermine von Schöneich-Carolath
1923, 13. November	Der ehemalige Kronprinz Wilhelm kehrt aus dem Exil nach Deutschland zurück
1929	Weltwirtschaftskrise
1933	Machtergreifung Hitlers
1939–1945	Zweiter Weltkrieg
1941, 4. Juni	Tod des ehemaligen deutschen Kaisers Wilhelm II.
1947, 25. Februar	Der Staat Preußen wird durch Alliierten-Kontrollratsbeschluß für aufgelöst erklärt

Quellen- und Literaturverzeichnis

Geheimes Staatsarchiv Preußischer Kulturbesitz, Berlin
Bestände des Brandenburg-Preußischen Hausarchivs Rep. 51–53:
- Briefwechsel Augusta/Wilhelm (I.) 1828–1850
  Rep. 51, Nr. 105, 839, 840, 841, 231
- Briefwechsel Augusta/Auguste Viktoria 1882–1889
  Rep. 51, T Lit P Nr. 11c
- Briefwechsel Victoria/Auguste Viktoria 1882–1890
  Rep. 52 T Nr. 2
- Briefe Auguste Viktorias an Wilhelm (II.) 1880–1914
  Rep. 53 Preußen an W. II.
- Briefe Victorias an Wilhelm (II.)
  Rep. 52 T Nr. 13
- Briefe Dr. Georg Hinzpeters an Auguste Viktoria 1881/82
  Rep. 53a Nr. 21,3/I–XI
- Dokumente zur geplanten Heirat Wilhelms (I.) und Elisas
  Rep. 51 Nr. 16
- Bericht Dr. Martins über die Entbindung Victorias 1859
  Rep. 53a Nr. 9
- aus dem Nachlaß Auguste Viktorias
  Rep. 53 Nr. 159
- Zeitungsausschnitte Rep. 52 S III b 2

Albert – aus dem politischen Briefwechsel des deutschen Kaisers mit dem Prinzgemahl von England 1854–1861, Gotha 1881
Aretz, A., Die Frauen der Hohenzollern, Berlin 1933
Aufermann, Marie Luise, Der persönliche Anteil der Kaiserin Friedrich an der deutschen Politik, Diss. Münster 1932
Kaiserin Augusta, ein Charakterbild, Berlin 1890
Königin Augusta von Preußen, Bekenntnisse an eine Freundin, Aufzeichnungen aus ihrer Freundschaft mit Jenny von Gustedt, Dresden 1935 (Fälschung!)
Balfour, Michael, Kaiser Wilhelm II. und seine Zeit, dt. Frankfurt a. M. 1967
Barkeley Richard, Die Kaiserin Friedrich. Mutter Wilhelms II., dt. Dordrecht 1959
Gräfin Bentinck s. Ilsemann
Beuys, Barbara, Familienleben in Deutschland. Neue Bilder aus der deutschen Vergangenheit, Hamburg 1984
Bismarck, Otto von, Gedanken und Erinnerungen, Stuttgart 1961
–, Die gesammelten Werke, Band V Politische Schriften, Berlin 1928, Band VII Gespräche, Berlin 1924, Band VIII Gespräche, Berlin 1926, Band IX Gespräche, Berlin 1926
Blasius, Dirk, Friedrich Wilhelm IV. 1795–1861, Psychopathologie und Geschichte, Göttingen 1992
Bojanowski, Paul von, Weimar und die Kaiserin Augusta, Weimar 1911

Bornhak, Friederike Charlotte, Kaiserin Augusta. Züge aus einem fürstlichen Frauenleben, Berlin 1886
–, Kaiserin Augusta, Berlin 1889
–, Die Fürstinnen auf dem Thron der Hohenzollern in Brandenburg-Preußen, Berlin 1889
Bosbach, Heinz, Fürst Bismarck und die Kaiserin Augusta, Diss. Köln 1936
Bülow, Bernhard Fürst von, Denkwürdigkeiten, 4 Bde., Berlin 1930–31, hg. von Franz von Stockkammern
Bülow, Paula von, Aus verklungenen Zeiten 1833–1920, Leipzig 1924, hg. von Johannes Werner
Bunsen, Marie von, Kaiserin Augusta, Berlin 1940; darin auch Auszüge aus dem Briefwechsel Augustas mit ihrem Bruder Karl Alexander
Campe, Joachim Heinrich, Väterlicher Rat für meine Tochter, Braunschweig 1789
Cecilie, Kronprinzessin, Erinnerungen, Leipzig 1930
–, Erinnerungen an den deutschen Kronprinz, Biberach 1952
Corti, Egon Caesar, Wenn ... Sendung und Schicksal einer Kaiserin, Graz 1954
–, Alexander von Battenberg. Sein Kampf mit dem Zaren und Bismarck, Wien 1920
Delbrück, Hans, Kaiserin Friedrich, in: Preußische Jahrbücher Bd. 106/1901
–, Erinnerungen an Kaiser Friedrich und sein Haus, in: Preußische Jahrbücher Bd. 62/1888
–, Die Beschießung von Paris, in: Preußische Jahrbücher Bd. 68/1891
Denkwürdigkeiten des Fürsten Chlodwig zu Hohenlohe-Schillingsfürst, 2 Bde., Stuttgart 1907
Deutscher Hausschatz, Jg. 15 (1888/89), 16 (1889/90), 17 (1890/91), 27 (1900/01), 34 (1907/08), 42 (1918/19), Regensburg/New York/Cincinnati
Duncker, Max, Politischer Briefwechsel aus seinem Nachlaß, hg. von Johannes Schultze, Berlin 1923
Ernst II., Herzog von Sachsen-Coburg-Gotha, Aus meinem Leben und aus meiner Zeit, Berlin 1889
Eschenburg, Harald, Prinz Heinrich von Preußen. Der Großadmiral im Schatten des Kaisers, Heide 1989
Eulenburg-Hertefeld, Philipp Fürst zu, Erinnerungen, Tagebücher und Briefe aus seinem Nachlaß, Berlin 2. Aufl. 1925
–, Erlebnisse an deutschen und fremden Höfen, 2 Bde., Leipzig 1934
Evers, Ernst, Auguste Viktoria. Das Lebensbild der deutschen Kaiserin, Berlin 1897
Fels, Lucie, Die Kaiserin Friedrich im Urteil ihrer Zeitgenossen, Düsseldorf 1927
Fischer, Henry W. (Hg.), Private Lives of William II. and his Consort and Secret History of the Court of Berlin. June 1888–Spring 1889, 1904
Fischer-Fabian, S., Herrliche Zeiten. Die Deutschen und ihr Kaiserreich, München 1983
Kaiser Friedrich III., Tagebücher von 1848–1866, hg. von H. O. Meisner, Leipzig 1929

Kaiser Friedrichs Kriegstagebuch von 1870/71. Mit Einleitung und Aktenstükken von Eduard Engel, Halle 1919
Kaiser Friedrich III., Katalog zur Ausstellung des Geheimen Staatsarchivs Preußischer Kulturbesitz anläßlich der 100. Wiederkehr des Dreikaiserjahres 1888, Berlin 1988
Friedrich Wilhelm, Prinz von Preußen, Die Hohenzollern und der Nationalsozialismus, Diss. München 1984
Gall, Lothar, Bismarck. Der weiße Revolutionär, Berlin 1985
Gutsche, Willibald, Ein Kaiser im Exil. Der letzte deutsche Kaiser Wilhelm II. in Holland. Eine kritische Biographie, Marburg 1991
– und Petzold, Joachim, Das Verhältnis der Hohenzollern zum Faschismus, in: ZfG 10/1981
Häußner, Josef, Friedrich der Große, Königin Luise, Kaiser Wilhelm I., Kaiserin Augusta, Karlsruhe 1912
Herder, Johann Gottfried, Sämtliche Werke, 33 Bde., hg. von Bernhard Suphan, Berlin 1877–1913, Bd. 17/18 Briefe über Humanität
Herre, Franz, Friedrich III. Deutschlands liberale Hoffnung, Stuttgart 1987
Herre, Paul, Kronprinz Wilhelm. Seine Rolle in der deutschen Politik, München 1954
Hinzpeter, Georg, Kaiser Wilhelm II. Eine Studie nach der Natur gezeichnet, Bielefeld 1888
Hölscher-Lohmeyer, Dorothea, Johann Wolfgang Goethe, München 1991
Hug, Wolfgang, Geschichte Badens, Stuttgart 1992
Ilsemann, Sigurd von, Der Kaiser in Holland. Amerongen und Doorn 1918–1923. Aufzeichnungen des letzten Flügeladjutanten Kaiser Wilhelms II. Darin auch die Tagebuchaufzeichnungen der Gräfin Bentinck, München 1967
Jessen, Jarno, Die Kaiserin Friedrich, Berlin 1907
Keller, Mathilde Gräfin von, Vierzig Jahre im Dienst der Kaiserin. Ein Kulturbild aus den Jahren 1881–1921, Leipzig 1935
Kracke, Friedrich, Prinz und Kaiser. Wilhelm II. im Urteil seiner Zeit, München 1960
Kürenberg, Joachim von, War alles falsch? Das Leben Kaiser Wilhelms II., Bonn 1952
Lage, Bertha von der, Kaiserin Friedrich und ihr Wirken für Vaterland und Volk, Gera, Leipzig 1888
Lalor, William Mead, The tragic love of Elisa Radziwill, in: Royalty Digest (October 1996)
Leinhaas, G. U., Kaiserin Friedrich. Ein Charakter- und Lebensbild, Diessen 1914
Lindenberg, Paul, Kaiserin Auguste Viktoria, Berlin 1933
Louis Ferdinand, Prinz von Preußen, Die Geschichte meines Lebens, Göttingen 2. Aufl. 1969
Louise Sophie, Prinzessin von Preußen, Behind the Scenes at the Prussian Court, London 1939
Mehle, Ferdinand, Der Kriminalfall Kaspar Hauser, Kehl 1994

Meyer, Arnold Oskar, Kaiserin Auguste Viktoria. Gedächtnisworte, Leipzig 1921
–, Kaiserin Friedrich und Bismarck, in: Süddeutsche Monatshefte 11/1929
Nelson, Walter Henry, Die Hohenzollern. Biographie eines königlichen Hauses, München 1970
Nowakowski, Tadeusz, The Radziwills, U. S. 1974
Petersdorff, Hermann von, Kaiserin Augusta, Leipzig 1900
Pleticha, Heinrich (Hg.), Das klassische Weimar. Texte und Zeugnisse, München 1983
Ponsonby, Sir Frederick (Hg.), Letters of the Empress Frederick, London 1928, deutsch: Briefe der Kaiserin Friedrich, Wien o. J.
Pless, Daisy Princess of, Daisy of Pless, by Herself, London 1931
–, What I left Unsaid, London 1936
Radziwill, Prinzessin Marie Dorothee Elisabeth. Briefe vom deutschen Kaiserhof, Berlin 1936
Reischach, Hugo Freiherr von, Unter drei Kaisern, Berlin 1925
Röhl, John C. G., Wilhelm II. Die Jugend des Kaisers 1859–1888, München 1993
–, Kaiser, Hof und Staat. Wilhelm II. und die deutsche Politik, München 1995
Russell, John, Reisen durch Deutschland und einige südliche Provinzen Österreichs in den Jahren 1820, 1821 und 1822, Leipzig 1825
Salway, Lance, Queen Victoria's Grandchildren, London 1991
Schmidt, August, Lang war der Weg, Bochum 1958
Schrader, Otto, Augusta, Herzogin zu Sachsen, die erste deutsche Kaiserin, Weimar 1890
Schuster, Georg/Ballieu, Paul, Aus dem literarischen Nachlaß der Kaiserin Augusta, Berlin 1912
Sinclair, Andrew, Victoria. Kaiserin für 99 Tage, dt. Frankfurt 1983
Das Tagebuch der Baronin Spitzemberg. Aufzeichnungen aus der Hofgesellschaft des Hohenzollernreiches 1859–1914. Hg. von Rudolf Vierhaus, Göttingen 1970
Stockmar, Friedrich Christian von, Denkwürdigkeiten, Braunschweig 1872
Tümmler, Hans, Carl August von Weimar, Goethes Freund, Stuttgart 1978
Königin Victorias Briefwechsel und Tagebücher, übersetzt von M. Plüddemann, 2 Bde., Berlin 1908
Königin Victorias Briefwechsel und Tagebuchblätter während der Jahre 1862–1878, übersetzt von Richard Lennox, Berlin 1926
– Your dear letter. Private Correspondence of Queen Victoria with the Crown Princess of Prussia 1865–1871, London 1971
– Dearest Child. Letters between Queen Victoria and the Princess Royal 1858–1861, London 1964
– Darling Child. Private Correspondence of Queen Victoria and the Crown Princess of Prussia 1871–1878, London 1976
– Dearest Mama. Letters between Queen Victoria and the Crown Princess of Prussia, London 1968
Viktoria Luise, Herzogin zu Braunschweig und Lüneburg, Ein Leben als Tochter des Kaisers, Göttingen 1965

–, Im Glanz der Krone, Göttingen 1967
–, Bilder aus der Kaiserzeit, Göttingen 1969
–, Deutschlands letzte Kaiserin, Göttingen 1971
–, Im Strom der Zeit, Göttingen 1974
–, Die Kronprinzessin, Göttingen 1977
Vogel, Werner, Führer durch die Geschichte Berlins, Berlin 3. Aufl. 1985
Walburga, Lady Paget, Scenes and Memories, London 1912.
Whittle, Kaiser Wilhelm II. The last Kaiser, London 1977, dt. München 1979
Briefe Kaiser Wilhelms I. Hg. von Erich Brandenburg, Leipzig 1911
Prinz Wilhelm von Preußen an Charlotte, Briefe 1817–1860, hg. von Karl Heinz Börner, Berlin 1993
Wilhelm, Kronprinz, Erinnerungen, Stuttgart 1922
Wilhelm II., Aus meinem Leben 1859–1888, Berlin 1927
Wilhelm II., Meine Vorfahren, Berlin 1929
Wölfling, V., Reise durch Thüringen, den ober- und niederrheinischen Kreis, nebst Bemerkungen über die Staatsverfassung, öffentliche Anstalten, Gewerbe, Kultur, Sitten, Dresden 1796
Zubkov, Victoria, Palais Schaumburg, Bonn, Koblenzer Str. 141 Konkursmasse, Köln 1929

Personenregister

Kursiv gesetzte Zahlen geben die Abbildungsseiten wieder.

Abdul Hamid II. (1842–1918), Sultan des Osman. Reiches (1876–1909) 229f.

Adalbert (1884–1948), Prz. v. Preußen, Sohn v. Ksn. Auguste Viktoria 208, 250, 254, 257, 259, *213*

Adelheid zu Hohenlohe-Langenburg (1835–1900), ⚭ Friedrich v. Schleswig Holstein-Sonderburg-Augustenburg, Mutter v. Ksn. Auguste Viktoria 194ff., *197*

Adelheid v. Sachsen-Meiningen (1891–1971), ⚭ Adalbert, Prz. v. Preußen 254

Adolf v. Schaumburg-Lippe († 1916), ⚭ Przn. Victoria »Moretta« v. Preußen 180

Albert v. Sachsen-Coburg-Gotha (1819–1861), Gem. v. Queen Victoria v. England, Vater v. »Kaiserin Friedrich« 62, 69, 107ff., 116ff., 121, 123ff., 129ff., 139, 144ff., 153

Alexander I. (1777–1825), Zar v. Rußland (1801–25) 25, 40

Alexander II. (1818–1881), Zar v. Rußland (1855–81) 169

Alexander (1893–1920), Kg. v. Griechenland (1917–20) Sohn v. Kg. Konstantin und Sophie v. Preußen 183f.

Alexander (»Sandro«) v. Battenberg (1857–1893), Regent v. Bulgarien (1878–86), Verlobter v. Victoria »Moretta« v. Preußen 168ff., 180, 216

Alexander v. Hessen, General, Vater v. Alexander v. Battenberg 169

Alexandra (1844–1925), Przn. v. Dänemark, Kgn. v. Großbritannien (1901–1910), ⚭ Edward VII. 152, 182

Alexandra (1872–1918), Przn. Alix v. Hessen, Zarin v. Rußland (1894–1917) (russ.: Alexandra Feodorowna), ⚭ Zar Nikolaus II. 180, 228

Alexandrine (1803–1892), Schwester Ks. Wilhelms I., ⚭ Paul Friedrich Ghzg. v. Mecklenburg 44

Alexandrine (1915–1980), Tochter v. Kronprz. Wilhelm 254

Alfons XII. (1857–1885), Kg. v. Spanien (1874–85) 92

Alfred (»Affie«) (1844–1900), Bruder v. »Ksn. Friedrich« 118

Alice (1843–1878), Ghzgn. v. Hessen, Schwester v. »Ksn. Friedrich« 154, 161, 169, 180, 198

Allende, Isabel, chil. Schriftstellerin (*1942) 143

Amalie, Przn. v. Schleswig-Holstein-Sonderburg-Augustenburg, Tante v. Ksn. Auguste Viktoria 198

Angeli, Heinrich v. (1840–1925), Hofmaler 160

Anna Amalia (1739–1810), Hzgn. v. Sachsen-Weimar, Urgroßmutter v. Ksn. Augusta 21f.

Anne Marie (*1946), Przn. v. Schleswig-Hostein-Sonderburg-Glücksburg, Kgn. v. Griechenland (1964–1967), ⚭ Konstantin II. v. Griechenland 185

Arndt, Ernst Moritz (1769–1860), dt. Dichter und Geschichtsprofessor 54f.

Attlee, Clemens Richard Earl of (1883–1967), engl. Labourführer und Premierminister (1945–51) 254

August Wilhelm (»Auwi«) (1887–1949), Prz. v. Preußen, Sohn v. Ksn. Auguste Viktoria 208, 210f., 231, 249, 257, 259f., *213*

Augusta (1811–1890), Przn. v. Sach-

sen-Weimar-Eisenach, Kgn. v.
Preußen seit 1861, dt. Ksn.
(1871–1888), Gem. Ks. Wilhelms I.   9 f., 13–103, 118, 121,
129, 132, 142 f., 148, 151, 157 ff.,
165, 168, 186 f., 194, 202, 204, 218,
223, *43*
Auguste Viktoria (»Dona«)
(1858–1921), Przn. v. Schleswig-Holstein-Sonderburg-Augustenburg, dt. Ksn. (1888–1918), Gem.
Ks. Wilhelms II.   9 ff., 163 f., 167,
183, 187, 191–260, *213*

Ballin, Albert (1857–1918), Reeder,
Vorsitzender der HAPAG   239
Bassewitz, Ina Marie v. (1888–1973),
morganatische Ehefrau v. Prz. Oskar v. Preußen   255
Batsch, Amalie († 1847), Kinderfrau
Ksn. Augustas in Weimar   16
Beacon, Gladys, Geliebte v. Kronprz.
Wilhelm   234
Beatrice (1857–1944), Schwester v.
»Ksn. Friedrich«   133, 169
Beauharnais, Stéphanie (1789–1860),
Adoptivtochter Napoleons I., ⚭
Erbprz. Karl v. Baden   70
Bentinck, Godard, Gf., Gastgeber des
ehem. dt. Kaiserpaares in Amerongen 1918–1920   243, 246
–, Gfn., Tochter Gf. Bentincks, spätere Gem. Sigurds v. Ilsemann
245, 247, 250
Bergmann, Ernst v., Arzt   171
Bernhard v. Sachsen-Meiningen, ⚭
Przn. Charlotte v. Preußen   143
Bethmann Hollweg, August Moritz v.
(1795–1877), Jurist, Kultusminister der »Neuen Ära«   68, 74, 160
–, Theobald v. (1856–1921), dt.
Reichskanzler (1909–1917)
239
Bismarck, Herbert v. (1849–1904),
Sohn Otto v. Bismarcks, Staatssekr. des Auswärtigen Amts
(1886–1890)   167

–, Johanna v. (1824–94), geb. v. Puttkammer, Gem. Otto v. Bismarcks
79
–, Otto v. (1865 Gf., 1871 Fürst)
(1815–98), preuß. Ministerpräs.
seit 1862, dt. Reichskanzler
(1871–90)   9 f., 13, 74, 77 ff.,
81–85, 91, 93 ff., 98, 100, 113,
147 f., 152, 158, 167 f., 170, 178,
195, 199 f., 201, 212, 235
Blumenthal, Leonhard Gf. v.
(1810–1900), preuß. General   93
Bonin, Eduard v. (1793–1865),
preuß. Kriegsminister   1858/59
76
Brockhausen, Emilie v., Hofdame v.
Kronprzn. Elisabeth   30
Bülow, Bernhard Fürst v.
(1849–1929), dt. Reichskanzler
(1900–1909)   211, 233, 236 f.
Büring, J. G., preuß. Baumeister
144
Bunsen, Christian Karl Josias Frhr. v.,
preuß. Gesandter in England   117
Byron, Georg Gordon Noel
(1788–1824), engl. Dichter   182

Campe, Joachim Heinrich
(1746–1818), Pädagoge   20
Carl Friedrich v. Sachsen-Weimar-Eisenach (1783–1853), Großhzg.
(1828–53), Vater v. Ksn. Augusta
15 f., 27
Carolina Mathilde (»Calma«), Przn.
v. Schleswig-Holstein-Sonderburg-Augustenburg, Schwester v. Ksn.
Auguste Viktoria   195, 200, 206,
213
Cecilie (1886–1954), Przn. v. Mecklenburg-Schwerin, dt. Kronprzn.
(1905–1918), ⚭ Wilhelm v. Preußen   235, 254 ff., 260
Cecilie (1917–1975), Przn. v. Preußen, Tochter v. Kronprz. Wilhelm
254, 261
Charlotte (1796–1817), Tochter Kg.
Georges III. v. England, brit.

Thronfolgerin, ⚭ Leopold v. Sachsen-Coburg-Gotha 110 ff.
Charlotte (1798–1860), Schwester Ks. Wilhelms I., ⚭ Nikolaus I. Zar v. Rußland (russ.: Alexandra Feodorowna) 28 f., 30, 33, 40, 45 f., 51, 61, 86
Charlotte (1860–1919), Przn. v. Preußen, Tochter v. »Ksn. Friedrich« 141 ff., 154, 162, 200, 207, 216
Christian IX. (1818–1906), Prz. v. Schleswig-Holstein-Sonderburg-Glücksburg, Kg. v. Dänemark (1863–1906) 81, 193 f.
Christian v. Schleswig-Holstein-Sonderburg-Augustenburg (1833–1917), ⚭ Helena v. England, Onkel v. Ksn. Auguste Viktoria 198, 200
Christoph v. Hessen, Sohn von Margarete v. Preußen und Friedrich Karl von Hessen 186
Clark, Sir James, Kgl. brit. Leibarzt 133
Creneville, Gf. Franz v. 89

Darwin, Charles (1809–1892), engl. Naturforscher, Begründer der Evolutionstheorie 226
»Dona« s. Auguste Viktoria
Donata (*1950), Gfn. zu Castell-Rüdenhausen, ⚭ 1) Louis Ferdinand v. Preußen († 1977), ⚭ 2) Friedrich August v. Oldenburg 261
Dorothea Auguste v. Württemberg (1759–1828), ⚭ Paul I., Zar v. Rußland (russ.: Maria Fedorowna), Großmutter v. Ksn. Augusta 25
Dunant, Henri (1828–1910), Begründer des Roten Kreuzes 89
Duncker, Max (1811–1886), Historiker und Publizist 68, 74, 160

Edward (1767–1820), Hzg. v. Kent, ⚭ Victoria (»Victoire«) v. Sachsen-Coburg, Großvater v. »Ksn. Friedrich« 112, 114, 194
Edward VII. (»Bertie«) (1841–1910), Kg. v. England (1901–10), Bruder v. »Ksn. Friedrich« 109, 117, 139, 152, 158, 189, 228, 234, 236
Eitel Friedrich (1883–1942), Prz. v. Preußen, Sohn v. Ksn. Auguste Viktoria 208, 242, 257, 259
Elisabeth (1801–1873), Przn. v. Bayern, Kgn. v. Preußen (1840–61), Gem. v. Kg. Friedrich Wilhelm IV. 30, 38, 41, 44, 66
Elisabeth (»Sisi«) (1837–1898), Ksn. v. Österreich, ⚭ Ks. Franz Joseph 9
Elisabeth (»Ella«) (1864–1918), Przn. v. Hessen, Großfürstin v. Rußland 198 f.
Ernst I. (1784–1844), Hzg. v. Sachsen-Coburg-Gotha, Großvater v. »Ksn. Friedrich« 113 f.
Ernst II. (1818–1893), Hzg. v. Sachsen-Coburg-Gotha (1844–1893) 117
Ernst v. Sachsen-Meiningen 198
Ernst-August (1887–1953), Hzg. v. Braunschweig, Lüneburg und Hannover, ⚭ Viktoria Luise v. Preußen 254, 257
Ernst-Günther v. Schleswig-Holstein-Sonderburg-Augustenburg, Bruder v. Ksn. Auguste Viktoria 195
Eulenburg-Hertefeld, Philipp Fürst zu (1847–1921), dt. Diplomat 35, 68, 174, 207, 211, 231

Farrar, Geraldine, Geliebte v. Kronprz. Wilhelm 235
Feodora (1807–1870), Przn. zu Leiningen, Großmutter v. Ksn. Auguste Viktoria 194
Feodora (1879–1919), Tochter v. Charlotte v. Preußen, Enkelin v. »Ksn. Friedrich« 144, 162
Feodora, Schwester v. Ksn. Auguste Viktoria 195

Ferdinand v. Sachsen-Coburg-Gotha (1861–1948), Kg. v. Bulgarien (1887–1918) 170
Feuerbach, Paul Johann Anselm (1775–1833), Rechtsgelehrter 70
Flottwell, Eduard Heinrich v. (1786–1865), preuß. Staatsmann, Innenminister 1858 74
Franz Joseph I. (1830–1916), Ks. v. Österreich (1848–1916) 228
Franz Joseph (1916–1975), Sohn v. Joachim v. Preußen, Enkel v. Ksn. Auguste Viktoria 250, 261
Freud, Sigmund (1856–1939), Begründer der Psychoanalyse 138
Freytag, Gustav (1816–1895), Schriftsteller 160, 165
Friederike (1917–1981), Kaiserenkelin, Tochter v. Viktoria Luise, Prz. v. Braunschweig und Lüneburg, ⚭ Paul Kg. v. Griechenland 184, 258
Friederike Luise (1751–1805), Prz. v. Hessen-Darmstadt, Kgn. v. Preußen, ⚭ Kg. Friedrich Wilhelm II. 25
Friedrich II. der Große (1712–1786), Kg. v. Preußen (1740–1786) 10, 36
Friedrich III. = Friedrich Wilhelm v. Preußen (»Fritz«) (1831–1888), Dt. Ks. 1888, ⚭ Victoria v. England (»Kaiserin Friedrich«) 9 f., 47 ff., 59, 65, 73, 97 f., 102, 120 ff., 126 ff., 134, 140, 142, 152 f., 155 f., 159, 162, 165, 169, 170–178, 185, 194, 216
»Friedrich«, dt. Ksn., s. Victoria (»Vicky«)
Friedrich VII., Kg. v. Dänemark (1848–1863) 194
Friedrich VIII. (1829–1880), Hzg. v. Schleswig-Holstein, Vater v. Ksn. Auguste Viktoria 81, 163, 193 ff., 201, *197*
Friedrich I. (1826–1907), Großhzg. v. Baden (1852–1907), ⚭ Przn. Luise v. Preußen 71 f.
Friedrich (1911–1966), Prz. v. Preußen, Sohn v. Kronprz. Wilhelm 254, 259
Friedrich Franz III., Großhzg. v. Mecklenburg-Schwerin, Vater v. Kronprzn. Cecilie 235
Friedrich Karl (1828–1885), Prz. v. Preußen, Neffe v. Ksn. Augusta 135
Friedrich Karl Ldgf. v. Hessen (»Fischy«), ⚭ Przn. Margarete v. Preußen 185
Friedrich Wilhelm v. Brandenburg, der »Große Kurfürst« (1620–1688) Regent 1640–1688 36
Friedrich Wilhelm I., »Soldatenkönig« (1688–1740), Kg. v. Preußen (1713–1740) 36 f.
Friedrich Wilhelm II. (1744–1797), Kg. v. Preußen (1786–97) 25, 206
Friedrich Wilhelm III. (1770–1840), Kg. v. Preußen (1797–1840) 25, 27, 29 f., 37, 41, 53 ff., 64
Friedrich Wilhelm IV. (1795–1861), Kg. v. Preußen (1840–1861) 27, 38, 41, 55 ff., 60, 63, 67, 73, 75, 77, 117, 124, 145
Friedrich Wilhelm s. Wilhelm, dt. Kronprz.
Friedrich Wilhelm v. Hessen (»Frittie«) (1870–1873), Sohn v. Alice v. Hessen 180
Friedrich Wilhelm v. Hessen, Sohn v. Przn. Margarete v. Preußen 186

Georg I. (1845–1913), Kg. v. Griechenland (1863–1913) 181 ff.
Georg II. (1890–1947), Kg. v. Griechenland (1922–1924, 1935–1947) 183 f.
Georg Friedrich (* 1976), Prz. v. Preußen, Chef des Hauses Hohenzollern seit 1994 261

George III. (1738–1820), Kg. v. England (1760–1820) 114, 143, 194
George IV. (1762–1830), Kg. v. England (1820–30), Regent seit 1811 110
Gerhardt, Prof., Arzt 171
Gervinus, Georg Gottfried (1805–1871), Historiker, Politiker und Literaturhistoriker 61
Godet, Witwe, Erzieherin Ks. Friedrichs III. 47
Goerdeler, Carl Friedrich (1884–1945), dt. Widerstandskämpfer 259
Goethe, Johann Wolfgang v. (1749–1832), dt. Dichter, Weimarer Staatsminister 10, 15, 20, 21, 26, 34, 54, 160
Gontard, Karl v. (1731–1791), preuß. Baumeister 144
Grimm, Gebrüder (Jakob 1785–1863, Wilhelm 1786–1859) 54 f.
Guinness, Lady Brigid (geb. 1920), ⚭ Friedrich v. Preußen 259
Gustav V. Adolf, Kg. v. Schweden (1907–1950), ⚭ Victoria, Tochter v. Luise v. Preußen 72

Harris, Kenneth Clyde (1918–1958), ⚭ Cecilie v. Preußen, Tochter v. Kronprz. Wilhelm 261
Hauck, Dr., Arzt 47
Hauptmann, Gerhart (1862–1946), dt. Bühnendichter und Erzähler 56
Hauser, Kaspar (ca. 1812–1833), Findelkind 70 f.
Heine, Heinrich (1797–1856), dt. Dichter 160
Heinrich (1862–1929), Prz. v. Preußen, Sohn v. Ksn. Friedrich, ⚭ Irene v. Hessen 141, 147, 153 ff., 167, 179 f., *213*
Heinrich, Prz. v. Preußen, Sohn v. Heinrich v. Preußen und Irene v. Hessen 180

Heinrich v. Battenberg (1858–1896), ⚭ Beatrice v. England 169
Heinrich XXX. v. Reuß, ⚭ Feodora, Enkelin v. »Ksn. Friedrich« 144
Heinrich IV. (v. Navarra) (1553–1610), Kg. v. Frankreich (1589–1610) 198
Helena v. England (1846–1923), Schwester v. »Ksn. Friedrich« 198, 200
Henriette v. Schönaich-Carolath (1918–1972), Tochter v. Hermine v. Reuß, ⚭ Franz Joseph v. Preußen 261
Herder, Johann Gottfried (1744–1801), dt. Schriftsteller, Theologe, Geschichtsphilosoph 19, 22
Hermine v. Reuß (»Hermo«) (1887–1947), verw. Schönaich-Carolath, zweite Gemahlin Wilhelms II. 252 f., 256, 259, 261
Hindenburg, Paul von Beneckendorff und v. H. (1847–1934), dt. Generalfeldmarschall (seit 1914), Reichspräsident (seit 1925) 251
Hinzpeter, Dr. Georg (1827–1907), Erzieher und Lehrer Wilhelms II. 154 ff., 223
Hitler, Adolf (1889–1945) 257
Hochberg, Gfn. (1768–1820), eigentl. Luise Freiin Geyer v. Geyersberg, ⚭ Karl Friedrich Großhzg. v. Baden 71
Hoffmann v. Fallersleben (1798–1874), eigentl. August Heinrich Hoffmann, Schriftsteller und Germanist 63
Holstein, Friedrich v. (1837–1909), preuß.-dt. Diplomat 237
Hubertus (1909–1950), Prz. v. Preußen, Sohn v. Kronprz. Wilhelm 254, 257, 261
Humboldt, Alexander Frhr. v. (1769–1859), dt. Naturforscher und Geograph 44, 86

277

Humboldt, Wilhelm Frhr. v. (1767–1835), dt. Gelehrter und Politiker   52

Ihne, Ernst Eberhard (1848–1917), Architekt   188
Ilsemann, Sigurd v., Flügeladjutant Wilhelms II.   252
Innocent, Miss, Hebamme   133
Irene Przn. v. Hessen und bei Rhein (1866–1953), ⚭ Prz. Heinrich v. Preußen   176, 179
Isabella II. (1830–1904), Kgn. v. Spanien (1833–70)   92

Jagemann, Karoline (1777–1848), Schauspielerin, Mätresse Karl Augusts v. Sachsen-Weimar   24
Jahn, Friedrich Ludwig (1778–1852) »Turnvater«, 1848 Mitglied der Frankfurter Nationalversammlung   53
Joachim (1890–1920), Prz. v. Preußen, Sohn v. Ksn. Auguste Viktoria   208, 210, 233, 248f., 255, 261

Kant, Immanuel (1724–1804), dt. Philosoph   74
Karl (1801–1883), Prz. v. Preußen, ⚭ Marie v. Sachsen-Weimar-Eisenach, Schwager Ksn. Augustas   27f., 62, 78
Karl v. Baden, ⚭ Stéphanie Beauharnais   70
Karl v. Leiningen (1804–1856), Mitglied d. »Coburger Kreises«   117
Karl Alexander (1818–1890), Großhzg. v. Sachsen-Weimar (1853–1890), Bruder Ksn. Augustas   16, 86, 186
Karl Anton v. Hohenzollern-Sigmaringen (1811–1885), preuß. Ministerpräsident (1848–1862)   74
Karl August (1757–1828), Großhzg. v. Sachsen-Weimar (1775–1828), Großvater Ksn. Augustas   15, 21ff., 27f., 39, 49, 52

Karl Emrich Fürst zu Leitungen (1763–1814), erster Gem. v. Victoire, der Mutter Kgn. Victorias v. England   117, 194
Karl Friedrich, Augustas Vater, s. Carl Friedrich
Karl Friedrich (1728–1811), Großhzg. v. Baden (1746–1811)   70
Karoline v. Braunschweig-Wolfenbüttel, ⚭ George IV. v. England   110
Karoline v. Hessen-Darmstadt (1728–1783), ⚭ Karl Friedrich, Großhzg. v. Baden   70
Katharina II. die Große (1729–1796), seit 1762 Zarin v. Rußland, Urgroßmutter Ksn. Augustas   15, 25
Keßler, Hofprediger, Erzieher   234
Kira Kirillowna (1909–1967), Großfstn. v. Rußland, Przn. v. Preußen, ⚭ Louis Ferdinand v. Preußen, Chef des Hauses Hohenzollern bis 1994   258
Konstantin I. (1868–1923), Kg. v. Griechenland (1913–1917/ 1920–1922), ⚭ Sophie Przn. v. Preußen   181, 228, 248
Konstantin II. (* 1940), Kg. v. Griechenland (1964–67)   185, 258
Kotzebue, August v. (1761–1819), Lustspieldichter   53
Krupp, Alfred (1812–1887), dt. Industrieller   120
Kruschwitz, Kinderfrau der späteren Ksn. Auguste Viktoria   196

Lange, Helene (1848–1930), Führerin der dt. Frauenbewegung   222
La Rochefoucault, François Duc de (1613–1680), franz. Schriftsteller   160
Lenné, Peter Josef (1789–1866), Generaldirektor der kgl.-preuß. Gärten   49
Leopold (1790–1852), Großhzg. v. Baden (1830–1852)   71f.

Leopold v. England (1853–1884), Bruder v. »Ksn. Friedrich« 119, 180
Leopold v. Hohenzollern-Sigmaringen (1835–1905) 91
Leopold I. v. Sachsen-Coburg-Gotha (1790–1865), Kg. v. Belgien (1831–65), Onkel Queen Victorias v. England und Alberts v. Sachsen-Coburg-Gotha 108, 110 ff., 117 f., 182
Lessing, Gotthold Emphraim (1729–1781), dt. Dichter und Philosoph 160
Lette, Wilhelm-Adolf (1799–1868), Begründer des Lette-Vereins (1866) 161
Liegnitz, Fürstin, geb. Gräfin Auguste Harrach (1800–1873), inorganatische Gattin Kg. Friedrich Wilhelms III. v. Preußen 38, 41
Loisinger, Johanna, Sängerin, ⊕ Alexander v. Battenberg 170
Louis Ferdinand (1907–1994), Prz. v. Preußen, ⊕ Kira Kirillowna, Sohn v. Kronprz. Wilhelm; Chef des Hauses Hohenzollern 1951–1994 254, 256, 258 f., 261
Louis Ferdinand (1944–1977), Prz. v. Preußen, ⊕ Donata Gfn. zu Castell-Rüdenhausen, Sohn v. Louis Ferdinand und Kira Kirillowna 261
Louise, ⊕ Leopold v. Sachsen-Coburg-Gotha, Kg. v. Belgien 113
Louise v. Sachsen-Gotha-Altenburg (1800–1831), ⊕ Ernst I. v. Sachsen-Coburg-Gotha 114
Louis Philipp (1773–1850), franz. Bürgerkönig (1830–1848) 113
Ludendorff, Erich (1865–1937, dt. Heerführer) 240, 251
Ludwig v. Baden, Bruder v. Großhzg. Friedrich 72
Ludwig v. Battenberg (1854–1921), ⊕ Victoria v. Hessen 169

Ludwig I. (1786–1868), Kg. v. Bayern (1825–1848) 182
Ludwig (1837–1892), Großhzg. v. Hessen, ⊕ Alice v. England 161
Luise v. Hessen (1757–1830), Großhzgn. v. Sachsen-Weimar, ⊕ Karl August, Großmutter Ksn. Augustas 23 ff.
Luise v. Preußen (1806–1870), Schwester Ks. Wilhelms I., ⊕ Friedrich Prz. der Niederlande 42
Luise v. Preußen (1838–1923), Großhzgn. v. Baden, ⊕ Friedrich v. Baden, Tochter v. Ksn. Augusta 49, 69, 71, 240
Luise v. Mecklenburg-Strelitz (1776–1810), Kgn. v. Preußen 1797–1810, ⊕ Kg. Friedrich Wilhelm III. 9, 37 f.
Luise Sophie (»Jaja«) v. Schleswig-Holstein-Sonderburg-Augustenburg, Schwester v. Ksn. Auguste Viktoria 195
Luther, Martin (1483–1546), Reformator 21
Lützow, Adolf Frhr. v. (1782–1834), preuß. Reiteroffizier 53

Mackenzie, Sir Morell, Arzt 171 f.
Manos, Aspasia, morganatische Gem. Kg. Alexanders v. Griechenland 184
Manteuffel, Otto Frhr. v. (1805–1882), preuß. Ministerpräsident (1850–1858) 75
Margarete (1872–1954), Przn. v. Preußen, Landgfn. v. Hessen, ⊕ Karl Friedrich, Tochter v. »Ksn. Friedrich« 141, 156, 185
Maria Pawlowna (1786–1859) ⊕ Carl Friedrich, Großhzg. v. Sachsen-Weimar Eisenach, Mutter v. Ksn. Augusta 14 ff., 20, 25, 27, *17*
Marie (1808–1877), Przn. v. Sachsen-Weimar-Eisenach, ⊕ Karl v. Preu-

ßen, Schwester v. Ksn. Augusta 18, 20, 27, 32, 42

Marie-Auguste v. Anhalt (1898–1983), ⚭ Joachim Prz. v. Preußen 248, 255

Martin, Prof. Dr. Eduard (1809–1875), Ordinarius für Frauenheilkunde 133f., 135

Marx, Karl (1818–1883), dt. Philosoph und Politiker 160

Mathilde v. Keller, Hofdame v. Ksn. Auguste Viktoria 203, 228, 243, 247

Mathilde v. Pückler, Hofdame v. Ksn. Auguste Viktoria 203

Max (1867–1929), Prz. v. Baden, dt. Reichskanzler 240f.

Maximilian v. Hessen, Sohn Margaretes v. Preußen, Enkel v. »Ksn. Friedrich« 185f.

Melbourne, Lord William Lamb (1779–1848), brit. Premierminister 1835–1841 112

Metternich, Klemens Lothar Fürst v. (1773–1859), österr. Staatsmann 24, 53, 60

Meyer, Conrad Ferdinand (1825–1898), Schweizer Dichter 160

Mill, John Stuart (1806–1873), engl. Philosoph und Volkswirt 160

Minghetti, Marco (1818–1886), ital. Politiker, Ministerpräsident 1873–1876 99

Moltke, Helmuth Karl Gf. v. (1800–1891), preuß. Generalfeldmarschall (seit 1871) 93

Munir-Pascha 230

Napoleon I. (1769–1821), Ks. der Franzosen (1804–1814/15) 24, 37f., 70

Napoleon III. (1808–1873), Ks. der Franzosen (1852–1870) 92

Nightingale, Florence (1820–1910), engl. Krankenschwester 90

Nikolaus I. (1796–1855), Zar v. Rußland (1825–1855) 25, 28, 40

Nikolaus II. (1868–1918), Zar v. Rußland (1894–1917) 228

Oskar (1888–1959), Prz. v. Preußen, Sohn v. Ksn. Auguste Viktoria 208, 210, 231, 233, 254, 257, 260, *213*

Otto v. Bayern (1815–1867), Kg. v. Griechenland (1833–1862) 182

Paul I. (1754–1801), Zar v. Rußland (1796–1801), Sohn Katharinas d. Gr., Großvater Ksn. Augustas 16, 25, 40

Paul (1901–1964), Kg. v. Griechenland (1947–1964), ⚭ Kaiserenkelin Friederike, Sohn Sophies v. Preußen 183ff., 258

Paxton, Sir Joseph (1801–1865), brit. Architekt 119

Perthes, Clemens, Jurist 68

Peter III. (1728–1762), Zar v. Rußland 1761, ⚭ Katharina d. Gr. 39

Pfau, Ludwig (1821–1894), Politiker und Schriftsteller 72

Philipp v. Hessen, Sohn Margaretes v. Preußen, Enkel v. »Ksn. Friedrich« 185

Pless, Przn. Daisy v. 215

Pückler-Muskau, Hermann Fürst v. (1785–1871), dt. Schriftsteller und Gestalter von Parkanlagen 49

Radowitz, v., dt. Botschafter in Konstantinopel 229f.

Radziwill, Anton (1776–1833), ⚭ Luise v. Preußen, Vater v. Elisa 29

–, Elisa (1803–1834), Jugendliebe Wilhelms I. 29ff., *31*

–, Luise, Przn. v. Preußen, ⚭ Anton Radziwill 29

–, Marie Dorothee 215

Reischach, Hugo Frhr. v., Hofmarschall 160, 189
Richard v. Hessen, Sohn Margaretes v. Preußen, Enkel v. »Ksn. Friedrich« 185
Rochau, August Ludwig v., Journalist 77
Roon, Albrecht Theodor Emil Gf v. (1803–1879), preuß. Kriegsminister und Generalfeldmarschall 76 f.
Rückert, Friedrich (1788–1866), dt. Dichter 111
Rudolf v. Habsburg (1858–1889), Kronprz. v. Österreich, Sohn Ks. Franz Josephs I. 215
Russel, John (1792–1878), engl. Premierminister 1846–1852 21

Salviati, Dorothea v. (1907–1972), ⚭ Wilhelm v. Preußen 258
Sand, Karl Ludwig (1795–1820), Burschenschaftler, Mörder Kotzebues 53
Scheidemann, Philipp (1865–1939), dt. Sozialdemokrat und Reichskanzler 241
Schiller Charlotte v. (1766–1826), ⚭ Friedrich v. Schiller 18, 20
–, Friedrich v. (1759–1805), dt. Dichter 18, 22, 54
Schinkel, Karl Friedrich (1781–1841), preuß. Baumeister 48
Schleiermacher, Friedrich Ernst Daniel (1768–1854), ev. Theologe 54
Schleinitz, Alexander v. (1807–1885), preuß. Staatsmann, seit 1861 Minister des kgl. Hauses 68, 74
Schmidt, August, nach 1945 erster Vorsitzender der IG Bergbau 223
Schönemann, Lili (= Anna Elisabeth) (1758–1817), Verlobte Goethes 23
Schwarzenburg, Friedrich Fürst v., ⚭ Elisa Radziwill 30

Sergej (1857–1905), Großfürst v. Rußland, ⚭ Elisabeth (»Ella«) v. Hessen 199
Siemens, Werner v. (1816–1892), Begründer der Elektrotechnik 120
Sigismund (1864–1866), Prz. v. Preußen, Sohn v. Ksn. Friedrich 141, 153 ff.
Somssich, Ella, mutmaßliche Mätresse Wilhelms II. 215
Sophia v. Griechenland (* 1938), Kgn. v. Spanien, ⚭ Juan Carlos, Kg. v. Spanien 258
Sophie (1870–1932), Przn. v. Preußen, Kgn. v. Griechenland, ⚭ Konstantin, Tochter v. »Ksn. Friedrich« 141, 155, 181 ff., 228, 248
Sophie Charlotte v. Oldenburg, (1879–1951), ⚭ Eitel Friedrich, Prz. v. Preußen 255
Staël, Anne Louise Germaine de (1766–1817), frz. Schriftstellerin schweiz. Herkunft 24, 38
Stahl, Hebamme der späteren »Ksn. Friedrich« 133
Stalin, Josef W. (1879–1953), sowjet. Staatsmann 254
Stein, Karl Reichsfrhr. vom und zum (1757–1831), preuß. Staatsmann 54
Stockmar, Christian Frhr. v. (1787–1863), Arzt, Sekretär Leopolds v. Sachsen-Coburg-Gotha, Mitbegründer des »Coburger Plans« 109, 110 ff., 116 f., 129 f., 146
–, Ernst v., Sohn Christians Frhr. v. Stockmar, Berater Victorias, der späteren »Ksn. Friedrich« 130, 159
Stresemann, Gustav (1878–1929), dt. Staatsmann 255, 257

Therese v. Brockdorff, Oberhofmeisterin v. Ksn. Auguste Viktoria 203

Truman, Harry S. (1884–1972), Präsident der USA 1945–1953 254

Uhland, Ludwig (1787–1862), dt. Dichter und Germanist 53, 63
Unruh, Karl Philipp v., Militärgouverneur des späteren Kaisers Friedrich III. 48

Venizelos, Eleuthrios (1864–1936), griech. Staatsmann 184
»Vicky« s. Victoria, »Ksn. Friedrich«
Victoria (»Victoire«) (1786–1861), Przn. v. Sachsen-Coburg, ⚭ Edward v. Kent, Mutter v. Queen Victoria v. England, Großmutter v. »Ksn. Friedrich« 112, 116 f., 194
Victoria (1819–1901), Queen v. England (1837–1901), ⚭ Albert v. Sachsen-Coburg-Gotha, Mutter v. »Ksn. Friedrich« 9 ff., 62, 69, 86, 107 ff., 112–118, 120 f., 123 f., 127, 133, 146, 151, 169, 172, 176, 179, 186 f., 189, 194, 198, 204, 214
Victoria (»Vicky«) »Ksn. Friedrich« (1840–1901), Princess Royal v. England, dt. Ksn. 1888, Gem. Ks. Friedrichs III. 9 ff., 62, 69, 72 f., 77, 86, 97 ff., 102, 105–130, 194, 197 f., 200, 202 f., 212, 214 f., 220, 236 f., *175*
Victoria (1866–1929) (»Moretta«), Przn. v. Preußen, ⚭ Adolf v. Schaumburg-Lippe, Tochter v. »Ksn. Friedrich« 141, 153 f., 168 f., 181, 185
Victoria (1862–1930), Przn. v. Baden, Kgn. v. Schweden, ⚭ Gustav V. Adolf, Enkelin Ksn. Augustas 72
Victoria v. Hessen (1863–1950), ⚭ Ludwig v. Battenberg, Tochter v. Alice v. Hessen 169
Viktoria zu Schleswig-Holstein-Sonderburg-Glücksburg (1887–1957), ⚭ August Wilhelm (»Auwi«), Prz. v. Preußen 255

Viktoria Luise (1892–1980), Przn. v. Preußen, ⚭ Ernst August v. Braunschweig, Lüneburg und Hannover, Tochter v. Ksn. Auguste Viktoria 208, 222, 244, 246, 250, 253 f., 257, 260
Vincke, Georg v., Landtagsabgeordneter 61
Virchow, Rudolf (1821–1902), Pathologe und liberaler preuß. Abgeordneter 76

Walburga, Gräfin von Hohenthal (1839–1929), Hofdame der späteren »Ksn. Friedrich« 127
Waldemar (1868–1879), Prz. v. Preußen, Sohn v. »Ksn. Friedrich« 141, 155, 161 f., 165
Waldemar (1889–1945), Prz. v. Preußen, Sohn Heinrichs v. Preußen 180
Wagner, Richard (1813–1883), dt. Komponist 63
Wegner, Dr. August, kgl.-preuß. Leibarzt 133 f., 171
Wieland, Christoph Martin (1733–1813), dt. Dichter 22
Wilhelm I. (1797–1888), Kg. v. Preußen seit 1861, dt. Ks. 1871–1888, ⚭ Augusta v. Sachsen-Weimar-Eisenach 9 f., 13, 18, 27 ff., 40 f., 44 f., 50, 57, 60 ff., 65, 67, 69 ff., 73 ff., 79–86, 88 f., 91 ff., 97, 100 ff., 118, 120, 131, 145, 147 f., 156 f., 163 f., 167 ff., 173, 178 ff., 194, 199 f., 204, 218 f.
Wilhelm II. (1859–1941), dt. Kaiser (1888–1918), ⚭ Auguste Viktoria v. Schleswig-Holstein-Sonderburg-Augustenburg 9 ff., 35, 69, 88, 99 f., 102, 105, 135–141, 142 f., 153 f., 157, 163, 165, 167 f., 174, 176, 178 f., 185 f., 187 f., 198 ff., 210 f., 215 f., 219, 225, 228, 231 f., 235–254, 258 f., *213*
Wilhelm (1882–1951), Prz. v. Preußen, dt. Kronprz., Sohn Wil-

helms II. u. Auguste Viktorias 208, 233 ff., 246, 254 f., 261, *209*
Wilhelm (1906–1940), Prz. v. Preußen, Sohn v. Kronprz. Wilhelm 254, 257 f.
Wilhelmina (1880–1962), Kgn. der Niederlande (1898–1948) 242
Wilhelmine v. Hessen-Darmstadt (1755–1776), ⊙ Paul, Zarewitsch v. Rußland (russ.: Natalija Alexeewna) 25

William IV. (1765–1837), Kg. v. England (1830–1837) 114
Wilson, Woodrow (1856–1924), Präsident der USA (1913–1921) 240
Wolfgang v. Hessen, Sohn Margaretes v. Preußen, Enkel v. »Ksn. Friedrich« 185

Zoubkoff, Alexander, ⊙ Victoria »Moretta« Przn. v. Preußen 181

Ortsregister

Ägypten 216
Alt-Geldow bei Berlin 176
Amerongen 242 ff., 246
Ansbach 70
Athen 183 f., 228
Auerstedt 37

Bad Ems 92, 171
Bad Kissingen 162, 165
Baden 52, 72
Baden-Baden 85, 102
Balkan 96, 183
Balmoral, Schloß 123
Bayern 52, 93
Belgien 113, 182
Berlin 10, 13, 30, 34–39, 42, 49, 54 f., 57 f., 60, 64, 67, 73, 90, 96, 118, 125, 127, 130 ff., 147, 158 f., 162 f., 168 f., 170 f., 176, 183, 188, 200, 203, 218, 222, 224 f., 228, 241, 246, 249, 254, 256
– Altes Schloß 41, 59, 131, 203 f., 218
– Bellevue, Schloß 203
– Belvedere, Schloß 26
– Charlottenburg, Schloß 34, 102, 174, 176
Bielefeld 154
Bonn 55, 65, 114, 181, 194, 198, 235
– Palais Schaumburg 180
Brüssel 228

Buckingham Palace 116
Bulgarien 169

Claremont bei London 111
Coburg 110 ff., 116
Craig-na-Ban 125
Cumberland Lodge 200

Dänemark 81 f., 151 f., 158, 193
Danzig 149
Den Haag 245
Deutschland/Deutsches Reich 9 f., 20, 22, 39, 54 ff., 63, 74, 78, 80, 82, 91, 94 ff., 111, 116 f., 134, 145, 152, 157 f., 169, 172 f., 178, 183 f., 188 f., 194, 205, 222, 229, 232, 237 ff., 250, 253, 256 f.
Dolzig/Niederlausitz 194 f.
Doorn, Haus 246 f., 249 f., 259

Eisenach 53
– Wartburg 21, 53
Elsaß-Lothringen 94
England 11, 90, 107, 111 f., 114 f., 118, 120, 123, 125, 130 f., 145, 150, 158 f., 161, 168, 178, 182, 188 f., 200, 232, 234, 237, 239, 241, 259
Essen 120

Fehrbellin 36
Finnland 185

Florenz 159, 184
Frankfurt a. Main 23, 62, 77
Frankfurt a. d. Oder 259
Frankreich 37, 54, 91 ff., 113, 123, 125, 157 f., 169, 182, 235
Friedrichskron, s. Neues Palais, Potsdam

Genf 89
Glücksburg 250
Gmunden a. Traunsee 244, 258
Görlitz 199
Göttingen 54 f.
Gotha 196
Graz 170
Griechenland 112, 181 f.
Großbritannien s. England

Hambach 54
Hannover 54, 84, 114
Heidelberg 61
Hessen 84
Hessen-Darmstadt 52
Holland 242 ff., 247 ff.
Holstein 80, 84, 193

Isle of Wight 116
Istanbul s. Konstantinopel
Italien 159, 172, 248

Jena 23, 26, 37
Jerusalem 228

Karlsruhe 23, 72
Kassel 99, 156
Kiel 179, 195, 236, 241
Koblenz 64 ff., 74, 132
Köln 64, 216
Königgrätz 84
Königsberg 58
Konstantinopel 96, 181, 228
Kopenhagen 228
Kronberg/Taunus 188
– Friedrichshof, Schloß 188

Leipzig 53
London 60, 62, 69, 81, 90, 119, 121 f., 127, 172, 198, 202 f., 228, 236

Magdeburg 62
Mailand 59
Missolunghi 182
München 117, 241
Münster 64

Navarino 182
Neisse 153
Niederlausitz 193
Nordamerika 258
Nürnberg 70

Oels, Niederschlesien 254 ff.
Österreich 52, 56, 74, 80, 82, 84, 89, 91, 94, 117, 152, 157, 169, 195, 215
Osborne, Schloß 116, 121 ff.
Osmanisches Reich 169
Osnabrück 64

Palermo 184
Paris 77, 79, 92 f., 112
Potsdam 48, 60, 78, 132, 144, 163, 176, 187, 190, 203, 206 f., 218, 242 f., 249 ff.
– Babelsberg, Schloß 48, 132
– Cecilienhof 254
– Marmorpalais 203, 206, 208, 218, 227
– Neues Palais (»Friedrichskron«) 46, 144, 159, 176, 187
– Sanssouci, Schloß 250 f.
– Stadtschloß 203, 206
Pau/Südfrankreich 198
St. Petersburg 16, 39, 77, 79, 228, 235
Plön 210 f., 233
Preußen 9 f., 37 ff., 41, 47, 51 ff., 56, 58, 60 ff., 66, 69 f., 72, 73 ff., 78, 80 ff., 84, 91 ff., 97, 117, 120, 125, 129 f., 133, 135, 145, 149, 152, 157 f., 163, 194 f., 248
Primkenau/Schlesien 194, 196 ff., 203, 215

Reinhardsbrunn/Thüringen 198
Rheinland, preuß. Provinz 64 ff.
Rom 228
Rußland 16, 39, 96, 118, 123, 125, 168 f., 182, 188, 235, 258

Sachsen 54
Sachsen-Weimar-Eisenach 15, 21 ff., 27, 52
San Remo 172 f.
Schlesien 56, 194, 196, 258
Schleswig, Herzogtum 80, 84, 193
Schleswig-Holstein 80 ff., 151 f., 163, 193, 195, 199
Schottland 123, 172
Schweden 36
Schweiz 184, 248, 257
Sedan 92
Sibirien 40
Solferino 89
Spa 242
Spandau 60
Spanien 92, 258
Südafrika 260
Südamerika 258

Taunus 188
Texas 260
Thüringen 198
Tirol 172
Trier 64 f.
Türkei 96, 182 ff.

Ungarn 96, 169
Utrecht 242

Venedig 159, 228
Vereinte Niederlande 112
Vereinigte Staaten von Amerika 64, 239
Versailles, Schloß 93

Weimar 10, 13, 15 f., 20 ff., 27 f., 32, 34 f., 37, 39, 46 f., 49, 55
Westfalen, preuß. Provinz 64
Wien 59 f., 228
Wieringen, holl. Nordseeinsel 244, 246, 254
Windsor, Schloß 69, 116, 128, 189, 215
Württemberg 52 f., 93

Bildnachweis

Abbildungen im Text
Bildarchiv Preußischer Kulturbesitz, Berlin: 175
Geheimes Staatsarchiv Preußischer Kulturbesitz, Berlin: 201 (GStA PK, BPH, Rep. 53 König (Kaiser) Wilhelm II., T Preußen an Kaiser Wilhelm II., vol. 1, Bl. 75 r, 77 v)
Manfred Steiner, Sulzemoos: 17, 43
Ullstein Bilderdienst, Berlin: 31
Nach: Deutscher Hausschatz 15. Jg. 1888/89: 209
Nach: Deutscher Hausschatz 17. Jg. 1890/91: 213
Nach: Franz Herre, Friedrich III. - Deutschlands liberale Hoffnung, Stuttgart 1987: 197
Nach: Universal-Lexikon der Kochkunst, Leipzig 1897: 221

Abbildungen auf Tafeln
Archiv für Kunst und Geschichte, Berlin: 16 (unten), 24
Bildarchiv Preußischer Kulturbesitz, Berlin: 1, 2 (unten), 3, 4 (unten), 5, 7, 9–13, 14 (unten), 15, 16 (oben), 17 (oben), 18 (oben), 19 (unten), 21, 22, 27

Hessische Hausstiftung, Kronberg: 18 (unten)
Gerd Schnürer, Berlin: 4 (oben), 20 (unten)
Süddeutscher Verlag Bilderdienst, München: 28, 32 (beide)
Manfred Steiner, Sulzemoos: 2 (oben), 6 (beide), 8, 17 (unten), 19 (oben), 20 (oben), 23, 25 (beide), 26 (beide), 29 (unten)
Ullstein Bilderdienst, Berlin: 29 (oben), 30 (beide)
Nach: John Burke, An Illustrated History of England, London 1985: 14 (oben)

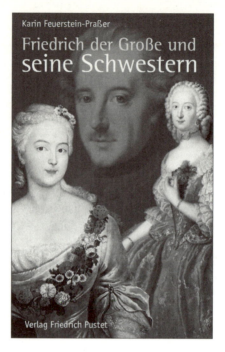

Erstmals in einem Buch: die ereignisreichen Lebenswege der sechs Schwestern Friedrichs des Großen – kurzweilig erzählt von Karin Feuerstein-Praßer, der Kennerin der „weiblichen Hohenzollerngeschichte".

„Kenntnisreich und in dem gewohnt flüssigen und gut lesbaren Stil!" (DAMALS)

Karin Feuerstein-Praßer
Friedrich der Große und seine Schwestern

264 Seiten, 16 Bildseiten,
Geb. mit Schutzumschlag
ISBN 978-3-7917-2016-6

Verlag Friedrich Pustet